# CATALOGUE

### DES

# MANUSCRITS ALLEMANDS

### DE LA

## BIBLIOTHÈQUE NATIONALE

# CATALOGUE

DES

# MANUSCRITS ALLEMANDS

DE LA

# BIBLIOTHÈQUE NATIONALE

PAR GÉDÉON HUET

PARIS

LIBRAIRIE ÉMILE BOUILLON, ÉDITEUR

67, RUE DE RICHELIEU, 67

—

1895

EXTRAIT DE LA *Revue des Bibliothèques.*

Janvier 1894 — Mars 1895.

# INTRODUCTION

Le fonds des manuscrits allemands de la Bibliothèque Nationale se partage en deux séries. La première, qu'on pourrait nommer " l'ancien fonds " est formée par la réunion des manuscrits allemands entrés à la Bibliothèque, depuis les origines, et autrefois dispersés dans le fonds dit " Supplément français "; elle va des numéros 1 à 218 du présent catalogue. La seconde série (219 à la fin), est formée par les manuscrits ajoutés à ce fonds primitif depuis sa constitution en 1860. Elle comprend des volumes récemment entrés à la Bibliothèque par don ou achat, des transmissions du Département des imprimés, des résidus récemment classés, etc.

Les collections du Roi ont possédé d'assez bonne heure des manuscrits allemands. Le manuscrit n° 32 (" chansonnier-Manesse ") qui à l'heure actuelle n'est plus représenté que par une photographie, était entré à la Bibliothèque avec les collections des frères Dupuy. Quelques manuscrits portent les armes de Colbert (voir ce nom à la table). D'importantes acquisitions *en bloc* n'ont eu lieu qu'au commencement et dans la première moitié de ce siècle; en 1800, les manuscrits de Winckelmann, envoyés à la Bibliothèque par l'administration du bureau central des arts[1]; de 1829 à 1835, les manuscrits et les chartes laissés par Oberlin, ainsi que la correspondance de ce savant[2].

Aucun catalogue, même sommaire, n'a été publié avant ce travail. Cependant des notices sur des groupes de manuscrits ou des

1. L. Delisle, *Le Cabinet des Manuscrits de la Bibliothèque Nationale*, II, 39.
2. L. Delisle, *ibid.*, II, 290.
Des collections volumineuses sur l'histoire d'Allemagne et surtout des pays rhénans proviennent de la famille de Gymnich (voir ce nom à la table); je n'ai pu découvrir la date de leur entrée. Beaucoup de livres traitant des mêmes matières, au Département des imprimés, ont la même origine.

manuscrits isolés ont été publiées. Citons d'abord la liste sommaire des manuscrits de Winckelmann dans le *Magasin encyclopédique* de Millin, 1808, tome VI, p. 371. En 1829, E.-G. Graff donna, dans son recueil *Diutiska* (III, 450 et ss.), des notices sommaires de 12 manuscrits allemands[1]; dix de ces manuscrits sont, dans l'ordre de la description de Graff, les n[os] 32, 114, 108, 1, 82, 83, 38, 84, 106, 160 du catalogue actuel; les deux derniers manuscrits de Graff ont passé dans le fonds néerlandais, dont ils forment les numéros 31 et 30.

Plus tard, en 1875, M. Bächtold donna dans le tome XX de la *Germania* (p. 335-338) des notices plus ou moins étendues sur un certain nombre de manuscrits. A ce moment, nos manuscrits avaient déjà la numérotation actuelle; nous n'avons donc pas besoin de donner une concordance.

En dernier lieu, M. Pfister a publié sous le titre : *Les Manuscrits allemands de la Bibliothèque Nationale relatifs à l'histoire d'Alsace (Paris, Fischbacher, 1893, in-8°)*, des notices et des extraits des manuscrits 82, 99 et 83. Ces notices sont des réimpressions de la *Revue d'Alsace* où elles avaient paru dans les années 1889, p. 15-41, 145-175, 447-468; 1890, p. 34-49, 214-236, 314-338; 1891, p. 433-449; 1892, p. 64-78, 174-212, 489-507; 1893, p. 61-77.

Pour les manuscrits isolés on trouvera des indications dans notre catalogue. Ajoutons que les manuscrits 107 et 108 ont été signalés brièvement par M. Van der Linde dans son ouvrage *Geschichte und Litteratur des Schachspiels,* tome I, *Beilage,* p. 132 (l'auteur donne, à tort, les *deux* manuscrits comme copies du poème de Conrad d'Ammenhusen), et que M. Justi, dans sa biographie de Winckelmann (*W. sein Leben, seine Werke, etc.,* I, 508) a publié quelques pages extraites de notre manuscrit 172.

Le tableau suivant donnera une répartition de nos manuscrits *par ordre de matières*.

Théologie, histoire ecclésiastique : 34-37, 118, 121-128, 130-133, 135, 136, 150 (2), 191, 206, 209, 222, 237, 243, 303, 305, 33.

Droit : 1, 2, 30, 38, 39, 41, 105, 137, 140, 143-145, 225, 227, 228, 272, 276, 280, 305.

---

1. H. F. Massmann avait donné une courte notice du manuscrit 114, dans *Diutiska,* I, 75.

Histoire, généalogie : 3-29, 31, 40, 42-55, 74, 77-88, 90-92, 94-104, 119, 120, 129, 138, 139, 141, 142, 147-149, 151-156, 205, 211, 213, 214-218, 220, 226, 245-256, 258, 259, 270, 271, 273, 274, 277-279, 281-283, 286, 287, 304, 320-328, 330, 333.

Géographie : 150 (1), 157, 158, 221.

Sciences et arts : 61-64, 67, 68, 106-113, 118, 146, 159, 160, 165-190, 205, 210, 223, 224, 232-236, 240-242, 257, 275, 306, 312-315, 318, 329, 332.

Médecine : 93, 161-164, 229-231, 317.

Philosophie : 261-269.

Littérature, polygraphie : 56-60, 65, 66, 69-73, 75, 76, 89, 210, 212, 238, 239, 244, 284, 285, 307.

Poésie, théâtre : 32, 33, 114-118, 134, 206, 207, 208, 288-302, 316, 333.

Correspondances : 192-204, 219, 308-311, 319.

Distribués par *dates,* nos manuscrits se partagent ainsi (nos indications n'ont naturellement qu'une valeur relative) :

xiiie-xive siècles : 1, (32), 91, 108, 114, 118, 126, 127, 131, 133, 206, 214, 305, 320, 333 (*en partie*).

xve siècle : 33-36, 39, 82, 83, 85, 89, 93, 99, 101, 106, 107, 115-117, 124, 125, 129, 130, 140, 145, 150, 162, 163, 205, 214, 215, 222, 227, 243, 303, 320, 331.

xvie siècle : 37, 38, 41, 42, 45, 47, 84, 86, 88, 90, 92, 95-97, 103, 104, 113, 138, 148, 155, 160, 164, 165, 210, 211, 215, 216, 217, 227, 228, 229, 230, 238, 258, 259, 304, 320.

xviie siècle : 40, 47, 55, 77-79, 87, 94, 100, 102, 111, 119, 134, 136, 139, 141, 143, 144, 147, 154, 159, 166, 173, 209, 217-220, 231, 237, 271, 272, 273, 284, 286, 306, 317.

Les autres manuscrits sont des xviiie et xixe siècles.

En terminant, j'exprime tous mes remerciements à ceux qui ont bien voulu m'assister dans ce travail, particulièrement à M. Omont, à M. Dorez et à M. Ch. Nerlinger; ce dernier surtout m'a été d'un grand secours pour la rédaction des notices des manuscrits relatifs à l'Alsace.                     G. H.

# ERRATUM

Dans la description du ms. 70 et à la Table des Matières, au lieu de *Casby,* lisez *Casley.*

---

# CATALOGUE

DES

# MANUSCRITS ALLEMANDS

## DE LA BIBLIOTHÈQUE NATIONALE

---

**1. Coutumier nommé „ Schwabenspiegel ".** Incipit (fol. 1 r°) Herre gott hymelischer Water... — Fol. 44 r°. — 46 v°, table des chapitres. — Fol. 47 r° commence le „ Lehensbuch ", incipit „ Were lehen rechte wol kunnen... » — Fol 62 v° explicit „ das verlyhe uns der vatter und der heilige geist..." Fol. 63 r° et v°, table des chapitres. — Deux colonnes ; fol. 1 r° et 47 v° lettres ornées.

xiv° siècle. — Vélin. — 63 feuillets. — 410 sur 305 millimètres. — Supplément français 7009. — Reliure mar. rouge aux armes royales.

**2. Recueil de procès relatifs aux fiefs de Cologne.**

Fol. 1-134 : Procès de Johanna Theodora et Johanna Margaretha von Klepping contre le procureur de la Chambre féodale de l'Électorat de Cologne.

Fol. 136-139 : Pro Memoria (organisation judiciaire de l'Empire.)

Fol. 140-192 : Pièces relatives au procès entre la Chambre féodale de Cologne et le baron de Fürstenberg (fief de Velde).

Fol 193-210 : Sentences relatives aux fiefs de Cologne.

Fol. 211-223 : Liste des fiefs de Cologne dont la descendance masculine s'est éteinte (2 exemplaires).

Fol. 224-240 : Procès Herwegh contre le procureur fiscal des fiefs.

Fol. 241-276 : Procès du baron de Cortenbach contre les héritiers Reuscheberg (imprimés.)

Fol. 277-348 : *Relatio cameralis* dans l'affaire Klepping contre Berswort (2 exemplaires.)

xviii° siècle. — Papier. — 360 sur 220 millimètres. — Suppl. franç. 4730.

**3. Correspondance sur la Diète de Ratisbonne,** 1ᵉʳ juillet-3 décembre 1748. Chaque lettre est suivie de pièces justificatives.

1ᶜ

Mémorial de l'archevêque de Liège sur les ravages de la guerre (en latin, imprimé). — Mémorial en latin du même (affaire Stollberg contre Loewenstein-Wertheim.) — Lettre du landgrave Guillaume de Hesse, procès contre le couvent d'Ilbenstadt (en latin, imprimé). — Pro Notitia (affaire de la tutelle de Saxe Weimar, imprimé). — Conclusion du Conseil Aulique (affaire de Zwingenberg, imprimé). — Ordre de marche des troupes impériales dans le Cercle de Franconie. — Pro Notitia de Saxe Cobourg (affaire de la tutelle, imprimé). — Pro Notitia (même affaire, impr.). — Pro Memoria de Saxe-Cobourg-Meiningen (impr.). — Réfutation des arguments de Saxe Gotha (impr.). — Considérations sur le recours de Saxe Meiningen. — Lettre du gouvernement de Nassau-Saarbrück au corps évangélique. — *Species facti* (questions de cérémonial). — Notice. Procès Steinberg contre l'Électeur de Cologne. — Lettre du duc de Saxe Meiningen sur la compétence de la Chambre impériale. — Déclaration de Saxe Cobourg Saalfeld. — Remarques sur le *species facti* (affaires cérémoniales). — Réflexions sur le pro-memoria de Saxe Meiningen. — Pro Memoria du Corps Évangélique (affaire de Hildesheim. — Notice sur le recours de J.-J. Wiesenhaver contre l'Électeur de Cologne. — Lettre à la Diète (landgrave de Hesse Cassel contre le chapitre de Mayence, impr.). — Lettre du Corps Évangélique, (griefs des Protestants. — Pro Memoria, tutelle de Saxe Weimar Eisenach, (impr.) — *Exceptiones* (affaire Steinbergen contre Électeur de Cologne, impr.). — Examen de la déclaration de Saxe Saalfeldt, (impr.). — Notitia in speciem facti (affaires de cérémonie). — Incident Anmerkung; Pro notitia; Richtige Pro Notitia, Pro Informatione etc. (même affaire). — — Déclaration de Saxe Gotha, (imp.). — Pro Memoria de Saxe Gotha (imp.). — Suite du *Facti species* (affaire Saxe Gotha). — Court supplément à la Schluss Notitia (questions de cérémonie). — Lettre du Margrave de Baireuth (recours contre la Chambre impériale). — Lettre du C^te Seckendorff (fortifications de Philipsbourg). — Lettre du duc de Saxe Gotha (affaire de la tutelle de Saxe Weimar). — Réfutation du mémoire de Saxe Gotha (impr.). — Contre Pro Nota; déclaration (affaires de cérémonial). — Pro Memoria de Saxe Cobourg (tutelle de Saxe-Weimar). — Pro Memoria de Saxe Cobourg; lettre du Roi de Prusse au Margrave d'Anspach (même affaire). — *Species facti* (affaires religieuses de Hildesheim). — Pro Memoria pour Saxe Gotha (impr.). — Pro Memoria (même affaire, impr.). — Explication (affaire du cérémonial). — Protocole du Conseil de Francfort, 30 août 1748 (affaire de l'Église réformée).— Déclaration du (Cercle de Souabe en réponse au délégué impérial. — Déclaration de l'Électeur de Bavière (affaire du cérémonial). — Réfutation (affaire des fiefs de Wispenstein, impr.). — Remarques de Saxe Cobourg (affaires de la tutelle, impr.). — Réfutation (Wiesenhaver contre Électeur de Cologne). — Réfutation du mémoire de Saxe Gotha. — Continuation de la part de Saxe Cobourg, de la démonstration de la nullité des raisons de Saxe Gotha (imp.). — Pétition des ouvriers des fortifications de Philipsbourg. — Lettre du duc de Saxe Cobourg Saalfeld (affaire de la tutelle, impr.). — Exposé du duc de Saxe Cobourg Meiningen (impr.); Pro Memoria de Saxe Cobourg Meiningen et Saxe Cobourg Gotha (même affaire, impr.). — Contre Mémoire (contre von Heringen, conseiller de Saxe-Weimar, impr.). — Pro Memoria (réponse de von Heringen, impr.). — Sur la question : un prince de l'Empire est-il obligé aux *solemnia testamentaria?* — Pro Nota (contre von Heringen). — Lettres des rois de Prusse et du Margrave de Brandebourg-Onolzbach (tutelle de Saxe Weimar). — Pro Notitia (même affaire). — Pro Memoria (pour Saxe Gotha, impr.). — Lettre d'Anton Ulrich duc de Clèves et de Berg à la Diète (proteste contre l'envoyé de Saxe Hildburghausen.) — Pro Memoria (signé Von Staudach, affaire de légitimation). — Conclusion du Corps évangélique (affaire de Saxe-Weimar-Eisenach). — Réponse de la Cour de Hesse (même affaire). — Réponse de la Cour de Saxe Gotha. — Réplique de Hesse Darmstadt.

xviii⁵ siècle. — Papier. — 360 sur 220 millimètres. — 553 feuillets. — Supplément français 4731. I.

**4 à 12. Lettres écrites par J.-W.-J. Bayer au Baron de Gymnich**, au sujet des actes de la Diète de Ratisbonne, de 1753 à 1765. Les lettres sont accompagnées de pièces justificatives que nous énumérons.

I (4). Lettre du Cᵗᵉ F.-H. de Seckendorff sur la forteresse de Philipsbourg (22 déc. 1752). — Lettre d'Auguste Pᶜᵉ d'Anhalt (annonce qu'il prend personnellement l'administration, (6 décembre 1752). — Lettre du Cᵗᵉ de Seckendorff (affaire de Philipsbourg). — Lettre de Louis duc de Brunswick Lunebourg (se mit sur les rangs pour la nomination de Feld Maréchal de l'Empire, 16 mai 1753). — Lettre du *Reichs-Cassier-Ambt.* — Liste des dépenses votée par les États de l'Empire pour les fortifications de Philipsbourg. — Lettre du Margrave Charles-Auguste de Bade (nomination d'un maréchal de l'Empire, 21 mai 1753). — Pétition des ouvriers aux fortifications de Philipsbourg (9 juin 1753). — Pétition de la ville de Worms demandant diminution de la matricule

(17 mai 1753). — Lettre de Guillaume, duc de Saxe et de Juliers (nomination de feld maréchal de l'Empire, 16 mai 1753). — Protocole du Conseil des Princes (*Reichs-Fürsten-Rath*) (nomination d'un feld-maréchal). — Conclusion des trois Collèges de la Diète (même affaire). — Avis de la Diète sur le même sujet (6 août 1753, impr.) — Conseil des Princes de l'Empire (13 août 1753, fortifications de Philipsbourg). — Conclusion Électorale et Conclusion des Princes et des Villes Impériales (21 juillet 1753, fortifications de Philipsbourg). — Conclusion du député de l'Empereur (même affaire, même date). — *In Collegio Electorali* (réception de l'ambassadeur hollandais, 13 août 1753). — Reichs-Raths-Ansag-Zettel (28 octobre, 4 novembre 1753). — Lettre de Louis landgrave de Fürstenberg (demande le poste de Feldzeugmeister de l'Empire). — Lettre de Georges Guillaume Landgrave de Hesse (demande le poste de Feld Maréchal Lieutenant). — Pétition des ouvriers des fortifications de Philipsbourg. — Lettre du C^te Seckendorff sur les fortifications de Philipsbourg. — Lettre du P^ce d'Anhalt (vacation du poste de Feld maréchal, 29 août 1753). — Lettre du P^ce Guillaume de Saxe Gotha (même affaire, 26 septembre 1753). — Lettre de Moscou (Extract Schreiben aus Moscou, imprimé, 25 juillet 1753). — Rescrit du C^te de Wetterau à son envoyé près de la Diète (17 octobre 1753). — Lettre de Guillaume, duc de Saxe Gotha (vacation de la place de Feld maréchal) (imprimé). — Dictatum du 20 décembre 1753 (payement à faire pour la caisse des forteresses de l'Empire). — Kaiserlich... Commissions Decret (dédommagements pour le C^te de Pappenhein). — Unvorgreiflicher Entwurf (sur l'élection du Roi des Romains). — Table.

II (5). Lettre de l'ingénieur Augusto sur les fortifications de Philipsbourg (29 décembre 1753). — Lettre de remercîment du Duc de Brunswick Wolfenbüttel (3 janvier 1754). — Protocole du conseil des Princes de l'Empire (14 janvier 1754). — *Idem* du 25 janvier 1754 (modération du matricule). — *Idem* du 28 janvier 1754 (même affaire). — Conclusion des trois collèges, in eadem materia, 23 février 1754. — Avis de la Diète (Reichsgutachten, même affaire, 23 février 1754, imprimé). — Ratification impériale de la nomination d'un général-feldzeugmeister (11 mars 1754). — Reichs Rath Ansag Zettel, 21 mars 1754. — Remercîment du Margrave de Bade Durlach pour sa nomination comme feldzeugmeister (19 avril 1754). — Lettre de remercîment du P^ce George de Darmstadt (22 mars 1754). — Notification de la naissance de l'archiduc Ferdinand (7 juin 1754). — Reichsgutachten relatif à cette notification (10 juin 1754). — Protocole de la Diète (payement des fortifications de Philipsbourg, 14 juin 1754). — Protocole du Conseil des Princes du 8 juillet 1754 (nomination d'un général feldzeugmeister de l'Empire). — Reichsgutachten relatif à la nomination du P<sup>ce</sup> de Fürstenberg comme feldzeugmeister. — Lettre du Roi de France à la Diète, annonçant le départ de son ministre (26 mai 1754). — Même lettre en français. — Extrait du protocole du Collège Électoral (26 juillet 1754 : départ de l'ambassadeur français). — Protocole du Collège des Princes ; lettre de la Diète au Roi sur le même sujet (en latin). — Lettre du Roi de France accréditant l'abbé Le Maire comme son ministre (19 juin 1754). — Même lettre en français. — Protocole du Collège Électoral, 5 août 1754 (réception du nouveau ministre de France). — Remarques sur le cérémonial du Collège Électoral dans les rapports avec les ministres étrangers. — *Registratur* extrait des protocoles du Conseil des Princes, 9 août 1754 (attitude de l'Abbé Le Maire). — Lettre du Duc d'Aremberg (nomination d'un feldmaréchal de l'Empire, 6 août 1760). — Lettre du feldzeugmeister Fürstenberg sur la garnison de Kehl (12 août 1754). — Lettre du Duc de Saxe Gotha à son ministre S. Martin (19 novembre 1754). — Décret ratifiant la nomination du landgrave de Fürstenberg comme feldzeugmeister — Lettre de J. C. von May au nom du Margrave de Bade, adressée à la Diète (affaire de Kehl, 3 novembre 1754). — Table des pièces.

III (**6**). Lettre du Général Major von Lüttich à la Diète (affaire de Philipsbourg) (23 décembre 1754). — Lettre du P<sup>ce</sup> Joseph Guillaume de Hohenzollern (nomination de feld-maréchal-lieutenant, 12 décembre 1754). — Rescrit impérial (nomination du C<sup>te</sup> de Seydewitz comme commissaire de la Diète, 8 janvier 1755). — Lettre de remercîment du P<sup>ce</sup> de Fürstenberg (4 février 1754). — Ordre du jour du Reichsrath (s. d.). — État de la Généralité de l'Empire (s. d.). — Lettre du C<sup>te</sup> de Seckendorf (affaire de Philipsbourg, 15 avril 1755). — Lettre de l'assemblée du Cercle de Franconie (Nuremberg, 7 février 1755, impr.). — Décret ratifiant la diminution de charges demandée par le *Reichs-Ritter-Stift* Odenheim (12 mars 1755, impr.) — Protocole du Conseil des Princes (nomination d'un maréchal-lieutenant, 12 mai 1755). — Avis de la Diète (même affaire, 12 mai 1755). — *Anzeige* (même affaire). — Procès-verbal des communications dans la Chambre des Princes (fürstliche Neben Zimmer) (16 mai 1755, même affaire). — *Registratur* (même affaire). — Réponse à quelques objections faites à Brandebourg, Magdebourg etc. — Décret de nomination du duc d'Arenberg (29 mai). — Lettre du duc d'Arenberg au Roi de Prusse (19 juin 1755). — Lettre du duc d'Arenberg pour remercier au sujet de sa nomination (9 juillet 1755). — *Pro Nota* (cérémonies de la réception du ministre hollandais). — *Conclusum* de la diète (fortifications de Philipsbourg). — Lettre du Roi de Prusse au duc d'Arenberg (17 août 1755). — Déclaration du ministre hollandais de Gallieris (cérémonial). — Mémoire du C^te de Seckendorff (affaires de Philipsbourg). — *Pro Nota* du C^te de Pappenheim (demande d'indemnité). — Ordre du jour de la Diète (19 octobre 1755). — Accord entre le duc de Mecklenbourg-Schwerin et les États du pays (18 octobre 1755). — Lettre du C^te de Seckendorff sur l'état de Philipsbourg (3 novembre 1755, impr.). — Décret annonçant la naissance de la grande-duchesse Marie-Antoinette (8 novembre 1755, impr.). — Réponse de la Diète à cette communication. — Lettre du C^te de Solms Rœdelheim (diminution de matricule, 29 novembre 1755).

IV (**7**). Liste des ambassadeurs présents à la Diète en 1756. — Ordre du jour de la diète. — Lettre de l'Empereur au landgrave d'Hesse-Cassel, 24 janvier 1756. — Lettre du C^te de Seckendorff (affaires de Philipsbourg, 22 mars 1756). — Ordre du jour de la Diète, 8 juin 1756. — Lettre du Margrave de Bade-Bade (nomination d'un général de cavalerie, 18 juin 1756). — Lettre du C^te d'Aspremont Lynden (diminution de matricule, 3 juillet 1756). — Pensées patriotiques sur l'état des villes impériales. — État du dérangement présent du système de l'Empire d'Allemagne (en français). — Ordre du jour de la Diète, 10 et 24 octobre, 7 novembre 1756. — Décret notifiant la naissance de l'archiduc Maximilien François Xavier (14 décembre 1756, en français). — Réponse de la diète au décret précédent (8 décembre 1756).

V (**8**). Lettre du Roi de France annonçant le rappel de son ministre Le Mair (31 janvier 1757, en latin). — Même lettre en français. — *Recredentiales S. R. I, pro domino* Le Mair (imp.). — Lettre du Roi de France à l'Électeur de Mayence (demande le passage pour les troupes françaises, 2 mars 1757). — Lettre de l'Empereur au même (même affaire). — Avis de la diète donnant au margrave de Bade la charge de général de la cavalerie. — Décret du conseil de la ville de Ratisbonne contre les propos séditieux (26 mai 1757). — Lettre du C^te de Seckendorff (affaires de Philipsbourg, 13 mai 1757). — Décret ratifiant la nomination de margrave de Bade (6 juin 1757, impr.). — Lettre de remercîment du Margrave de Bade (3 juillet 1757). — Lettre du C^te de Seckendorff (fortifications de Philipsbourg, 24 juillet 1757). — Lettre du même (13 octobre 1757). — Fortflorirendes Reichs Convent (liste des envoyés présents à la diète, novembre 1757). — Lettre du C^te de

Seckendorff (demande de céder sa place de général de cavalerie au landgrave de Hesse, 9 septembre 1757). — Lettre de George Guillaume landgrave de Hesse (même affaire, 30 septembre 1757). — Lettre du C^te d'Ostein (diminution de matricule, 4 décembre 1757).

VI (**9**). Protocole du Collège électoral (9 janvier 1758). — Protocole du Conseil des Princes (9 janvier 1758). — Protocole du Collège Électoral (13 janvier 1758). — Protocole du Conseil des Princes (13 janvier 1758). — *Conclusum Electorale* (13 janvier 1758). — *Reichsgutachten* (nomination du landgrave de Hesse ; Darmstadt, 13 janvier 1758). — Lettre de l'Électeur de Bavière demandant la place de maréchal lieutenant pour le C^te de Hollnstein (16 janvier 1758). — Lettre du P^ce de Hohenzollern (demandant une place de maréchal lieutenant, 21 janvier 1758). — Lettre du C^te de Hollnstein (même demande). — Lettre du C^te de Seckendorff (réparations de Philipsbourg, 21 janvier 1758).— Lettre du même (10 février 1758). — Lettre du même (affaires de Philipsbourg, 14 mars 1758). — Décret de nomination du P^ce Georges Guillaume de Hesse-Darmstadt (20 avril 1758). — Protocole du Conseil des Princes (promotion de général de l'Empire). — *Reichsgutachten* (nominations des P^ces Joseph Guillaume de Hohenzollern et Charles de Stollberg comme généraux de l'Empire, 26 mai 1758). — Décret impérial ratifiant ces nominations (5 juin 1758). — Lettre du landgrave Georges Guillaume de Hesse (remercîments pour sa nomination (19 juin 1758). — *Conclusum trium Collegiorum* (réparations de Philipsbourg, 24 juillet 1758). — Lettre du P^ce de Stollberg (remercîments, 24 juillet 1758). — Reichs Tags Ansags Zettel (13 août 1758). — Lettre du C^te de Seckendorff (état de Philipsbourg, 23 août 1758). — Lettre de la ville de Reutlingen (diminution de matricule, 18 avril 1758). — Lettre de Charles Auguste, Margrave de Bade (demande la place de feld-maréchal de l'Empire, 17 juillet 1758). — Lettre de Joseph Guillaume, P^ce de Hohenzollern (remercîment pour sa nomination, 15 juillet 1758). — Lettre du duc Guillaume de Saxe-Gotha (demande une place de Feld Maréchal, 3 septembre 1758). — Liste des dépenses faites par Bayer. — Lettre de créance de l'ambassadeur russe (en latin, 1^er octobre 1758, signée Elisabetha). — "Accurater Abdruck der Wermischen Reichs Matricul vom Jahr 1521" (impr.). — Pièces relatives au différend entre la Bavière et le Wurtemberg au sujet du commerce du sel.

VII (**10**). *Registratur* du directeur de la Chancellerie von Mollenborg (entrevue avec l'envoyé de Brunsvick, où il s'est plaint de publications injurieuses répandues contre l'Empereur, 13 janvier 1759). —

*Registratur* de l'envoyé de Brunsvick (même affaire). — Lettre de Do-
minicus abbé de Weingarten (sur le matricule de la ville d'Überlingen (14 mai 1759). — Lettre du B<sup>on</sup> de Busenberg, écrite au nom de
Son Éminence de Constance (même affaire, 21 avril 1759). — Lettre de
l'abbé Michael (même affaire, 2 avril 1759). — Lettre du b<sup>on</sup> de Mins-
terer chargé d'affaires de la ville d'Überlingen (même affaire, 24 avril
1759). — Projet de *Conclusum* du Conseil des Princes (Élection du Roi
de Rome). — Registratur (affaire de Brandebourg-Bamberg) — Con-
clusions des trois collèges (construction des fortifications de Philipsbourg, 11 décembre 1759). — Lettre du général de Pretbach (demande
la place de *feldzeugmeister,* 24 janvier 1760). — Conseil des Princes
(nomination d'un feld-maréchal de l'Empire). — Conseil des Princes
(même affaire, 17 mars 1760). — *Conclusum Electorale* (même affaire,
17 mars 1760). — Lettre du Duc Guillaume de Saxe (donne sa démis-
sion comme maréchal de l'Empire, 30 janvier 1760). — Reichs Gutachten (nomination du P<sup>ce</sup> de Deux Ponts et du Margrave de Bade-Durlach
comme maréchaux de l'Empire, 20 mars 1760, imp.). — Confirmation
impériale de ces nominations (28 mars 1670, imp.). — Lettre du Margrave de Bade Durlach (remercîments au sujet de sa nomination). —
Lettre du Prince de Löwenstein (demandant une place de *feldzeugmeister*), — Lettre du Prince de Stollberg (même affaire, 13 avril 1760).
— Lettre du C<sup>te</sup> de Hohenlohe (même affaire, 17 avril 1763). — Lettre
de Frédéric, Comte Palatin (il remercie pour sa nomination comme
maréchal de l'Empire, 27 avril 1760). — Lettre du Margrave de Bade
(demande la place de feldzeugmeister, 21 mai 1760). — Lettre du C<sup>te</sup>
de Holenstein (demande un place de général-lieutenant, 26 juillet
1760). — *Conclusum trium Collegiorum* (réparations de Philipsbourg,
16 janvier 1761). — Décret de l'Électeur de Bavière sur les pensions
des officiers (24 janvier 1761). — Conseil des Princes et Protocole du
Collège Électoral (nomination d'un feldzeugmeister, 4 mai 1761). —
*Conclusum Electorale* (même affaire, 8 mai 1761). — Conseil des
Princes (même affaire, même date). — Reichs Gutachten (9 mai 1761,
même affaire). — Rectifications impériales (13 mai 1761, imp.). — Décret
impérial (admission du C<sup>te</sup> d'Ostein, comme membre du Cercle de
Westphalie, 8 mai 1761). — Lettre du Margrave de Bade, remerciant
pour sa nomination de *feldzeugmeister* (25 mars 1761). — Lettre du
C<sup>te</sup> de Stollberg (remercîment analogue, 16 juin 1761). — Lettre du
b<sup>on</sup> de Prellach (remercîment analogue, 3 juin 1761). — Lettre de
l'Impératrice de Russie (annonce le rappel de son ambassadeur,

28 mai 1761, en latin). — Réponse de la Diète, en latin, 20 juillet 1761).
Lettre de l'Impératrice de Russie (lettre de créance du nouvel ambassadeur, 28 mai 1761).—Im Churfürstlichen Neben Zimmer (16 novembre
1761). — Lettre du Wachtmeister F. von Schmidt (sur Philipsbourg,
24 novembre 1761). — Lettre de von Schreid (même affaire, 15 décembre 1761). — *Conclusum trium Collegiorum* (même affaire, 18 décembre 1761).

VIII (**11**). 1° Lettre des envoyés près de la Diète à l'Électeur de
Bavière (renchérissement des vivres, 12 août 1763). — Mémoires concernant cette même affaire. — Résolution de la Chambre des Députa-
tions (2 août 1765). — Avertissement (même affaire).

2° Lettre de l'Empereur François à la ville de Ratisbonne (provi-
sions nécessaires à la Cour Impériale pendant son voyage, 4 avril 1764.)

3° L'Empereur remercie l'Empire à propos de l'élection de son fils
Joseph comme Roi de Rome (7 avril 1764, imprimé). — Notification
de la naissance d'un fils de l'archiduc Joseph (26 mars 1762). — Décret
impérial élevant les fiefs de la maison Doria au rang de principauté
(impr., 9 avril 1762). — Notification du mariage de Joseph, Roi de
Rome, avec Marie Josèphe de Bavière (27 janvier 1765). — Réponse de
la Diète (4 février 1765, impr.).

4° Lettres de créance du b^on de Mackau, ambassadeur de France
(11 avril 1763). — Lettre de Catherine de Russie à la Diète (20 février
1763). — Lettre du Roi de France à la diète (7 avril 1763, en latin). —
Autre lettre du même (en latin, même date). — Lettre de l'Empereur
Pierre III aux mêmes (en latin, 15 mars 1762). — Lettre de la Diète
à l'Empereur de Russie (10 mai 1762, en latin). — Décret de légitimation de l'envoyé de Mayence à la Diète (8 juillet 1763, impr.). —
„Recredentiales pro domino Gressero Magnæ Britanniæ ministro"
(1^er août 1763, impr., en latin). — Georges III d'Angleterre à la
Diète (17 mars 1763, en latin. — Note sur les cérémonies de réception de l'envoyé anglais. — George III d'Angleterre à la Diète (en latin, 18 juin 1764). — Le même, à la Diète (24 octobre 1764, en latin). —
La Diète au Roi d'Angleterre (en latin, 19 juillet 1765). — Rescrit du
Roi de Prusse à son ministre (17 octobre 1758). — Résolution du Conseil
des Princes (9 décembre 1763). — Conseil électoral (5 décembre 1763).
— Conseil des Princes (5 décembre 1763). — Résolution du Collège
électoral (28 novembre 1763). — Note sur la question du cérémonial
(24 décembre 1764). — Autre note analogue (5 novembre 1764). — Autre
note (extrait 20 décembre 1764). — Notice (s. date). — Lettre du duc de

Praslin au Ctᵉ d'Eyck (21 mars 1765). — Mémoire relatif aux honneurs royaux dus aux Électeurs (1765). — Réponse au mémoire du Duc de Bavière. — Lettre du Ctᵉ de Baumgarten (sur le cérémonial).

5° Déclarations de Pierre III et de Catherine de Russie sur leur avènement au trône ; (pièces manuscrites et imprimées). — Note sur les conditions auxquelles les colons étrangers sont admis en Russie (22 juillet 1763).

6° Lettre du Reichs-Cassier Amt (comptes relatifs à Philipsbourg, 1762). — Lettre du comte de Stolberg (même affaire, 8 janvier 1762). — *Conclusum trium Collegiorum* (même affaire, 27 février 1764). — Lettre du Feld-Wachtmeister von Schmidt (même affaire, 28 mars 1763). — Décret impérial (même affaire, 15 août 1764). — Lettre du landgrave de Hesse (même affaire, 6 juin 1765). — État du fonds pour la réparation de Philipsbourg (1ᵉʳ juin 1765).

7° Lettres relatives à la promotion dans le service militaire de l'Empire du Ctᵉ de Hollnstein (10 janvier 1764). — Charles Pcᵉ de Stolberg (20 décembre 1764). — Pcᵉ d'Anhalt (5 octobre 1763). — Ctᵉ de Hohenlohe (22 février 1764). — Landgrave de Hesse (5 novembre 1764). — Ctᵉ de Wied (12 novembre 1764). — Communication impériale relative au commandement du Pcᵉ de Stollberg (6 novembre 1762).

8° Lettres de Bayer sur les séances de la Diète du 15 octobre 1757 au 31 décembre 1765. — Comptes du même (20 avril 1762-3 octobre 1765).

9° Documents relatifs à l'élection du roi de Rome : Lettre du duc de Saxe-Gotha (4 décembre 1763). — Conseil des Princes (27 février 1764). — *Conclusum* (20 février 1764). — *Conclusum* du Collège des villes (29 février 1764). — Lettre des envoyés des Princes à la Diète à l'Électeur de Mayence (27 février 1764). — Remarque des villes impériales sur la capitulation électorale (13 mars 1764). — Lettre du roi de Prusse aux villes impériales (21 mars 1764).

10° Correspondance des villes impériales avec le Pcᵉ de Tour et Taxis, relative au régime des postes : lettre d'Augsbourg (28 juin 1765). — Réponse du commandeur d'Ellingen. — Lettre du gouvernement d'Anspach (10 juillet 1765). — Lettre de la ville de Nuremberg 30 juillet 1765). — Lettre de la ville d'Augsbourg au Margrave de Brandebourg-Anspach (20 sept. 1765). — Rescrit impérial (19 janvier 1636). — Lettre de la ville de Ratisbonne au Pcᵉ de Tour et Taxis (14 octobre 1765). — Réponse du Prince. — Lettre du même au Collège des Princes. — Lettre du même à la ville de Nuremberg (9 novembre 1765).

11° Joseph II notifie la mort de l'empereur François et renouvelle les pouvoirs de son envoyé à la Diète (1er septembre 1765). — Protocole des Trois Collèges de la Diète (à la même occasion, 4 novembre 1765).

12° Lettre de l'Empereur François Ier sur les corporations. — Lettres de l'Électeur de Bavière et de l'Archevêque de Salzbourg sur le même sujet.

13° Notes diverses sur les séances de la Diète. — Notes de l'Électeur de Mayence, sur l'affaire de la visitation de la Chambre impériale (6 juillet 1764). — Note de l'Électorat de Saxe (même affaire). — Note de l'Électorat de Cologne (même affaire). — Note de l'Électorat de Trèves (même affaire).

14° Demande de diminution de matricule pour l'ordre des Johannites (signée : Freyherr von Baaden, 28 février 1765. — Avec pièces justificatives, le tout imprimé).

15° Discours du P. Gresel, lors de l'élection d'un nouvel archevêque de Ratisbonne (V calend. Maji. 1763).

16° Justification du Pce de Tour et Taxis (affaires postales, impr.). — Justification de la conduite de l'Empereur (mêmes affaires, imp.).

IX (12). Pièces relatives à la Chambre impériale. 1-3. Spécification des sommes fournies pour subvenir aux besoins de la Chambre impériale (16 avril 1753, 2 pièces imprimées et une manuscrite). — 4. Lettre du Président et des assesseurs de la Chambre impériale (même affaire, 13 mai 1753, impr.). — 5. Lettre des mêmes sur la juridiction de la Chambre impériale (21 mars 1754, impr.). — 6. Lettre des mêmes (dépenses faites, salaires arriérés, 27 mai 1754). — 7. Spécification des dépenses (même date, imprimé). — 8. Réflexions sur la question de la visitation de la Chambre impériale. — 9 et 10. Réflexions sur le même sujet). — 11 et 12. Représentations à la Diète sur le droit qu'ont les membres de la Chambre impériale d'exercer librement leur religion à Wetzlar (14 janvier 1755). — 13. Lettre de la Chambre impériale à la Diète (demande de réformes et améliorations, 23 février 1755, impr.). — 14. Reichsgutachten in materia camerali (13 juillet 1729). — 15. Sommes contribuées pour l'érection d'un bâtiment pour la Chambre impériale (impr.). — 16. Remarques du Corps Évangélique sur la Réforme de la Chambre impériale. — 17. Remarques générales sur la visitation de la Chambre impériale. — 18. Lettre de la Chambre (contributions pour son entretien, 17 mai 1755, impr.). — 19. Spécification des sommes fournies pour l'entretien de la Chambre Impériale (17 mai

1755, impr.). — 20. Pro Memoria concernant la visitation de la Chambre impériale. — 21. Pro Memoria (traitement des membres de la chambre). — 22. Pro Memoria (réparation des bâtiments). — 23. Traitements payés aux membres de la Chambre impériale (17 mai 1755). — 24. Lettre de la Chambre impériale (18 juin 1756, sur la nécessité de construire de nouveaux bâtiments). — 25. Spécification des sommes fournies par la Chambre impériale (1755, imprimé). — 26. Lettre de la Chambre Impériale (30 juillet 1755, sur l'état des finances). — 27. Spécification des sommes fournies par l'Empire pour l'entretien de la Chambre (1756, impr.). — 28. Lettre de la Chambre impériale (demande que la ville de Wetzlar ne soit pas occupée par les troupes pendant la guerre, 10 juillet 1757). — 29. Lettre de la Chambre impériale (budget de la Chambre en 1757 et 1758, 7 juillet 1759). — 30. Spécification des sommes payées pour la Chambre impériale par les États de l'Empire (1er janvier-31 décembre 1757). — Même spécification pour l'année 1758. — Spécification des sommes payées et à payer pour l'entretien de la Chambre Impériale (1757, imprimé).

xviiie siècle. — Papier. — 360 sur 220 millimètres. — 156 + 126 + 233 + 93 + 54 + 131 + 156 + 278 + 172 feuillets. — Supplément français 4731.2 à 9 et 4731 bis.

**13 à 16. Documents relatifs aux affaires religieuses**, reçus par la Diète de Ratisbonne.

I (13). 1o Documents concernant les sujets autrichiens de confession luthérienne. Intercession du Corps Évangélique près de l'Impératrice-Reine pour les Évangéliques de Styrie, Carinthie etc. (28 février 1753, impr.). — Rescrit impérial-royal (17 septembre 1753, impr.). — Mémorial des Évangéliques d'Autriche, Styrie, Carinthie au Corps Évangélique (19 octobre 1754, impr.). — Requête de la communauté évangélique de Herbolzheim (13 décembre 1754). — Lettre du Corps Évangélique à l'Impératrice-Reine (6 novembre 1754). — Nouveau rescrit impérial (23 avril 1755, impr.). — Ad Regem Borussiæ litteræ Corporis Evangelicorum (7 mai, 18 juin 1755, impr.). — „Ad Regem Magnæ Britanniæ litteræ Corporis Evangelicorum, de dato 7 maji" (impr.). — „Ad Regem Sueciæ litteræ Corporis Evangelicorum, de dato 7 maji" (impr.). — „Ad Regem Daniæ litteræ Corporis Evangelicorum" (7 maji, impr.). — „Ad Fœderati Belgii ordines litteræ Corporis Evangelicorum" (7 maji, impr.). — Schreiben Corporis Evangelicorum an die Cantons in der Schweiz (7 mai, impr.). — Pro Memoria du Corps Évangélique (Attitude de la ville de Ratisbonne dans la question). — " Ce qui est arrivé au sujet du Pro Memoria Évangélique ". — Notice générale

(Gemeinschaftlicher Bericht, même affaire). — Lettre de Marie-Thérèse aux Conseillers de Ratisbonne (24 novembre 1755). — Rescrit du Roi de Prusse (22 décembre 1755, même affaire). — Lettre des Cantons protestants de la Suisse au Corps Évangélique (29 décembre 1755, même affaire). — Pro Memoria (même affaire).

2• Documents concernant les sujets évangéliques de Mayence. Mémoire de la Communauté de Cronenberg au Corps Évangélique (3 décembre 1754).

3º Documents concernant Oldenkirch (domaine de Cologne). Mémorial du Consistoire au Corps Évangélique (9 juillet 1754). — Lettre de l'Électeur de Cologne, 31 août 1754. — Relation en réponse à la requête, 9 septembre 1754. — Projet de conciliation, avec réponse des commissaires de Cologne. — Points de conciliation (4 janvier 1755). — Résolution de l'Électeur (16 février 1755). — Points de conciliation (12 mars 1755). — Procuration donnée par les habitants d'Odenkirchen (2 février 1755).

4º Pièces concernant la communauté d'Odenkirchen (domaine de Münster) : Pro Memoria de la Communauté. — Lettre du Corps Évangélique à l'Électeur de Cologne (23 janvier 1754, impr.). — Réponse de l'Électeur, signé : Bebenburg (2 mai 1754). — *Conclusum* (19 novembre 1755). — Pro Memoria (impr., signé Bebenburg, 17 mars 1756).

5º Affaire de la Communauté de Herbolzheim (diocèse de Würzbourg). Lettres du Corps Évangélique, 16 juillet 1755 (imprimé). — Réfutation des griefs des réformés de Herbolzheim (1755, impr.). — Protocole de la Commission d'enquête, 6-8 septembre 1756.

6º Affaires relatives aux communautés réformées de Francfort : Pro Memoria des Réformés (impr., 1746). — Nouveau Pro Memoria (impr.). — Réflexions sur la question du temple des Réformés à Francfort (impr.). — Proposition d'un tiers.

7º Affaires religieuses de la communauté de Rosenberg dans la principauté de Löwenstein : Nouvelle lettre du Corps Évangélique au Prince de Löwenstein (20 février 1754, imprimé). — Nouvelle lettre du même Corps (6 novembre 1754, impr.). — Requête des Évangéliques de Rosenberg au Corps Évangélique (8 juillet 1755, impr.). — Nouvelle requête des mêmes au même (avril 1756, imp.). — Nouvelle requête des mêmes au même (12 octobre 1756).

II (**14**). Table. — 1º Affaires diverses. — Memoria (affaires religieuses de Pyrbaum.) — Pro Memoria (contre le choix de l'Électeur de Trèves pour faire l'enquête dans les affaires de Solms, 20 février 1754, signé :

W. F. von Pistorius). — Supplique apologétique de M. Dufrère et F. Neumayer, pères jésuites, priant l'Empereur de faire examiner leurs livres (1754, impr.). — Rescrit de l'Électeur de Mayence à son envoyé à Ratisbonne (31 juillet 1754). — Description de la pose de la première pierre de l'église évangélique de Wetzlar (1755, imprimé). — Lettre de Frédéric II de Prusse, démentant que sa sœur, la margrave de Bayreuth, se soit faite catholique (5 mars 1755). — Décret du Roi de Prusse, confisquant les biens des Jésuites à Emmerich (6 août 1755). — Plaintes du Résident de Saxe, contre les ouvrages où l'on insulte la confession d'Augsbourg (24 octobre 1755). — Puncta e relatione Aug. Imp. Reg. in causa " Rudimenta historica" (Viennæ, 1755). — " Reflexiones in puncto Relationis in causa *Rudimenta historica* ". — Lettre de Frédéric II de Prusse au C$^{te}$ de Wied (sur le rappel de certains envoyés à la Diète, demandé par la Cour de Vienne, 14 novembre 1755). — Lettre du Corps Évangélique à l'Empereur (sur l'immixtion de l'Électeur de Trèves dans les affaires de Solms, 18 février 1756). — " *Species facti* " (sur des individus prétendant faussement recueillir des dons pour les protestants autrichiens). — Débats de la Conférence Évangélique (sur l'article 20 de la Capitulation Électorale de l'Empereur, 29 novembre 1758).—" Conclusum Corporis Evangelici " (même sujet, même date).— Conférence de ceux de la Confession d'Augsbourg (même affaire, 14 décembre 1758). — Mémorial au Corps Évangélique (sur l'état religieux du Palatinat, signé J.-C. Schwarz, 8 janvier 1759). — Lettre du P$^{ce}$ d'Anhalt (au sujet du Conclusum Corporis Evangelici, du 9 novembre 1758 (18 juin 1759). — Lettre de A. C. Gehwolff au Corps Évangélique (affaire de la caisse de Germersheim, 19 mai 1759). — Lettre de la Commission Principale sur les livres injurieux en matière de religion (29 août 1759). — Plaintes adressées à la Diète, sur un livre de l'abbé de S. Emmeran.

2° (fol. 56). Affaire de Holtzhausen, lettre du Corps Évangélique (5 septembre 1759). — Le même à l'Électeur de Mayence (même date). — Le même à l'Électeur Palatin (même date, pièces imprimées).

3° (fol. 70). Plaintes de la communauté d'Illbesheim (comté de Falckenstein) au Corps Évangélique (janvier 1756, imprimé).

4° (fol. 95). Memorandum de la communauté évangélique de Winnweiler (comté de Falckenstein) 14 avril 1758, imprimé.

5° (fol. 102). Appendice à la lettre adressée au Corps Évangélique par le Conseil et la ville de Worms (24 janvier 1758). — Lettre de la ville de Worms (17 janvier 1758, pièces imprimées.) — Conférence du

Corps Évangélique (26 avril 1758) (si les chevaliers de Malte ont eu le droit de faire célébrer le culte catholique dans leur chapelle à Worms). — Lettre du Corps Évangélique au Maître des Johannites de Heitersheim (26 avril 1758, impr.). — Pro Memoria pour l'ordre de Malte (même affaire, 29 mars 1758, imprimé).

6° (fol. 135). Affaire de la nomination d'un pasteur à Ebermergen : mémorial du Consistoire d'Oettingen (14 juillet 1756, impr.). — Nouveau mémorial des mêmes (24 juin 1757, impr.).

7° Lettre du Corps Évangélique à l'Empereur sur les plaintes de la communauté de Landstuhl (28 juillet 1756, impr.). — Mémorial de la communauté de Landstuhl au Corps Évangélique (2 juin 1760).

8° Pro Memoria de J. A. Brühl (affaires de Bechtolsheim, 16 novembre 1754). — Du même, 2 octobre 1755 (au Corps Évangélique). — *Historia succincta* (différends concernant Bechtolsheim, imprimé).

9° Plaintes des communautés de Neckarsteinach, Darsperg et Grein, adressées au Corps Évangélique (18 septembre 1753). — Lettre du Corps Évangélique à l'Empereur (24 avril 1754, impr., même affaire).

10° Pro Memoria (plaintes de la communauté évangélique de Bürckenau (13 octobre 1754). — Lettre du Corps Évangélique au canton Odenwald (10 mars 1755, même affaire). — Nouveau mémorial (6 janvier 1756, impr.). — Réponse de la *Ritterschaft* du Canton Ottenwald (31 janvier 1756, impr.). — Autre réponse, des mêmes. — Lettre du b⁰ⁿ de Wambold (12 février 1756). — Nouveau mémorial de la Commune de Bürckenau (13 avril 1756, impr.). — Mémorial des mêmes (15 juillet 1756, imprimé).

11° Lettre de la *Reichs Ritterschaft* de Souabe au Corps Évangélique sur le pacte de famille des b⁰ⁿˢ Göler von Rabenspusrg (27 juin 1758, imp.). — Protestation contre ce pacte de deux membres de la famille : Guillaume Frédéric Charles Louis et Étienne G. v. R. (24 février 1759). — Protestation du b⁰ⁿ Göhler von Rabenspurg (Mannhein, 6 juillet 1759). — Registratur du Corps Évangélique, désapprouvant le pacte (15 août 1759).

12° Lettre du b⁰ⁿ de Staritz, se plaignant de ce que sa femme a été séparée de son enfant à Mannheim (25 avril 1750, impr.). — Pro Memoria : Défense du gouvernement palatin dans cette affaire suivie de *Factis species,* imprimé.

III **(15)**. 1° Décret apostolique condamnant le livre du P. Neumayr sur le probabilisme (1760).

2° Décret impérial condamnant la controverse du Professeur Strube et du P$^{ce}$-abbé de Saint-Emmeran sur la paix de Westphalie (4 mars 1760).

3° Supplique en faveur de la communauté luthérienne de Sebernheim (24 nov. 1760).

4° Résolution du Corps de la confession d'Augsbourg sur une supplique de Badenheim (25 août 1761).

5° Supplément au mémorial des griefs religieux de la communauté luthérienne de Pyrbaum (3 juillet 1760. impr.). — Nouveau mémorial (17 décembre 1760, impr.). — Mémorial (3 juillet 1760, impr.). — Pro Memoria (à l'envoyé de l'Électeur de Bavière, 13 février 1761). — Relation (de l'attaque d'une procession par ceux de Pyrbaum). — Nouveau mémorial (25 février 1762). — Résolution de l'Électeur de Bavière (31 mars 1762).

6° Lettre du Corps Évangélique à l'Empereur, sur l'oppression de la communauté évangélique de Heimkirchen (18 février 1761, impr.). — Mémoire au Corps Évangélique (6 juin 1761). — Nouveau mémoire au Corps Évangélique (21 mars 1762).

7° Lettre du Corps Évangélique à la partie évangélique de la Chambre Impériale de Wetzlar, sur l'éducation religieuse de la demoiselle Albini (29 juillet 1761). — Lettre du C$^{te}$ de Wied au Corps évangélique (même affaire, 19 août 1761). — Contre-démonstration que la femme Albini ne peut faire élever sa fille dans la religion protestante. — Preuve juridique pour la dame Albini (imp.).

8° Mémorial de la communauté évangélique de Redwitz (23 novembre 1761, impr.). — Nouveau mémorial (même affaire, 20 avril 1760, impr.)

9° Mémorial au Corps Évangélique, signé Louise von Strauss (31 janvier 1762 ; sur l'arrestation de son mari). — Conclusion du Corps Évangélique.

10° Affaires diverses : Plaintes au Corps Évangélique de la communauté de Mark Nordheim (3 novembre 1762). — *Species facti* concernant le soulèvement des évangéliques de Nordheim (1763, impr.). — Nouveau mémorial de la communauté de Nordheim (26 mars 1763, réponse à la pièce précédente). — Lettre du Consistoire de Pfalz-Sponheim (vexations à l'égard des évangéliques de Trarbach (3 février 1763, impr.). — Mémorial de la communauté évangélique d'Enkirch-sur-Moselle, sur la construction projetée d'un couvent franciscain (18 janvier 1763, impr.). — Plaintes au Corps Évangélique de la communauté de Herbolzheim (23 avril 1763, impr.). — Mémorial de la communauté de Pyrbaum (23 avril 1763, impr.). — Mémoire au Corps Évangélique (7 mars 1763, de la communauté de Nordheim). — Pro Memoria pour la communauté évangélique de Heimkirchen (19 avril 1763). — Mémorial de la communauté évangélique de Sulzbürg (26 avril 1763, impr.). — Pro Memoria de l'envoyé des Comtes d'Empire de Franconie (Reiches-Gräflich-Fränkischer Comitial-Gesant) W. F. von Pistorius (sur les affaires religieuses des Comtés de Wolfstein).

IV (**16**). Fol. 1. Table.

1. Mémorial de la communauté de Neuses am Berg (27 janvier 1764, impr.). — Nouveau mémorial des mêmes (10 novembre 1764, impr.). — 2. Mémorial des communautés évangéliques de Dörsbach et Seybersbach (14 mars 1764, impr.). — 3. Mémorial de la communauté évangélique de Mommenheim (19 mai 1764, impr.). — 4. Mémorial de la communauté évangélique de Bechtolsheim (12 mars 1764, impr.). — 5. Mémorial de la communauté évangélique d'Udenheim (20 mars 1764, impr.). — Mémorial de la communauté évangélique de Zeuligheim (19 mai 1764, impr.). — 7. Supplique de la communauté de Cronenberg au Corps Évangélique (20 octobre 1763). Mémorial des mêmes (4 juin 1763, impr.). Nouveau mémorial des mêmes (28 déc. 1764, impr.). — Nouveau mémorial (22 janvier 1765, impr.). — Supplique des mêmes (19 mai 1765). — Nouveau mémorial des mêmes (16 août 1765, impr.). — Supplique des mêmes (5 novembre 1765). — 8. Pro Memoria de la communauté évangélique de Sulzbourg (s. d.). — 9. Pro Memoria (communauté de Pyrbaum, s. d.). Contra Pro Memoria (13 juillet 1763). État des caisses surveillées par le Corps Évangélique. Lettre du Corps Évangélique à l'Électeur de Bavière (affaires de Pyrbaum et Sulzbourg). Mémorial de la communauté évangélique de Pyrbaum (10 juin 1765, impr.). — 10. Récit de la conduite du baron de Sickingen-Ebernberg à l'égard de la paroisse de Heimkirch (7 juillet 1763, imp.). Nouvelle requête (même affaire, 28 octobre 1764, imp.). — 11. Lettre à l'Empereur sur les affaires religieuses (10 mars 1764). — 12. Remarques sur la construction d'un couvent à Dierdorff par le Comte de Wied-Runckel (3 mai 1755, imp.). Mémoire au Corps Évangélique (même affaire, 1764, imp.). Lettre au Corps Évangelique (24 mars 1765). — 13. Plaintes de la famille Tucher à Nuremberg (imprimé, 4 juin 1765). Mémoire sur le droit que possède la famille Tucher d'exclure un membre catholique de certains droits (1764, imp.). Résolution sur la même affaire, signée J. G. Reize (10 septembre 1765). — 14. Réponse du gouvernement de Herbolzheim aux plaintes des Évangéliques (1756, imp.). Plaintes des

2*

Évangéliques de Herbolzheim (1756, imp.). — 15. Récit des persécutions supportées par les réformés de Ruchheim (3 juillet 1764, imp.). — 16. Plaintes de la communauté de Maudach (3 juillet 1764, imp.). Nouvelles plaintes (10 décembre 1764, imp.). — 17. Plaintes de la communauté de Rödelsee (4 août 1764, imp.). — 18. Plaintes de la communauté de Rimmelsheim (21 mai 1764, imp.). — 19. Plaintes de la communauté de Landstuhl in Westreich (20 septembre 1764, imp.). — 20. Plaintes de la communauté de Neckarsteinach (20 décembre 1764). — 21. Plaintes de la communauté de Burghanen (22 janvier 1764, imp.). — 22. Plaintes de la communauté de Gmünden sur le Hundsrück (10 juin 1765, imp.). — 23. Plaintes de la famille Zedwitz (8 décembre 1765, imp.). — 24. Lettre de Marie-Thérèse à son envoyé à la Diète (état des protestants dans les pays appartenant à la Maison d'Autriche, 17 septembre 1753). Plaintes des évangéliques de l'Autriche, Styrie et Carinthie, transportés en Transylvanie (3 juillet 1764, imp.). Lettre des mêmes (20 octobre 1764). — 25. Plaintes de la communauté d'Ilbesheim (25 janvier 1764, impr.). — Plaintes de la même communauté (16 novembre 1764). — 26. Plaintes de la communauté de Hontheim (2 juin 1764). — 27. Lettre de M.-G. Sope (30 décembre 1764. Remercîment au Corps Évangélique). — 28. Lettre du Corps Évangélique (dette dont est grevée la seigneurie de Nagel, 20 juin 1764). — 29. "Conclusum Corporis Evangelicorum" (Chambre impériale de Wetzlar, 20 juillet 1764).

xviii⁰ siècle. — Papier. — 360 sur 220 millimètres. — 312 + 255 + 180 + 416 feuillets. — Supplément franç. 4732. 1 à 4.

**17. Diète de Ratisbonne. Collège des Princes.** Pièces relatives à l'admission de nouveaux membres.

Lettre du Pᶜᵉ de Schwartzenberg, demandant pour sa maison l'entrée au Collège (2 août 1753). — Lettre du Roi de Prusse au Pᶜᵉ de Tour et Taxis (sur son admission au Conseil, 6 août 1753). — Liste de princes opposés à l'admission de Tour et Taxis — Projet d'action commune dans l'affaire Tour et Taxis (11 août 1753). — Lettre de l'Électeur Palatin au Pᶜᵉ de Tour et Taxis (4 septembre 1753). — Lettre de l'an 1716 adressée par les cours correspondantes à l'Empereur. — Lettre du Pᶜᵉ de Lœwenstein-Wertheim (demande pour sa maison l'entrée au Collège, 20 octobre 1753). — Lettres de Charles, Pᶜᵉ de Nassau, Cᵗᵒ de Saarbrücken (annonce que, par décès, le droit de représenter la maison lui est dévolu, 6 décembre 1753). — Raisons en faveur de l'admission de la maison Schwartzburg (imp.). — Décret impérial, recommandant le P^ce de Tours et Taxis pour admission au Conseil des Princes (17 décembre 1753). — Demande d'admission au Conseil de la part du landgrave de Hesse (29 décembre 1753, imp.). — Courte information (même sujet, imp.). — Sur l'admission de la maison de Waldeck (19 janvier 1754). — Pro Memoria (droit de présence des *collèges* de Wettereau, Franconie et Westphalie, 28 janvier 1754, signé Pistorius, imp.). — Déclaration du Prince de Tour et Taxis (sur son rang comme maître général des postes, 31 janvier 1754). — Demande d'admission du P^ce de Schwartzburg (4 janvier 1754). — Pro Memoria (introduction de Nassau-Saarbrücken, 12 février 1754, imp.). — Pro Memoria (contre l'introduction de la maison Lœwenstein (19 février 1754, imp.). — Pro Nota (sur les nouvelles admissions au Conseil des Princes). — Mémoire de la maison de Hesse sur la réintégration de 2 voix au Conseil des princes (16 février 1754, imp.). — Lettre des envoyés des Princes à la Diète sur les nouvelles admissions (16 février 1754). — Lettre de l'Empereur (même affaire, 25 février 1754). — Décret impérial sur l'interdiction des Princes de Schwarzberg dans le Conseil des Princes (6 mars 1754, imp.). — Lettre de Charles, P^ce de Waldeck, demandant l'admission au Conseil des Princes (30 janvier 1754, imp.). — Lettre de la Chambre impériale de Wetzlar sur les nouvelles introductions (25 février 1754). — Conférence des envoyés des Princes correspondants sur l'*introduction* (même affaire, 9 mars 1754). — Lettre du conseiller aulique Clœpius (24 février 1754, même affaire). — Lettre des Princes au vice-chancelier Colloredo (9 mars 1754, même affaire). — Registratur. Conseil des Princes du 28 février 1754 (même affaire). — Résolutions des envoyés des Princes à Ratisbonne (9 mars 1754, même affaire). — Justification de l'attitude des Princes (même affaire, imprimé). — Mémorial des envoyés de Hesse à la Diète sur les votes de Hesse-Catzenelnbogen (12 mars 1754, imp.). — Postscriptum (même affaire, 20 mars 1754). — Lettre des envoyés des Princes (affaires des introductions, 22 mars 1754). — Rescrit impérial à la Commission principale (même affaire, 26 mars 1754). — Pro Memoria aux Directoires des Princes de la part des envoyés (même affaire, 27 mars 1754). — Pro Memoria au Corps Évangélique (même affaire, 27 mars 1754). — Lettre du Roi de Prusse, Électeur de Brandebourg, à son envoyé à la Diète (27 mars 1754). — Protocole de la Conférence évangélique (1^or avril 1754, même affaire). — Registratur (1 et 2 avril 1754, signé Churfüstl. Sächsische Canzley, même affaire). — Extrait du protocole de conférence (3 avril 1754, même affaire). — Pro Memoria ad

Corpus Evangelicorum (3 avril 1754, même affaire). — Pro Nota de la Saxe Électorale (réponse à la pièce précédente, 4 avril 1754). — Pro Memoria (défense de la conduite des Princes dans l'affaire des introductions, 1754, imp.). — Extrait du protocole, 6 avril 1754). — Réponse à cinq questions relatives à l'introduction (sans date). — Lettre du roi de Prusse (même affaire, 18 avril 1754). — Lettre, au nom du Roi de Prusse, à l'envoyé de l'Électeur de Cologne à la Diète (même affaire, 8 avril 1754). — Pro Memoria et nouveau Pro Memoria pour la maison de Hesse (4 et 6 mai 1754, imp.). — Conseil des Princes (affaire des introductions (6 mai 1754). — Note sur ce conseil (1er mai 1754). — Conseil des Princes (10 mai 1754, même affaire). — Avis des deux grands collèges de l'Empire sur l'affaire des introductions (10 mai 1754, imp.). — Note sur cette affaire (17 mai 1754). — Décret impérial relatif à l'introduction des maisons Tour et Taxis et Schwartzburg (16 mai 1754). — Conseil des Princes (même affaire, 27 mai 1754). — Réserve et déclaration finale de plusieurs maisons princières (30 mai 1754, imp.). — Pro Memoria (réserves de la maison de Waldeck sur l'admission de la maison de Tour et Taxis, 30 mai 1754). — Conseil des princes (31 mai 1754, affaire des introductions). — Lettre du Pce de Tour et Taxis (déclaration sur son introduction, 1er mai 1754). — Déclaration de la maison de Schwartzburg (même affaire, 7 mai 1754). — Remarques sur le Pro Memoria de la Maison de Waldeck (30 mai 1754). — Réserve et déclaration finale des princes correspondants, avec remarques sur chaque article. — Note à l'Empereur sur l'affaire des introductions (s. date). — Lettre du Margrave de Bade-Durlach à l'Empereur (13 mai 1754, même affaire). — Lettre du Margrave de Bayreuth à l'Empereur (12 mai 1754, même affaire). — Lettre du duc de Wurtemberg à l'Empereur (même affaire, 20 mai 1754). — Lettre du landgrave de Hesse à l'Empereur (même affaire, 27 mai 1754). — Déclaration du Prince de Tour et Taxis (remercîments au Conseil des Princes, 5 juin 1754). — Déclaration du Prince de Schwartzburg (5 juin 1754, remercîments au Conseil des Princes). — Réflexions sur le Pro Memoria, adressé lors de l'affaire de l'introduction, par le Conseil des Princes au Corps Évangélique. — Lettre du Roi de Pologne, Électeur de Saxe, au Conseil des Princes (30 octobre 1754, demande l'admission de la maison de Saxe). — Lettre de l'envoyé de Saxe à la Diète (même affaire, 20 décembre 1754, imp.). — Remarques sur une note relative à la question de l'introduction de la Maison de Taxis. — Réflexions (1er avril 1754) et Remarques sur ces réflexions. — " Extractus actorum..." (Extrait des actes ou notice historique sur tout ce qui s'est passé depuis 1636 lors des admissions dans le Conseil des Princes (1754, imp.). — Lettre de l'envoyé de Prusse à la Diète (18 janvier 1755, sur l'admission de la Maison de Prusse au Conseil des Princes). — Pro Memoria (réintégration de la Maison de Hesse, 12 mars 1755). — Circulaire du Prince de Waldeck au Conseil de l'Empire (sur son admission au Conseil des Princes, 20 mars 1755). — Circulaire du Roi de Prusse (admission au Conseil, 22 mars 1755). — Lettre de l'Électeur de Mayence au Roi de Pologne (6 juin 1755, sur sa réadmission au Conseil). — Lettre du Roi de Prusse au Margrave de Brandebourg Culmbach, à Bade-Durlach, et à Palatinat Deux-Ponts, (4 décembre 1755, sur les privilèges des Princes). — Lettre du Margrave de Brandebourg-Culmbach au Roi de la Grande-Bretagne (18 décembre 1755). — Lettre du Roi de Danemark au Margrave de Bade-Durlach (2 février 1756). — Lettre du Roi de la Grande-Bretagne au Landgrave de Hesse-Cassel (3 février 1756). — Rescrit du Roi de Prusse à son envoyé à la Diète (9 mars 1756, affaire des introductions). — Pro Nota (sur l'opposition de Brandebourg-Onolzbach à l'admission de Tour et Taxis). — Réflexions sur l'introduction de* nouvelles voix dans le Conseil des Princes (1758, imp.).

xviiie siècle. — Papier. — 360 sur 220 millimètres. — 406 feuillets. — Supplément français 4733.

**18 à 21. Recours à la Diète Impériale.**

I (**18**). 1° Recours de la Maison de Brandebourg contre la ville de Nuremberg. Mémoire des Margraves de Brandebourg Culmbach et Brandebourg-Onolzbach (25 et 28 sept. 1752, imp.). — Species facti des mêmes (1752, imp.). — Réfutation de la pièce précédente (imp.). — Appels des sentences du Landgericht à Onolzbach (2 mai 1757 — 17 juillet 1758). — Lettres des Margraves de Brandebourg à la Diète (même affaire, 24 septembre 1758). — Lettre des Margraves de Brandebourg (30 août 1759, même affaire). — Appel de la ville de Nuremberg contre le Landgricht à Onolzbach (26-30 juin 1759).

2° Affaire Brandebourg-Culmbach contre le bon de Künssberg : Réponse (1753, imp.). — Réfutation de la pièce précédente, octobre 1756, imp.). — Recours du Margrave à la Diète (9 novembre 1758, imp.).

II (**19**). 1° Affaire de la maison d'Ysenburg : Lettre de S. A. de Hohenzollern-Hechingen (recours contre la maison d'Ysenburg, 29 décembre 1752, imp.). — Species facti (même affaire, même date, imp.).

— Lettre de S. A. d'Ysenburg Birstein (27 mars 1753, même affaire, imp.). — Species facti pour Ysenburg (1753, imp.).

2º Species facti pour la ville de Dinckelsbühl contre la maison d'Oettingen-Spielberg (1755, imp.).

3º Lettre de Louis Ferdinand Comte de Sayn et Wittgenstein à la Diète (recours à la Diète ; 18 avril 1753, imp.; suivi de pièces justificatives, de Pro Memoria et de Récit historique, imp.). — Lettre de Louis-Ernest de Sayn-Wittgenstein (14 mars 1754). — Sententia publicata (1er juillet 1754. — Lettre de Louis-Ernest de Sayn-W. à la Diète (24 nov. 1754). — Pro Memoria pour le même (s. d., imp.). — Note sur l'affaire Wittgenstein contre Wittgenstein (s. d.). — Pro Nota (même affaire). — Mémoire contre Louis Ernest de Sayn-Wittgenstein (s. d., imp.). — Lettre de Louis Ernst de S.-W. à la Diète (28 juillet 1755, imp.).

4º Recours des Princes de Solms contre la Chambre Impériale (4 septembre 1758, suivi de species facti imprimé).

5º Thèses (droits du Cercle de Franconie sur Fischberg, 1751, imp.). — Lettre du Cercle de Franconie à la Diète (15 mars 1755, imp.).

6º Lettre des tuteurs du prince d'Orange, relative au titre de " prince d'Orange " porté par les descendants de la Marquise de Mailly (11 octobre 1756).

7º Lettre du Burgrave de Kraisberg à la Diète (en faveur de ses pupilles contre le couvent de Marienstadt, 25 juin 1751). — Note contre la Chambre Impériale (22 mai 1756, aff. de Sayn-Hachenburg contre Marienstadt) (imp.). — Pro Memoria pour Brandebourg-Onolzbach (même affaire, 6 février 1759, imp., précédé d'une note rectificative).

8º Lettre du Burgrave de Kraisberg (18 février 1757, recours dans l'affaire Bachem contre Sayn Hachenburg). — Pro Memoria (même affaire, imp.).

9º " Deductio gravaminum " (affaire de J. A. von Bach contre Löwenstein-Wertheim, août 1752, imp.). — Recours de S. A. Löwenstein-Wertheim (même affaire, 20 septembre 1752).

10º " Memoriale legati Leodiensis adversus judicata Cameræ Imperialis " (juridictions du Curenge et de Kempt, 11 avril 1758, imp.).

III (20). Affaire de landgrave de Hesse-Darmstadt, contre les barons de Gemmingen-Treschklingen : Lettre de l'envoyé de Hesse à la Diète (9 mai 1764). — Récit historique (1764, imp.). — Réponse des barons de Gemmingen (1765, imp.). — Pro Memoria (pour Hesse Darmstadt). — Pro Memoria (pour Gemmingen, imp.). — Species facti (pour Gemmingen, 1764, imp.). — Réfutation (pour Hesse Darmstadt, 1765, imp.).

IV (**21**). Lettre du chapitre d'Osnabrück à l'empereur (19 juin 1764, différend entre le Chapitre et le Roi d'Angleterre). — Pro Memoria (pour le chapitre, 1764, imp.). — Memorial à la Diète (pour Osnabrück, imp.). — Exposé des mesures illégales (1764, imp.). — Protocole de la conférence évangélique (14 nov. 1764). — Pro Memoria (pour S. M. de Grande Bretagne, 9 novembre 1764). — Notum commune Evangelicorum (14 nov. 1764). — Pro Memoria (pour S. M. de Grande Bretagne). — Pro Memoria (pour le même, 5 juin 1764). — Copie de la proposition faite par le Conseiller von Lenthe au Chapitre (28 mars). — Proclamation du Roi d'Angleterre, prenant en main l'administration de l'évêché au nom de son fils, nommé évêque (18 mai 1764). — Publication de l'Électeur Archevêque de Cologne, contre les prétentions du Chapitre d'Osnabrück (3 septembre 1764). — Supplément à l'exposé d'Osnabrück (imp.). — Mémorial (pour S. M. de Grande Bretagne, 1764, imp.). — Réfutation de l'exposé d'Osnabrück (1764, imp.). — Exposé du Pro Memoria pour S. M. de Grande Bretagne (1765, imp.).

xviiiᵉ siècle. — Papier. — 360 sur 220 millimètres. — 336, 460, 296, 188 feuillets. — Supplément français 4734. 1-4.

**22-23**. Recueil de pièces relatives à Reichs Ritterschaft du Bas Rhin et à ses agissements pour l'administration de la tutelle des biens Warsberg.

I. Correspondance entre le Reichs Ritterschaft et Madame de Warsberg, 12 janvier 1776-29 avril 1783.

II. Protocoles de la Reichs Ritterschaft, relatifs à la même affaire, 4 janvier au 20 décembre 1785.

xviiiᵉ siècle. — Papier. — 360 sur 220 millimètres. — 211 et 126 feuillets. — Supplément français 4735. 1-2.

**24**. Pièces relatives à la guerre de Sept ans (année 1762).

Liste des otages retenus dans la ville de Nuremberg. — Relation du chancelier de l'abbaye d'Emmeran (26 novembre 1762). — Demandes du ministre du Roi de Prusse au Cercle de Franconie (13 octobre 1762). — Idem, 16 octobre 1762. — Convention entre l'armée prussienne et l'armée impériale en Saxe (24 novembre 1762). — Déclaration de l'envoyé de Brandebourg à la Diète (menace d'exécution militaire des membres de l'Empire favorables à l'Autriche, 26 novembre 1762). — Déclaration du Roi de Prusse, autorisant son envoyé à la Diète, à négocier avec les Princes de l'empire (15 décembre 1762). — Lettre de

Frédéric, duc de Saxe, à la Diète (traitement de la principauté d'Altenbourg pendant la guerre, 28 décembre 1762 ; imp.). — Plaintes de l'envoyé de Cologne (juillet 1757, sur les violences des troupes hanovriennes). — Pro Memoria (communication de l'envoyé de Brandebourg, au Collège des Villes impériales, 29 novembre 1762). — Registratur (Communication du même aux mêmes, 25 novembre 1762). — Résolution du cercle de Bavière (17 décembre 1762). — *Actum in conferentia* du même cercle (17 décembre 1762). — Lettre du Cercle de Souabe à l'Empereur (13 décembre 1762). — Pro Memoria au nom du Cercle de Souabe à l'envoyé impérial à la Diète (13 décembre 1762). — Collège électoral, délibération du 10 janvier 1763. — Convention entre les armées impériales et prussienne, Saalfeld, 11 janvier 1763. — Lettre de l'Électeur de Bavière à l'Empereur, 27 décembre 1762. — Conseil des Princes, 17 janvier 1763. — Décret impérial sur le rétablissement de la paix dans l'Empire (24 février 1763). — Décret impérial sur la sûreté de l'Empire (19 janvier 1763). — Conseil des Princes, 24 janvier 1763. — Collège Électoral, 28 janvier 1763. — Conseil des Princes, 7 février 1763. — Lettre du Roi d'Angleterre, sur la nomination d'un Ambassadeur près de la Diète (25 décembre 1762, en latin). — Rescrit impérial à l'Électeur Palatin (9 février 1763, sur le rappel des troupes électorales de l'Armée Impériale). — *Species facti* (même affaire). — Avis de la Diète sur la Sûreté de l'Empire, 11 février 1763. — Protocole du Conseil des Princes (11 février 1763, réponse aux insinuations de l'envoyé de Brandebourg à la Diète). — Avis de l'Empire, *Reichsgutachten*, 21 mars 1763. — Rescrit de Brandebourg-Culmbach (3 juin 1762). — Note sur les finances de l'Empire (s. d.). — Rescrit du Roi d'Angleterre à l'envoyé du Brandebourg Électoral.

Pièces relatives aux subsides à accorder par les États de l'Empire (Römer-Monathe). 1. Note (11 mars 1757). — 2. Pro Notitia (sur les dépenses militaires). — 3. Décret Impérial (14 avril 1760). — 4. Collège Électoral (27 juin 1760). — 5. Collège Électoral (30 juin 1760). — 6. Reichs Gutachten (30 juin 1760). — 7. Décret Impérial (10 juillet 1760). — 8. Compte des subsides reçus et dépensés (4 décembre 1760). — 9. Idem. (13 avril 1761). — 10. Lettre du Vice Chancelier Colloredo (demande de nouveaux subsides). — 11. Rescrit du Roi de Prusse (9 janvier 1762, contre la demande de nouveaux subsides). — 12. Décret impérial (3 mars 1762). — 13. Compte rendu des subsides (26 mars 1762). — Notice des dommages soufferts par le Duc de Saxe Gotha Altenbourg.

Pièces relatives à la conclusion de la paix : 1. Préliminaires entre la France, la Grande Bretagne, l'Espagne (Fontainebleau, 3 novembre 1762, imp.). — 2. Traité de Hubertsbourg avec annexes (imp.). — 3. Rescrit impérial (19 février 1763). — 4. Lettre de l'envoyé de Prusse notifiant à la Diète la paix avec la Suède (7 septembre 1762). — 5. Déclaration de l'envoyé de Suède (18 juillet 1762). — 6. Déclaration de la Russie offrant sa médiation (s. d.). — 7. Réponse de la Cour de France.

xviii⁰ siècle. — Papier. — 360 sur 220 millimètres. — 279 feuillets. — Supplément français 4735 bis.

**25-29. Pièces relatives à la guerre de Sept Ans.**

I (**25**). De l'état actuel de confusion de la constitution allemande (suivi d'une traduction française). — 2. Explication de quelques passages de la pièce précédente. — 3. Réfutation (Gegenbericht) concernant les points en litige *in comitiis*. — 4. Pensées protestantes (sur la pièce précédente). — 5. Observations (sur la pièce précédente). — 6. Réponse aux " Observations ". — 7. Pensée de tout bon Allemand et Saxon sur la déclaration du Roi de Prusse du 30 août 1756 (en français). — 8. Sur la différence entre les guerres offensives et défensives (1756, impr.) — 9. Mémoire (lettre sur les résolutions à prendre dans la Diète sur les affaires de Saxe). — 10. Preuve détaillée (que, dans la situation actuelle, la neutralité des États de l'Empire serait illégale). — 11. Lettre du 6 novembre 1756 sur le " Mémoire raisonné " et ses pièces justificatives. — 12. Traité sur le rappel des membres et vassaux de l'Empire, actuellement au service de l'étranger, avec notes (1756, impr.). — 13. Preuve que la Bohême appartient à la couronne de Prusse. — 14. Extrait d'une réponse à une lettre de la H***. — 15. Deux lettres d'un père à son fils sur la sainteté des archives, avec une notice sur la retraite des Saxons de Pirna (Dresde, 1756, imp.). — 16. Lettre d'un père à son fils sur l'état présent de la Saxe (Erfurt, 1756, imp.). — 17. Lettre d'un petit-fils à son grand-père (même sujet, 1757, imp.). — 18. — Remarques sur quelques écrits relatifs à l'état présent de la Saxe. — 19. Lettre d'un ouvrier imprimeur à H. à un ami à L. au sujet de quelques écrits des publicistes prussiens, 1757 (imp.). — 20. Admonition d'un garçon d'imprimerie à un ouvrier d'imprimerie (réponse à la pièce précéd., 1757). — 21. Le droit de la Saxe Électorale sauvé (Vienne, Trattner, s. d., imp.). — 22. Réflexions et preuves que la conduite du Conseil impérial aulique a été illégale (1757). — 23. Réponse d'un ami demeurant à R. à une lettre de W. sur les événements de la guerre. — 24. Précis de la lettre circulaire adressée aux

Ministres de la France (en français). — 25. Réponse à une note de la
Cour de Vienne (s. d.). — 26. Note de l'envoyé de Brandebourg aux
ambassadeurs à Ratisbonne (s. d.).

II **(26)**. — Table. — 1. Déclaration des causes qui ont obligé S. M.
R. de Prusse à envahir la Saxe (Berlin 1756, imp.). — Traduction
française de cette pièce (imp.). — 2. Examen des raisons qui ont mû
le Roi de Prusse à envahir la Saxe (1757, imp.). — 3. Justification de
la Cour de Prusse contre les accusations de la Cour à Saxe (1756,
imp.). — 4. Causes qui ont obligé S. M. Prussienne à s'opposer aux
projets de la Cour de Vienne (1756, imp.) — 5. Réponse à la pièce précédente (Vienne, 1756, imp.). — 6. Courte réfutation (de la pièce précédente, Berlin, 1756, imp.). — 7. Déclaration du Roi d'Angleterre (Pro
Memoria, 16 juillet 1756). — 8. Circulaire de l'Impératrice-Reine à ses
ministres (24 juillet 1756, avec traduction française). — 9. Rescrit du
Roi de Prusse aux envoyés à Ratisbonne (17 août 1756). — 10. Rescrit
du même aux mêmes (21 août 1756). — 11. Rescrit du même (31 août
1756). — 12. Rescrit circulaire de l'Impératrice-Reine (20 septembre
1756). — 13. Décret impérial à propos de l'invasion de la Saxe (14 septembre 1756, imp.). — 14. Pensées patriotiques sur le décret impérial
(s. d.). — 15. Réflexions juridiques sur les „ Pensées patriotiques "
(Presbourg, 1756, imp.). — 16. Rescrit du roi de Prusse à son envoyé
à Ratisbonne (Berlin, 1756). — 17. Décret impérial à propos de l'invasion de la Saxe (14 sept. 1756, imp.). — 17 bis. Note de l'envoyé de
Saxe à la Diète (16 sept. 1756). — 18. Pro Memoria (de l'envoyé de
Saxe, 25 sept. 1756, imp.). — 19. Mémoire de l'envoyé de Saxe à La
Haye (s. d.). — 20. Représentation naturelle de la vérité opposée à la
*Notice détaillée prussienne* (Varsovie, 1756, imp.). — 21. Traduction du
Pro Memoria du Ministre de Prusse à la Haye répondant au mémoire
du Résident de Saxe (Berlin, 1756, imp.). — 22. Pro Memoria (du Roi
de Prusse contre le décret impérial, 4 oct. 1756, imp.). — 23. Contra
Pro Memoria (pour la Cour de Saxe contre la Prusse, 18 octobre 1756,
imp.). — 24. Décret impérial (10 octobre 1756, impr.). — 25. Circulaire
du Roi de Prusse aux États de l'Empire (2 oct. 1756, imp.). — 26. Circulaire de l'Impératrice-Reine aux États de l'Empire (10 octobre 1756).
— 27. Rescrit du Roi de Prusse à l'envoyé de Prusse, relatif à la sup-
pression d'un libelle (23 octobre 1756). — 28. Réponse au Contra Pro
Memoria (signé Von Plotho, 30 octobre 1756). — 29. Décret du Roi de
Prusse, rappelant ses sujets en service autrichien (2 novembre 1756).
— 30. Pro Memoria (pour la cour de Prusse, 3 nov. 1756, imp.).

— 31. Pro Memoria (pour la Cour de Saxe, 17 nov. 1756. imp.).
— 32. Rescrit de l'Impératrice-Reine à l'envoyé autrichien à la
Diète (17 nov. 1756). — 33. Pro Memoria (pour la Cour de
Prusse, 23 novembre 1756, imp.). — 34. Les Conseillers d'État du
Roi de Prusse à la ville de Francfort sur le Main (plaintes sur l'attitude de la ville, 26 novembre 1756). — 35. Pro Memoria pour
la Cour de Saxe, 6 décembre 1756, imp.). — 36. Pro Memoria (pour la
Cour de Prusse, 10 décembre 1756, imp.). — 37. Mémoire pour la
Cour de Saxe, remis aux États Généraux des Pays Bas (15 décembre
1756, imp.). — 38. Lettre de l'Envoyé de Prusse à la Diète (18 décembre
1756, imp.). — 39. Représentation à la Diète, au sujet des mesures
illégales, prises par le Conseil impérial aulique contre S. M. Prussienne
(23 décembre 1756, imp.). — 40. Réflexions impartiales sur les re-
proches faits au Conseil Aulique (Presburg, 1757, imp.). — 41. Courte
indication des violations de la paix de Berlin et de celle de Dresde,
commises par la Prusse (s. d., imp.). — 42. Réponse à la *Courte indication* (Berlin, 1756, imp.). — 43. Réfutation de la *Réponse à la Courte
Indication* (Vienne et Prague, 1757, imp.).

III (27). 1. Remarques sur les manifestes prussiens (Vienne et
Prague, 1756, imp.). — 2. Réponse aux "Remarques sur les manifestes
prussiens" (Berlin, 1757, imp.). — 3. Exposé des raisons qui rendent
impossible la médiation impériale (Vienne, 1757, imp.). — 4. Pro
Memoria (pour la Prusse, 1757, imp.). — 5. Attitude injustifiable du
*directoire* impérial de Mayence à l'égard de la Prusse (1757, imp.). —
6. *Reichsgutachten* au sujet de l'invasion de la Saxe (17 janvier 1757,
imp.). — 7. Pro Memoria (pour la Prusse, 24 janvier 1757, imp.). —
8. Décret impérial sur l'invasion de la Saxe (29 janvier 1757,
imp.). — 9. Notice de ce qui s'est passé le 11 février 1757 dans le Collège électoral (imp.). — 10. Remarques sur la "Notice" (imp.). —
11. Nouveau décret impérial sur l'invasion de la Saxe (26 février 1757,
imp.). — 12. Lettre du Comte de Flemming à l'envoyé saxon à Ratisbonne (imp., mars 1757). — 13. Déclaration du Roi Très Chrétien à la
Diète (14 mars 1757, imp.). — Traduction latine de la pièce précédente. — 14. Contre-déclaration prussienne, répondant à la déclaration
française (Ratisbonne, 14 avril 1757, imp., avec traduction française).
— 15. Déclaration du Roi de Suède, avec traduction latine, (imp.,
14 mars 1757). — 16. Réponse de la Prusse à cette déclaration (14 avril
1757, imp., avec traduction française). — 17. Pro Memoria (pour la
Prusse, contre le Directoire de Mayence, 4 avril 1757, imp.). — 18. Dé-

claration du Roi Très Chrétien, sur l'entrée de ses troupes en Allemagne (20 mars 1757, en français, imp., avec traduction latine). — 19. *Pro Memoria* (pour la Prusse contre la Suède et la France (27 avril 1757, imp.). — 20. Pro Memoria pour la Cour de Prusse, contre l'occupation des pays prussiens du Rhin par les troupes françaises (30 avril 1757, imp.). — 21. Lettre de l'Impératrice Élisabeth de Russie à la Diète (lettres de crédit d'un ambassadeur, 6 février 1757, en latin). — 22. *Reichsgutachten* (au sujet des subsides de guerre, 9 mai 1757, imp.). — 23. Déclaration du Roi de la Grande-Bretagne (au sujet de la marche des troupes françaises vers le Hanovre, 17 mai 1757, imp.). — 24. Décret impérial de ratification (sur les subsides, 19 mai 1757, imp.). — 25. Pro Memoria (pour la Cour de Prusse, au sujet de l'occupation des pays prussiens par les troupes françaises, 12 mai 1757, imp.). — 26. Décret impérial au sujet de l'entrée des troupes prussiennes en Saxe et en Bohême (9 juin 1757). — 27. Mémoire à la Diète (pour la Cour de Saxe, 18 juin 1757, imp.). — 28. Rescrit impérial à la ville de Nuremberg (25 juin 1757). — 29. Nouveau décret impérial au sujet de l'entrée des troupes prussiennes en Bohême (8 juillet 1757, imp.). — 30. Décret impérial au sujet de l'entrée des troupes prussiennes à Erfurth (9 juillet 1757, imp.). — 31. Pro Memoria (occupation des pays prussiens par les Français, 11 juillet 1757, imp.). — 32. Rescrit du Roi de Prusse à la ville de Nuremberg (incomplet). — 33. Pro Memoria (pour la Saxe, contre les exactions prussiennes, 23 juillet 1757, imp.). — 34. Pro Memoria (pour la Prusse, 30 juillet 1757, imp.). — 35. Pro Memoria (pour la Prusse, août 1757, imp.). — 36. Note de S. M. la Grande-Bretagne (affaires du Comté de Bentheim, postérieur au 23 juillet 1757, imp.). — 37. Note de S. M. la Grande-Bretagne (alliance avec la Prusse, 24 août 1757, imp.). — 38. Note de l'Impératrice de Russie (sur la déclaration de guerre à la Prusse, 30 août 1757, imp.). — 39. Nouvelle déclaration de la Suède (entrée des troupes suédoises en Prusse ; en latin, imp., 13 septembre 1757). — 40. Note de la Cour de Prusse (occupation de la Poméranie par les troupes suédoises, 29 sept. 1757, imp.). — 41. Note de la Cour de Prusse (réponse à une note suédoise, 24 novembre 1757, imp.). — 42. Pro Memoria de l'envoyé de Prusse à la Diète (au sujet d'un sieur *April*, 29 novembre 1757, imp.). — 43. Réponse de l'envoyé de Prusse à la Diète à une note saxonne (1 décembre 1757, imp.). — 44. Pro Memoria de l'envoyé de Prusse à la Diète (14 décembre 1757, imp.). — 45. Note de l'envoyé d'Angleterre à la Diète (sur l'occupation des provinces allemandes par les troupes françaises, 3 décembre 1757, imp.).

— 46. Note pour la Cour de Prusse (occupation de la Franconie par les Prussiens, 16 décembre 1757, imp.). — 47. Manifeste du C^to Apraxine aux habitants de Prusse, au nom de l'Impératrice de Russie (s. d., imp.). — 48. Déclaration du Roi de Prusse au sujet de l'invasion russe dans ses domaines (1757, imp.). — 49. Mémoire de l'envoyé de Saxe à la Diète (sur l'invasion du pays par les Prussiens, 31 janvier 1758, imp.). — 50. Remarques sur un écrit intitulé : Mémoire pour servir de réponse à celui que la Cour de Suède a fait publier, pour justifier l'invasion des États prussiens par ses troupes (Stockholm, 1758, imp.).

Dans ce volume, seules les pièces 21, 28, 32 sont manuscrites ; le reste est imprimé.

IV (**28**). I. Pièces concernant la Caisse de l'Empire, 19 juillet 1757-23 avril 1760, parmi lesquelles le Matricule de 1521, publié par J. J. Möser, 1758 (pièce imp.). — II. Pièces sur l'armée de l'Empire : Décret nommant commandant de l'armée Frédéric, Duc de Deux Ponts (20 févr. 1758, imp.). — Lettre du même, demandant la dignité de Feld Maréchal de l'Empire (16 février 1758). — Proclamation du même, exigeant la remise des caisses dans les pays occupés par l'armée de l'Empire (26 février 1759). — Proclamation du même, prohibant toute relation avec l'ennemi (26 février 1759). — Note sur l'organisation de l'armée (sans date). — *Unvorgreifliche Puncten* (s. d., même sujet). — Moyen de remédier aux défauts de l'armée. — Lettre du Vice chancelier Colloredo au Duc de Saxe-Hildburghausen (24 déc. 1757). — Du même au même (25 décembre 1757). — Lettre du Duc de Saxe-Hildburghausen au b^on Ferentheil (29 déc. 1757). — Rapport de F. A. Braun sur une mission à Cobourg (s. d.). — Plaintes de l'envoyé du Brunsvic électoral à la Diète (14 février 1758, imp.). — Pro Memoria de l'envoyé prussien (même affaire). — Proclamations du b^on von Bülow, adjudant du Duc Ferdinand de Brunswick (Neustadt an der Saal, 11 mai 1759). — Circulaire de l'Empereur à l'Électeur de Mayence, 30 janvier 1757. — Le Roi de France au même, 2 mars 1757. — III. *Proponenda* du cercle Électoral du Haut Rhin. — *Conclusum* du même (s. d.). — IV. *Conclusum* du Cercle du Haut Rhin (27 janvier 1757). — V. Lettre du Roi de Prusse au Cercle de Franconie (15 nov. 1756). — *Conclusum* du cercle, 7 décembre 1756. — *Conclusum* du même, 29 janvier 1757. — *Conclusum* du même (s. d., 1757). — *Conclusum* du même (s. d.). — *Conclusum* du même, 11 mai 1757. — Lettre de Frédéric, Margrave de Bayreuth (sur l'entrée des troupes prussiennes, 26 mai 1758). — Lettre du Prince Kaunitz au b^on Widmann (28 juin 1758). — Lettre du b^on Widmann à l'envoyé von Dietz (4 juillet 1758). — Mémoire de l'envoyé français de Follard au cercle de Franconie (6 juillet 1758). — L'Empereur François au b<sup>on</sup> Widmann (25 février 1759). — VI. Avis de la *députation ordinaire* sur l'augmentation de la force armée (19 janvier 1757). — *Conclusum* (Ulm, 21 janvier 1757). — Troisième avis de la députation (Ulm, 1 mars 1757). — Pro Memoria (des villes Augsbourg et Ulm, 14 août 1758). — Lettre de l'envoyé impérial à la ville d'Ulm (6 septembre 1758). — Lettre de l'agent du Conseil aulique von Happrecht à la ville d'Ulm (6 sept. 1758). — Lettre des villes d'Augsbourg et d'Ulm au Directoire des villes impériales (14 octobre 1758). — Supplique des villes impériales de Souabe et du Haut Rhin à l'Empereur (s. d.). — VII. Récès du Couvent du Cercle de Bavière (14 février 1757, imp.). — *Conclusum* du Cercle de Bavière (s. d.). — *Lettre de l'électeur de Bavière et de l'Archevêque de Salzbourg à l'empereur (16-25 janvier 1758). — *Conclusum* du cercle de Bavière (29 avril 1758). — Lettre de l'Électeur de Bavière à l'Empereur (12 juin 1758). — Lettre de l'Empereur à l'Électeur de Bavière (25 août 1758). — Proclamation de l'Électeur de Bavière, rappelant ses sujets qui sont au service de la Prusse (1<sup>er</sup> novembre 1758). — Lettre du même à son envoyé à la Diète (sur l'entretien des troupes, 13 novembre 1758). — *Conclusum* du Cercle de Bavière (26 mars 1759). — Décret de l'Électeur de Bavière (sur les moyens de subvenir aux frais de la guerre, 12 mai 1759). — Répartition des subsides des couvents de Bavière. — Conférence du Cercle de Bavière (17 janvier 1760). — *Conclusum* du cercle (17 janvier 1760). — Autre *conclusum* (1 février 1760). — VIII. Protestation contre la réunion du Cercle Bas-Rhénan-Westphalien (22 août 1757, imp.). — Réponse (à la protestation précédente) de la part du directoire de Juliers et de Munster (19 novembre 1757, imp.). — Réponse à la Contre-Protestation (30 décembre 1757). — Protestation de M. d'Ammon contre la réunion illégale du Cercle de la Westphalie (20 janvier 1758). — Pro Memoria (pour la Cour de Prusse, même affaire, 15 février 1758). — IX. Lettre d'un ami à W. à un ami à R. (sur l'arrestation du chancelier de légation La Grange, 3 mars 1758). — Sur la perturbation apportée par les troupes prussiennes dans les postes de l'Empire (1 juillet 1758). — Sur les Postes (13 nov. 1758). — Défense du privilège postal de Brunsvick Lunebourg (1758, imp.). — Pro Memoria (pour Hesse Cassel, dans l'affaire des postes, 12 mars 1759, imp.) - Pensées patriotiques (sur le " Pro Memoria "), Vienne, 1759 (imp.). — Nouveau Pro Memoria pour Hesse-Cassel, 13 mars 1759 (imp.). — Contre Pro Memoria (pour Tour et Taxis, 25 avril 1759 (imp.). — Justification contre le mémoire hanovrien (Vienne, 1759, imp.). — Nouvelles pensées patriotiques sur le Mémoire de Hesse-Cassel, Vienne 1759 (imp.). — Pro Memoria (pour Hesse Cassel, 12 sept. 1759, imp.). — Explication des faits reprochés à l'Armée impériale dans le Mémoire de Hesse Cassel, Vienne, 1759 (imp.). — Nouveau.Pro Memoria, pour Hesse-Cassel, 13 sept. 1759 (imp.). — Nouvelle explication des insinuations injustifiées de Hesse Cassel (Vienne, 1759, imp.).

V (29). Nouvelles et bulletins des opérations militaires du 30 mars 1758 au 21 décembre 1759 (copies de mains diverses).

xviiie siècle. — Papier. — 360 sur 220 millim. — 225, 395, 365, 329, 259 feuillets. — Supplém. franç. 4736. 1-5.

**30. Recueil des Species facti** avec pièces justificatives, présentées au Conseil Aulique de Bonn. — Les pièces ne sont pas en ordre chronologique. La date la plus ancienne est du 10 novembre 1716; deux pièces (fol. 371, 512) sont imprimées.

xviiie siècle. — Papier. — 340 sur 210 millim. — 710 feuillets. — Supplém. franç. 4738.

**31. Généalogie de la maison de Bavière** (fol. 1-94), de celle de Franconie (fol. 95-102); notices diverses et notes sur l'histoire de la Bavière jusqu'à l'an 1475 (fol. 104-139); généalogie de la maison de Saxe (fol. 140-142). — Incipit " Nach Olympinischer Zal der stat Rome Erbuwung... " Explicit : " Wentzeslaus martir Christi. "

xvie siècle. — Papier. — 390 sur 270 millim. — 142 feuillets. Supplément français 8379.

**32. Reproduction photographique** du manuscrit dit " Chansonnier Manesse", autrefois numéroté 32 de la Bibliothèque Nationale, cédé le 23 février 1888 au libraire Trübner; faisant partie depuis de la bibliothèque de Heidelberg.

Comparer sur l'histoire du manuscrit, K. Zangemeister, dans *Westdeutsche Zeitschrift fur Geschichte und Kunst*, VII (1888), 325-371, et L. Delisle, dans la préface du *Catalogue des fonds Libri et Barrois*, p. LXII.

Les photographies des miniatures du manuscrit ont été réunies dans un recueil spécial, mis dans le commerce sous le titre *Die Miniaturen der Manesse'schen Liederhandschrift,... in unveränderlichem Lichtdruck herausgegeben* von F. X. KRAUS. Strasbourg, 1887, in-fol.

Dimensions de la reproduction : 460 sur 335 millim. — Relié en 2 volumes; tome I correspond aux feuillets 1-210; tome II aux feuillets 211-428 de l'original.

**33. Légende des Trois Rois Mages.** — Incipit : " Hie vohet an die tafel vnd Register dis buches..." Explicit : " Hie hat daz leben der heiligen drier kunige genomen ein ende. Des frouwent sich mijne hende " — Registre, fol. 1-5. Texte divisé en 58 chapitres, orné de 57 peintures. — Collection Colbert.

xv⁰ siècle. — Papier. — 295 sur 215 millim. — Suppl. français 7832. 3. — Reliure aux armes de Napoléon I⁰ʳ.

**34. Vie de sainte Catherine de Sienne,** traduite d'après Raimond de Capoue. Incipit : " Dis bŭch heisset ein geistlicher rosengart und ist von sant Katherinen von der hohen Senen... dat hat gemachet und geschriben der wurdig general predier ordens brŭder raymundus... " Explicit (fol. 132 v⁰) " Wan du bist geuangen worden von der schŏni diner creatur." Fol. 132-135, table; fin, fol. 135 r⁰. " Explicit." — Le ms. est orné de 97 peintures; celle du fol. 1 supérieure aux autres et d'une autre main. — Cf. Quétif et Echard, *Scriptores Ord. Prædicatorum* I, 680 c. b. et la vie latine dans les *Acta Sanctorum,* avril, III, 853.

xv⁰ siècle. — Papier (fol. 1, vélin). — 135 feuillets. — 295 sur 210 millim. — Suppl. français 396.

**35. Vie des Saints.** — Fol. 1-3, tables, sous forme de calendrier. — Fol. 4 verso, grande miniature. Fol. 5, incipit : " Hee beginnent etzliche legenden off hystorien van den hilgen... " Incomplet à la fin, explicit (fol. 515) : " Ind sy ontfengede sy so zo dem hemelschen rich myt begerden." Le manuscrit a été exécuté à plusieurs reprises par des mains différentes; fol. 419 on trouve la souscription : " Dit boich ist geschreuen in den jaren vns heren... dusent C.C.C.C. vnd lx... Biedet dorch die lieffde godes eyn aue maria vur eyn arme sunderynne die dit boich geschrefen hait..." La rubrique de la vie de saint François (Die legende van unsen heiligen vader Franciscus, fol. 246 v⁰) et la biographie si étendue de sainte Claire (fol. 174-191) montrent que le manuscrit fut exécuté dans un couvent de l'ordre des Clarisses. D'après le calendrier il est originaire de la province de Trèves.

xv⁰ siècle. — Papier mêlé de vélin. — 265 sur 190 millim. — 512 feuillets. — Supplément français 2947.

**36. Recueil** contenant :

1⁰ Calendrier perpétuel, fol. 1-7. Incipit : " Der Jenner hat XXXI tag... "

2⁰ Traduction des ouvrages d'Eusèbe, saint Augustin et saint Cyrille, relatifs à la vie et aux écrits de saint Jérôme, composée par Jean de

Neumarkt, chancelier de l'empereur Charles IV, et dédiée à Élizabeth, margrave de Moravie. Incipit : " Der durchleuchtigen Furstynn, und frawen, frawen Elisabeth, Margravynn tzu merhern... " Explicit (fol. 103 r°) : " und mit dem heiligen geist ein warhaftiger herre vnd gott ist ewicleichen. Amen. "

3° Traduction, par le même, des *Soliloquia* de saint Augustin (fol. 104 r°). Incipit : " Allein der allerdurchleuchtigste furst und herre her Karl der Vierd... " Explicit (fol. 141 v°) : " vnd machst frewdenreich alle mein gebein vnd eriungst mein grae har gleich dem adlar... " — Cf. sur Jean de Neumarkt, Heinrich Friedjung, *Kaiser Karl IV und sein Antheil am geistigen Leben seiner Zeit*, Wien, 1876, p. 114. — Cet ouvrage ne mentionne que la traduction des Vies de saint Jérôme; la traduction de saint Augustin, exécutée lorsque Jean était évêque de Leitomischl (voyez le prologue), n'est pas mentionnée.

xv⁰ siècle. — Vélin. — 280 sur 190 millim. — 141 feuillets. — Supplément français, 3167.

**37. Défense de la doctrine catholique sur la messe.** — Incipit : " In deinem namen du susser herr Jesu Criste. " Explicit : " wir opfern in der cristenlichen kirchen, für todt und lebendig das opfer der... " Incomplet à la fin. L'ouvrage est donné comme traduction d'un ouvrage publié trois ans auparavant, par le même auteur, en latin (fol. 4 v°). — L'allusion à la dispute à Baden avec Œcolampade (fol. 19 v°) semble indiquer que l'ouvrage est de J. Eck, auteur d'un ouvrage latin " de Sacrificio Missæ "; cf. Theodor Wiedemann, *Dr. Johann Eck,* (*Regensburg*, 1865,) p. 554.

xvi⁰ siècle. — Papier. — 300 sur 192 millim. — 25 feuillets. — Supplément français, 3333.

**38. Règlement sur la procédure dans la ville de Bâle,** promulgué en 1529. — Incipit (fol. 1) : " Der Statt Basel Gericht Ordnung. Mein, Johann Conrath Volmar, der Zeitt Bürger in Basel. 1589. ". Explicit (fol. 121) : " nach seinem besten vermügen, ohne geuerlichen. " — Fol. 122 à la fin, registres et notes supplémentaires.

Après fol. 1, on a inséré 13 ff. contenant un règlement postérieur de l'an 1643.

xvi⁰ siècle. — Papier. — 315 sur 205 millim. — 125 feuillets. — Supplément français, 7829.

**39. La Bulle d'Or et la coutume intitulée " Schwabenspiegel ".** — Manuscrit ainsi disposé et comprenant :

1º Chapitres I-IX de la Bulle d'Or. Incipit : " Das register der guldinen Bulle, das erste capittel... "

2º Schwabenspiegel, divisé en trois parties, conformément au nº 140 (voir plus bas) : "Landrecht," 218 chapitres; "Lehen-recht," i, 145 chapitres ; " Lehen-recht, " ii, 137 chapitres.

3º Les chapitres X-XXX de la " Bulle d'Or ". — Explicit ; " Hie hat die guldin Bull ain ende. "

A la fin de la première partie de la la " Bulle d'Or ", on trouve l'indication suivante prouvant que l'arrangement du manuscrit est intentionnel : " Das X. cappittel des guldinen Bulle vächet an, da das lantrecht vnd lehenrechte ein ende hat... " — Provient de la bibliothèque de Colbert (nº 2689).

xvᵉ siècle. — Papier. — 285 sur 200 millim. — 198 feuillets. — Supplément français, 7829, 3. — Reliure aux armes de Napoléon 1ᵉʳ.

**40. Recueil de documents**, relatifs aux négociations de la reconnaissance, comme évêque de Strasbourg, du Cardinal de Lorraine. Incipit (fol. 1) : " Copia Vergleichs zwischen dem Cardinalen von Lotringen undt Herzog Friederichen von Würtemberg." Explicit (fol. 227) : " Signatum Strassburgck, den 10 Martii aº 1603. "

Les pièces sont datées du 6 septembre 1597 au 10 mars 1603. — Fol. 1-4 sont écrits d'une autre main que le reste.

Dans le manuscrit un certain nombre de feuillets ont été laissés en blanc, particulièrement fol. 131-161.

xviiᵉ siècle. — Papier. — 330 sur 210 millim. — 237 feuillets. — Supplément français, 471.

**41. Recueil de formules** et de copies de divers actes authentiques, passés à Strasbourg : actes de vente, testaments, codicilles, appels, actes de mariage, procurations, obligations, décharges, de l'an 1517 à 1579.

Le manuscrit est écrit de mains diverses, mais ne semble pas être une réunion de pièces détachées. Plusieurs feuillets sont vides, particulièrement fol. 112 à 121. — En tête (fol. préliminaire A), index des pièces. — Incipit (fol. 1) : " Wir Heinrich von Mulnheim... " — Explicit (fol. 167 rº) : " dusent fünffhundert sechtzich und sechs. "

xviᵉ siècle. — Papier. — 295 sur 190 millim. — 167 feuillets. — Supplément français, 474.

**42. Indication des cens et rentes** que le seigneur George Ingoldt de Strasbourg, tient en fief du margraviat de Bade; dressée l'an 1547, le lundi après Saint-Jean-Baptiste par le notaire Alexandre Fabri. Incipit (fol. 1 r°). "In Gottes Namen. Amen. Khundt vnd zu wissen sey..." Explicit (fol. 27 r°) : "Und alles also ergangen und beschehen uff tag und Jahr wie oblut". — Sur la couverture : "App¹ à M. Monteil."

xvi⁰ siècle. — Vélin. — 330 sur 290 millim. — 27 feuillets. — Supplément français 2480.

**43. Registre alphabétique des ordonnances de police** de l'Électorat de Cologne.

Titre (sur la couverture) : "Registrum über eingebundene Ertzstifftische Edicta. "Incipit (fol. 1) : "Registrum Edictorum". Explicit (fol. 128 v°) : "Verzollung der Turff und Stein Kohlen asche. N° 881".

Les articles "Bonn" (fol. 6 v°-8 v°) et "Cöln" (fol. 16 v°-19 r°) prouvent que les édits se rapportent à l'Électorat de Cologne.

Provient de la bibliothèque du baron de Gymnich.

xviii⁰ siècle. — Papier. — 315 sur 205 millim. — 128 feuillets. — Supplément français 4225.

**44. Recueil des dépêches** adressées par l'Électeur-Archevêque de Cologne et ses ministres à J.-A.-E. von Sierstorff, envoyé de l'Électeur à Francfort, lors de l'élection impériale, après la mort de l'Empereur Charles VI, du 10 décembre 1740 au 21 septembre 1745. A ces dépêches sont annexées : 1° des minutes du journal de l'élection et procès-verbaux qui s'y rattachent; 2° des dépêches relatives aux efforts de l'Électeur de Cologne pour mettre fin au débat sur la question des douanes, pendant entre l'Électeur de Mayence et l'Électeur Palatin.

Incipit (fol. 1 r°) : "Wohlgebohrner hochgeehrtister herr geheimer Rath". — Explicit (fol. 245 r°) : "die Unterthanen ferner keines wegs beschweren Sollen".

xviii⁰ siècle. — Papier. — 345 sur 210 millim. — 245 feuillets. — Supplément français 4226.

**45. Recueil des privilèges** de la ville de Cologne.

1° Privilèges (131 articles) ; incipit (fol. 1 v°) : "In dem namen der heiliger dreiueldigheit und des waren Gottes... In dem beginn und anfang so als unsere liebe getreuwe freunde..." (fol. 1-68 r°).

2° "*Concordata* des Ertzbischoffs und Churfursten des Reichs, weilche antreffen das Stifft und die Stadt Coellenn" (fol. 68 v°-79 v°).

3° "Diese nachgeschrieben puncten seint loblicher stadt Coellen recht..." (fol. 80 r°-85 v°; fol. 86 blanc).

4° " Der verbundt brieff gemacht anno domini 1396 " (fol. 87 r°-fol. 98 v°).

5° " Transfix brieff" (fol. 99 r°-110 v°).

6° " Item der Ratsherren vnsererr Stadt Coellen Eidtbuch " (fol. 111 r°-130 v°).

7° " Item hernach folgt van den verordenten Erbschreinen " (fol. 131 r°-142 r°).

8° " Diese... puncten seint... van den Broitbecheren vnserer Stadt Coeln " (fol. 143 r°-154 v° ; fol. 155, 156 en blanc).

9° Testament de Heinrich Haith, 4 juillet 1452 (fol. 157 r°-162 v°).

10° " Inhalt der beider Renthmeister Eidt" (suivis des serments d'autres administrateurs, fol. 163 r°-215 v°).

11° " Die Rolle an dem gruene vischmart " (fol. 216 r°-224 r°).

12° Interrogatoires et sentences de Diederich Spitz et de ses complices (janvier 1513) (fol. 225-242; écrit d'une autre main que le reste du manuscrit).

Fol. 1 porte l'inscription : Johan Wilhelm von der Rech.

xvi⁰ siècle. — Papier. — 300 sur 190 millim. — 242 feuillets. — Supplément français 4231.

**46. Journal de la Diète** (Landtag) de l'archevêché Rhénan de Cologne du 2 février au 27 mars 1782 (fol. 1-9), suivi de pièces justificatives, numérotées 1-64; les pièces 10 (fol. 31), 11 (fol. 35), 26 (fol. 98), 37 (fol. 120), sont imprimées.

Incipit (fol. 1 v°) : " *Diarium* über den Erzstift-Rheinischen Landtag ". — Explicit (fol. 263 v°) : " Erzstiftschen Landtages Kommissarien zuzu stellen. Bonn wie unten. "

xviiiᵉ siècle. — Papier. — 330 sur 210 millim. — 263 feuillets. — Supplément français, 4512.

**47. Recueil de pièces concernant la ville de Cologne;** divisé en deux parties, ayant chacune une pagination spéciale.

1° Partie paginée, fol. 1-38 : se divise en deux parties :

*a* : Fol. 1-2 et 19-38 : récit d'une émeute en Cologne en 1482 (en vers); suivi (fol. 34 v°-38 v°) de la liste des bourgmestres depuis l'an 1396. Incipit (fol. 1 v°) : " Van einem uplauff der geschiet ist In disser Statt Collen... " Publié dans les *Chroniken der deutschen Städte* XIV, 946 ss.

*b* (inséré dans la partie précédente, fol. 3-18; écriture plus récente), édit sur les affaires de religion (" Morgenspraich anno 1609 publicirt") et pièces diverses.

2º Partie paginée fol. 1-210.

*a* : Serments de fonctionnaires et règlements divers, fol. 1-50; incipit : " Der Eidt den die Weinroeder thun sollen ".

*b* : Accord entre la ville de Cologne et l'Archevêque (fol. 51-67); incipit : " Dit sint die Concordaten die tuischen dem Bischoff vnd der Statt Collen gemacht... "

*c* : Proclamation des magistrats sur les discordes dans la ville, fol. 68-69.

*d* : Entrée du Roi des Romains à Cologne (" Roemscher Konninck Huldunge ") fol. 69-70, et entrée d'un Archevêque (fol. 70), suivie d'autres formules, décisions relatives aux successions et testaments, droit pénal, mesures de police, procédure (fol. 71-142 vº, 143-145 blancs).

*e* : Procès de Diederich Spies et de ses complices (janvier 1513) (fol. 146-169).

*f* : " Ditt ist der Staith Coellen Recht vnd Burger Freiheit " (fol. 170-177.)

*g* : " Ditt is die Copey des Verbountbrieffs... " (fol. 178-191 ; " datum anno Domini millesimo trecentesimo nonagesimo sexto ").

*h* : " Transfix Breve " (fol. 192-210). Explicit (fol. 210 vº) " Beschlossen und verdragen im Jar unsers Herren 1513, auff den 15 tag des Monats decembris ".

La partie fol. 170-210 est écrite d'une autre main que le reste du manuscrit.

L'*ex libris* porte : " Ex bibliotheca L. B. de Belderbusch ".

XVIᵉ-XVIIᵉ siècle. — Papier. — 310 sur 190 millim. — 38 + 210 = 248 feuillets. — Supplément français, 4513.

**48**. **Remarques systématiques** sur l'avouerie d'Obermendig et Volkersfeld, dépendant comme fief de l'abbaye de St Florin de Coblentz. — Incipit (fol. 1 rº). " Systematische Anmerkungen über die... Vogtey Obermennig... " Explicit (fol. 76 vº) : " den Vasallen in seinem condominialischen und Vorzüglichen Gerechtsamen hinkünftig unter keinerlei Prætext turbiren zú lassen ".

Factum en faveur de la maison de Warsberg, contre l'abbaye de S. Florin; divisé en cinq parties : I (fol. 2-9), II (fol. 10-14), III (fol. 11-31), IV (fol. 32-37), V (fol. 38-76).

XVIIIᵉ siècle. — Papier. — 325 sur 195 millim. — 76 feuillets. — Supplément français, 4603.

**49**. **Recueil des annotations** du Directeur de Trèves sur les comptes

de l'administration Warsberg, de 1775 à 1779, et remarques sur ces
annotations.

En tête, table; incipit : " Verzeichniss deren beikommender Direc-
torial Notaminum... " (fol. 1 r°).

L'ordre des pièces dans le volume diffère de celui de la table : fol.
1-80, comptes spéciaux; fol. 81-260, comptes généraux; fol. 241-468,
remarques (cette dernière partie n'est pas comprise dans la table).

Titre au dos : " Duplicat. Anlaagen zu dem in Trier geführten Kaiserlich subdelegirten Commissions-Protocoll, im Jar 1783 ".

xviii° siècle. — Papier. — 335 sur 210 millim. — 468 feuillets. — Supplément français, 4605.

**50. Pétition à l'Empereur Napoléon I<sup>er</sup>** signée Wilhelm Bollmann,
datée " Westerhusen bey Emden, 2 octobre 1807", et priant l'Empereur
de vouloir faire examiner des pièces relatives au procès du suppliant
contre le baron de Rehden de Leer, au sujet des terres de Bollinghau-
sen, et de communiquer le résultat de cet examen au Roi de Hollande.
Incipit (fol. 1 v°) : " An Seine Majestaet den Kaiser der Franzosen und
König von Italien, Beschützer des Rheinischen Bundes ".

xix° siècle. — Papier. — 315 sur 200 millim. — 4 feuillets. — Supplément français,
5079¹.

**51-52. Requête de W. Bollmann,** au sujet de la même affaire, adressée
au Roi de Hollande [Louis Napoléon]. Incipit : (fol. 1 v°). " An den
König. Leider ist es eine haüfige oder traürige Erfahrung..." — Daté
(fol. 14 v°) " Auf der Burg zu Westerhusen, bey Emden, den 2<sup>ten</sup> Octobr. 1807. Wilhelm Bollmann. " Titre sur la couverture : " Allerun-
terthänigste demüthigste Supplication und Justification an Seine
Majestät den König von Holland..."

Le n° 52 est un appendice contenant les pièces justificatives; titre
sur la couverture : " Beilage zur allerunterthänigsten demüthigsten
Supplication und Justification ". Incipit : " An den Koenig. " — Explicit (fol. 62 v°) : " von mir in der allertiefsten Unterthänigkeit erbete-
nen ganz unpartheyischen Untersuchung, perhorresciren darf? —
Wilhelm Bollmann." — La pièce cotée P (fol. 45-48) est imprimée.

xix° siècle. — Papier. — 320 sur 115 millim. — 14 et 62 feuillets. — Supplément
français, 5079² et 5079³.

**53-54. 1° 54. Nouvelle requête de W. Bollmann à Napoléon I<sup>er</sup>,** au
sujet de la même affaire. Titre sur la couverture : " Einen in der allertiefsten Demuth justificirten Nachtrag zur allerunterthänigsten de-

müthigsten Supplication... an Seine Majestaet den Kaiser der Franzosen... " — Incipit (fol. 1 v°) : " An Seine Majestaet den Kaiser... " — Explicit (fol. 16 v°) : " Alleruntertḧanigster treugehorsamster Knecht Wilhelm Bollmann. Aus dem Zuchthause zu Emden, den 26^ten Octbr. 1807. "

2° : Le n° **53** contient un recueil de pièces justificatives. Titre sur la couverture : " Belege zu dem in der allertiefsten Demuth justificierten Nachtrag." Incipit : " Protocollum Actum Emdæ in Curia, den 2^ten Octobr. 1807." — Explicit : " Accord^t met voorz Verbaal, de Secretaris Generaal, Ising. "

xix^e siècle. — Papier. — 315 sur 200 millim. — 63 et 16 feuillets. — Supplément français, 5079^{4-5}.

## 55. Tablettes de cire contenant des comptes.

Les tablettes sont au nombre de 12, rangées de manière à former un volume.

Planchette I : recto, forme couverture, — verso : cire conservée. — II, III, IV : cire conservée au recto et au verso. — V : cire perdue au recto, conservée au verso. — VI : cire perdue au recto, conservée au verso. — VII : cire perdue au recto, conservée au verso. — VIII, IX : cire conservée (verso endommagé). — X : recto et verso, cire perdue. — XI : recto, cire perdue ; verso, cire conservée. — XII : recto, cire conservée ; verso, forme couverture. — Les tablettes sont enfermées dans un étui en cuir.

Les comptes se rapportent aux pays de Brunsvick et Grubenhagen. Tablette 9 v° : Osterrode-Neyenstatt. — Tablette 9 v° : Lyrbach.

Tablette 11 r°, nom de possesseur : Gergen Koye, 1614. Sur la couverture : M. Jo... Boja... (nom effacé) dono dedit 1618.

Dimension des tablettes : 100 sur 160 millim.

## 56. Recueil de lettres de Winckelmann et de lettres à lui adressées ou le concernant : diplômes de sociétés savantes. Titre : " Lettere del Winckelman [sic] e varie patenti di onore ottenute dal medesimo. " — Supplique du cardinal Albani au pape Clément XIII et apostille du 2 mai 1713 (fol. 1), lettre de B. Sana ou Sanca à Winchelmann, 23 avril 1763 (fol. 16) ; de Saalzow (fol. 17), 6 mai 1764 ; de G. Bauer (fol. 21), 17 mai 1763 ; de Friedrich Reinhold von Berg (fol. 29), 28 septembre 1762 ; de Chr. Gottl. Heyne (fol. 33), 25 juillet 1763 ; de F. R. von Berg (fol. 34), 12 décembre 1762 ; comte de Bunau (fol. 37), 1^er juillet 1748 ; du même (fol. 39), 20 juillet 1748 ; minutes de lettres de W. (fol. 6-14, 31, 48 ; notes des parents de W. sur leur famille (fol. 45) ; extrait de

l'acte de baptême de W. (fol. 4) ; passeport donné à W. (fol. 3), Porlia, 24 avril 1758 ; *idem,* pour la douane de Villetri, 10 fév. 1768 (fol. 36) ; attestation de la conversion de W. au catholicisme, 11 juin 1754 (fol. 43) ; attestation de la Faculté de théologie de Halle, 22 février 1740 (fol. 44) ; lettres patentes de la nomination de W. comme commissaire des antiquités, 11 avril 1763 (fol. 47) ; diplôme de W. comme membre de l'Académie étrusque, 20 août 1760 (fol. 49).

xviii<sup>e</sup> siècle. — Papier. — 280 sur 220 millim. — 51 feuillets. — Supplément français, 4455.

**57.** **Collectanées** et notes diverses (autographes) de Winckelmann, en latin, français, allemand et anglais.

A remarquer : fol. 1-6, titre (au crayon) : " De ratione delineandi Græcorum artificum, primi artium sæculi, ex nummis antiquissimis dignoscenda. " — Fol. 41-44 : " Sendschreiben von der Reise eines Liebhabers der Künste nach Rom. " — Fol. 49 : " Sendschreiben von der Reise nach Italien. " — Fol. 51, Cap. III : " Allegorien des Namens der Sachen und Personen. " — Fol. 58 : Von zweifelhaften Allegorien. " — Fol. 63 : " Nachrichten von der Vaticanischen Bibliothek. " — Fol. 80 : " Reifere Gedanken über die Nachahmung der Alten... " — Fol. 94-118 (cahier de format plus petit) : " Anmerkungen über die Baukunst " (avec esquisses à la plume). — Fol. 119 [sans titre], lettre sur quelques monuments antiques, en français, publiée par Hartmann, dans le " Magasin Encyclopédique " de Millin, année 1810, III, 70. — Fol. 133 : " Collectanea inchoata mense Jan. 1767. " — Fol. 198-218 : " Collectanea ad historiam artis. " — Explicit (fol. 249 v°) : " de mylady Betti Germain. "

xviii<sup>e</sup> siècle. — Papier. — 280 sur 200 millim. — 249 feuillets. — Supplément français, 4456.

**58.** **Collectanées et notes de Winckelmann** (en italien).

Rubriques remarquables : Fol. 1 v° : " Sect. 2. De' progressi dell' arte del disegno de' Greci. " — Fol. 27 v° : " Libro I. Della mitologia sagra. " — Fol. 64 : " Capit. II. Della mitologia storica. " — Fol. 229 (au crayon) : " Parte III. " — Fol. 344 : " Costumi degli Antichi. " — Fol. 404 : " Cap. XIII. Monumenti d'architettura. " — Fol. 444 : " Paste antique imitant le sardoine " (en français).

xviii<sup>e</sup> siècle. — Papier. — 280 sur 200 millim. — 445 feuillets. — Supplément français, 4457.

**59.** **Collectanées de Winckelmann** (en allemand).

Fol. 1 v⁰ : " Griechen. Sect. 1. Zeichnung. " — Fol. 23 : "Griechen. Sect. 2. Schoenheit. Gener : " — Fol. 53 : " Griechen. Sect. 3. Schoenheit. Part : " — Fol. 60 : " Griechen. Sect. 4. Action. " — Fol. 71 : " Griechen. Sect. 5. Bekleidung. " — Fol. 95 : " Griechen. Sect. 6. Mechanischer Theil. " — Fol. 106 : " Hetrurier. " — Fol. 171 : " Vorrede. " — Fol. 196 : " Anmerkungen zu der Geschichte der Kunst. Das erste Capittel. Von dem Ursprunge der Kunst... " — Fol. 214 : " Annotationes Gr. L. " — Fol. 274 : " Estratto del carteggio di Peirescio con Lelio Pasqualini, canonico di Maria Maggiore à Roma. " — Fol. 275 : " Extrait de la correspondance de Mr. de Pereisc avec M. Menetrier. " — Fol. 286 : " Excerpta ex litteris Nicolai Heinsii ad Commend. del Pozzo. " — Fol. 304 : " Athan. Kircheri, Puteo. " — (Suivi de copies de lettres de G. Schoppe [Scioppius], Van de Putte [Er. Puteanus], G. Harveus, Morin, J. de Laet, Gronovius, Bourdelot, O. Ferrari, O. Zylius, Philibert de la Mare, Th. Dempster, Suarès.) — Fol. 318 : " Miscellanea, Romæ, m. Febr. 1757. "

xviiiᵉ siècle. — Papier. — 280 sur 200 millim. — 390 feuillets. — Supplément français, 4458.

**60. Collectanées de Winckelmann.** — Notes de littérature grecque (généralement en latin).

Rubriques à remarquer : Fol. 1 v⁰ : " Notata ex Eustathio et aliis ad Homerum. " — Fol. 68 : " Sylloge observationum in auctores græcos." — Fol. 116 : Observationes criticæ et philologicæ. " — Fol. 246 : " Folard, Traité de la colonne. " — Fol. 303 : " Gedanken. " — Explicit (fol. 311 v⁰) : " At which no adult persons were allow'd to be present. "

xviiiᵉ siècle. — Papier. — 220 sur 160 millim. — 311 feuillets. — Supplément français, 4459.

**61. Collectanées de Winckelmann.** — Extraits de différents auteurs sur l'histoire de la peinture. Fol. 1 v⁰ : " Estratto dal Riposo di Raffaello Borghini. " — Fol. 5 : " Extrait de l'histoire de la peinture ancienne extraite de Pline. " — Fol. 8 : " George Turnbull, Treatise of ancient painting. " — Fol. 9 v⁰ : " Des Piles, dissert. sur les ouvrages des plus fameux peintres. " — Fol. 17 v⁰ : " Wright, Travels. " — Fol. 18 v⁰ : " Pollnitz. Mémoires. " — Fol. 19 v⁰ : " Les Monuments de Rome de Raguenet. " — Fol. 20 : " Zanetti, statue antiche. " — Fol. 23 v⁰ : " Maffei, esposizione della raccolta di statue antiche. " — Fol. 27 : " Abrégé des vies des peintres. " — Fol. 29 v⁰ : " Richardson, essai de peinture. " — Fol. 47 v⁰ : " Jac. Sadoleti poëma de Laocoontis statua. " — Fol. 48 : " Réflexions critiques sur la poésie et sur la pein-

ture. " — Fol. 61 v⁰ : " Des Piles, abrégé de la vie des peintres. " —
Explicit, fol. 63 v⁰ : " Il n'ait songé qu'à rendre ses objets palpables. "

xvIII⁰ siècle. — Papier. — 270 sur 210 millim. — 63 feuillets. — Supplément français, 4460.

**62. Collectanées de Winckelmann.** — Extraits sur l'histoire de l'art :
fol. 1 r⁰ : " Peinture et sculpture, 1754. — Mercure de France, janv.
1743... " — Rubriques remarquables : fol. 4 v⁰ : " Delle antiche statue
greche e Romane, che nell' Antisala della libreria de S. Marco... si tro-
vano. " — Fol. 7 r⁰ : " Shaftesbury, Characteristics... " — Fol. 13 r⁰ :
" Extraits touchant les peintres. Abrégé des vies des peintres. " —
Fol. 17 v₀ : " [Dav. Durand]. Histoire de la peinture ancienne... " —
Fol. 22 : " Peintres et sculpteurs. Cours de peinture par principes,
composé par M. de Piles... " — Fol. 26 v⁰ : " Parallèle des anciens et
des modernes par M. Perrault... " — Fol. 33 : " Mercure danois, décembre 1754... " — Fol. 33 v⁰ : " Traité des pierres gravées, par P. I. Mariette... " — Fol. 39 r⁰ : " Observations sur les arts... Leyde, 1748... "
— Fol. 49 r⁰ : " Des Piles, Conversations sur la connoissance de la
peinture. " — Fol. 49 v⁰ : " Franc. Junii Catalogus architectorum, me-
chanicorum, pictorum, etc. " — Fol. 52 v⁰ : " Bellori, Vita de' pittori,
scultori e architetti moderni. " — Fol. 55 : " Vies des premiers peintres
du Roi, depuis M. le Brun... " — Fol. 57 r⁰ : " Les dix livres... de Vitruve,... par M. Perrault. " — Fol. 62 r⁰ : " Descriptione delle pitture...
nella villa di Mylord, Conte di Pembroke. " — Fol. 70 : " Les dix livres
de Vitruve... par Perrault. " — Explicit (fol 79 v⁰) : " Il punto del occhio
è alquanto fuori del mezzo. "

xvIII⁰ siècle. — Papier. — 220 sur 130 millim. — 79 feuillets. — Supplément français, 4461.

**63. Collectanées de Winckelmann.** — Extraits relatifs aux antiquités
grecques romaines. Incipit, fol. 1 r⁰ : " Antiquit. Græc. Collect. " —
Rubriques à remarquer : fol. 9 r⁰ : " Charles Arbuthnot's Tables of
ancient Coins... " — Fol. 14 : " Extraits de l'histoire de l'Académie des
Inscriptions et belles-lettres. " — Fol. 22 v⁰ : " Gisberti Cuperi apo-
theosis Homeri. " — Fol. 27 v⁰ : " Franc. Junius de pictura veterum. "
— Fol. 38 r⁰ : " Mariette, traité des pierres gravées. " — Fol. 40 v⁰ :
" Potters archæologia græca. " — Fol. 57 v⁰ : " Excerpta ex Jo. Harduini notis ad Plinii Hist. Nat. " — Fol. 60 r⁰ : " Meursii Athenæ
Atticæ. " — Fol. 66-115, extraits d'auteurs grecs. — Fol. 116 : " Miscellanea Græea, inc. m. Oct. 1757. Romæ. " — Fol. 182 à 184, épitaphes
(en latin) des Malatesta de Rimini et des humanistes de leur cour.

xviiie siècle. — Papier. — 215 sur 130 millim. — 184 feuillets. — Supplément français, 4462.

**64. Collectanées de Winckelmann.** — Extraits sur la médecine et l'histoire naturelle. Rubriques principales :

Fol. 1 r° : " Histoire naturelle générale et particulière,... par Buffon. " — Fol. 10 r° : " Mémoires de l'Académie des sciences... " — Fol. 37 : " Abrégé de toute la médecine pratique. " — Fol. 46 v° : " Œuvres diverses de physique et de mécanique de MM. C. et P. Perrault. " — Fol. 49 : " Krügers Natur Lehre... " — Fol. 59 v° : " Buffon, Allgemeine Historie der Natur... " — Fol. 65 v° ; " Krügers Naturlehre. " — Explicit : fol. 80 r° : " durch Auflegung 2 lebendiger Kröten auf die Nieren befreyet wurde. "

xviiie siècle. — Papier. — 220 sur 140 millim. — 80 feuillets. — Supplément français, 4463.

**65. Collectanées de Winckelmann.** — Notes de littérature latine. Rubriques principales :

Fol. 1 r° : " Notæ in Propertium... — Fol. 21 r° : " Notæ in Catullum. " — Fol. 44 : " Annotationes in Plauti Epidicum. " — Fol. 55 : " Horatius, Epistolar. lib. II, ep. I. " — Fol. 87-91, extraits de poètes anglais. — Fol. 99 r° : " Livius. " — Fol. 119 r° : " Academicæ quæstiones Ciceronis. " — Explicit : fol. 120 r° " omne corpus intenditur, venitque plaga vehementior. " — Fol. 1 r° se trouve la date : " inch. d. 12 Jul. 1754. ".

xviiie siècle. — Papier. — 215 sur 135 millim. — 120 feuillets. — Supplément français, 4464.

**66. Collectanées de Winckelmann.** — Extraits d'auteurs anglais; fol. 1-12, extraits des poètes (Rochester, Otway, Congreve, Sheffield, Prior, Addison, Waller, Pope, Milton, Cowley, Butler, Warburton). Incipit : " Extraits of English Poets. " — Fol. 13-16, en blanc. — Fol. 17-58 : extraits des prosateurs (Shaftesbury, Stukeley, Temple, Sam. Knight, Clarendon, Wotton, Rowe, W. Moyle, H. Prideaux, Th. Woolston, R. Montagu, Gordon, " the Spectator ", Webb.) — Explicit (fol. 58 v°) : " Truly, says he, that I will tell you at night. "

xviiie siècle. — Papier. — 220 sur 140 millim. — 58 feuillets. — Supplément français, 4465.

**67. Collectanées de Winckelmann.** — Notes sur les antiquités de Rome. — Incipit (fol. 1 r°) : " Roma. " — Fol. 7 r° : " Miscellanea Romana. Inch. mens. Nov. 1755. " — Explicit (fol. 64 v°) : " Bellori pretend... "

xviiie siècle. — Papier. — 200 sur 110 millim. — 64 feuillets. — Supplément français, 4466.

**68. Collectanées de Winckelmann.** — Notes et extraits (en français, en italien et en allemand) sur les antiquités conservées à Rome, particulièrement dans les collections privées. — Fol. 1 rº : " Palazzo Barberini. " — Fol. 223 : " Desiderata mens. Jun. 1756. Romæ. "

xvIIIᵉ siècle. — Papier. — 200 sur 130 millim. — 232 feuillets. — Supplément français, 4467.

**69. Collectanées de Winckelmann.** — Extraits divers, particulièrement d'auteurs français. — Rubriques principales : Fol. 1 rº : " Histoire universelle, tom. V. " — Fol. 33 rº " Litteræ Huetii. " — Fol. 39 rº : " Esprit des Loix. " — Fol. 43-126, remarques sur l'histoire de l'art. — Fol. 127 : " Remarques sur la langue françoise, de M. Vaugelas. " — Fol. 139 : " Notæ numismaticæ. " — Fol. 161 : " Tagebuch, angefangen den 13 junii 1759. " — Fol. 185-196, notes de littérature ancienne. — Fol. 209 : " Extraits des mémoires de l'Académie des Inscriptions. " — Fol. 233 : " Extratti da dissertationi di Muratori sopra le Antichità Italiane. " — Fol. 260 : " Bochart. Hierozoicon. " — Explicit, fol. 287 vº : " cependant le son de leur langue est agréable. "

xvIIIᵉ siècle. — Papier. — 220 sur 140 millim. — 287 feuillets. — Supplément français, 4468.

**70. Collectanées de Winckelmann.** — Extraits sur des sujets divers, en allemand, en français et en anglais. Incipit (fol. 1 rº) : " Que je vous plains de savoir si mal aimer. " — Rubriques à remarquer : fol. 48 rº : " Baillet, *Jugemens*... " — Fol. 108 rº : " Casby, *Catalogue of the manuscripts of the King's Library.* " — Fol. 117 vº : " *Esprit des lois.* " — Explicit (fol. 134 vº) : " drapées plus larges et avec de plus grosses étoffes. "

xvIIIᵉ siècle. — Papier. — 220 sur 170 millim. — 134 feuillets. — Supplément français, 4469.

**71. Collectanées de Winckelmann.** — Extraits divers. Rubriques principales : fol. 1 rº : " Abzüge aus dem XI u. XII Band der Allgemeinen Welt-Geschichte... " — Fol. 33 : " Extracts of the Correspondance of Mr. Pope. " — Fol. 40 vº : " Rich. Bentley's dissertation upon the Epistles of Phalaris... " — Fol. 45 vº : " Bibliothèque Britannique. " — Fol. 57 vº : " Aus Arnold's Englische Grammatik. " — Sur Xénophon (en allemand), fol. 75. — Explicit (fol. 90 rº) : " conf. Spanhem " de usu et præst. num. antiq. dissert. IV, p. 179. ".

xvIIIᵉ siècle. — Papier. — 210 sur 170 millim. — 90 feuillets. — Supplément français, 4470.

**72. Collectanées de Winckelmann.** — Extraits divers. Incipit fol. 1 r° : " Miscellanea. " Rubriques principales : fol. 33 r° " Keyslers Reisen. " — Fol. 65 r° : " Lenglet du Fresnoy, Catalog. s. Méthode pour étudier l'hist. " — Fol. 73 v° : " Chaufepié, Diction. historique et critique, tome I. " — Fol. 83 v° : " Les Essais de... Montaigne. " — Fol. 109 r° : " Lettres de M. l'abbé Le Blanc, concernant le gouvernement... des Anglois et des François. " — Fol. 151 v° : " Goujet, Bibliothèque françoise. " — Fol. 160 r° : " Mélanges,... par M. de Vigneul-Marville. " — Fol. 176 r° : " Extr. ex Extr. Dict. Hist. Bael. 1755. " — Explicit (fol. 203 v°) : " Ispahan, qui est comme le cœur du royaume. "   .

xviiie siècle. — Papier. — 210 sur 135 millim. — 203 feuillets. — Supplément français, 4471.

**73. Collectanées de Winckelmann.** — Notes de bibliographie. Fol. 1-27 : notes sur des manuscrits grecs, conservés dans des bibliothèques à Rome; incipit, fol. 1 r° : " Bibliotheca S. Philippi Neri. " — Fol. 28 r° : " Notæ librorum rariorum. " — Fol. 48 r° : à la fin, indications bibliographiques relatives à différents sujets. — Explicit, fol. 68 r° : " Kulmus, Anatomischen Tabellen, Leipzig, 8°. "

xviiie siècle. — Papier. — 220 sur 140 millim. — 69 feuillets. — Supplément français, 4471 *bis*.

**74. Collectanées de Winckelmann.** — Notes sur la géographie et l'archéologie de l'Italie, extraites de divers auteurs. Incipit, fol. 1 r° : " Iter Italicum, inch. d. 20 Jun. 1754. " — Fol. 37 v° à 47 v° : " Joh. Georg Keyslers Reisen. " — Fol. 53 : " Iter Magnæ Græciæ. " — Explicit, fol. 70 r° : " Tὸ δ'ἱερὸν ἐν ἄλσει; προκεῖται δὲ λίμνη πελαγιζοῦσα. "

xviiie siècle. — Papier. — 220 sur 135 millim. — 70 feuillets. — Supplément français, 4472.

**75. Collectanées de Winckelmann.** — Extraits de littérature italienne; recueil de tournures et d'idiotismes de la langue italienne. — Incipit, fol. 1 r° : " Bertoldo. Un gaglioffo e disattato figlio. " — Explicit, fol. 192 v° : " Io sono per tutti i versi conciento. "

xviiie siècle. — Papier. — 200 sur 135 millim. — 192 feuillets. — Supplément français, 4473.

**76. Collectanées de Winckelmann.** — Notes en allemand sur des personnages historiques et mythologiques, classées par ordre alphabétique des noms. — Fol. A-B, table. — Page 1, incipit : " Aaron. Rabbi Solomon glaubt, das Kalb lebendig gewesen. " ... — Page 1-238, première collection de notices (Aaron-Brodeau). — Pages 239-667, seconde collection (Abdas-Zénobie). — Pages 669 à 676, notices diverses. — Page 677, extraits de Stosch, pierres gravées. — Explicit, fol. 677 r° : " Nuptiæ Cupidinis [Tab.] LXX. "

xviiie siècle. — Papier. — 210 sur 160 millim. — 677 pages. — Supplément français, 4474.

**77. Chroniques de Strasbourg.** — Incipit, fol. 1 r° : " In nomine divinæ Deitatis. Amen. Worhafftig beschriebung aller Bischoff zur Strassburg... Erstmahls zu Strassburg im Jahr nach Christi gebuert 1539 collegirt und beschrieben und aus einem alten Exemplar dieses anno 1604 im Strassburg hinwieder abgeschrieben. " — Fol. 43 r• : " Folget hernach von wem und zu welchen Zeiten die loblich Statt Strassburg gebuwen... " — Fol. 59-183, chronique des Empereurs. — Fol. 183 v°-191, de divers Papes et Empereurs. — Fol. 193 : " Nachfolgendes ist extracts weise vss einer alten Chronicken so Jacob von Kungshouen geschrieben, nach Christi gepurt 1382, abgeschrieben zu Strassburg, anno 1604. " (Chroniques des Papes, fol. 193-225 ; notices sur Strasbourg, 226-237.) — Fol. 238 : " Nachfolgents ist nach aus einer ander geschrieben Chroniken Extracts weise zusamen gelesen, in Strassburg, anno 1605. " — Fol. 284 r° : " Anfang und ausgang des Burgundischen Kriegs. " Explicit, fol. 297 v° : " und hetten nie kein Burger geschetzet. "

xviie siècle. — Papier. — 320 sur 200 millim. — 299 feuillets. — Supplément français, 473.

**78 et 79. Histoire ecclésiastique de Westphalie,** par Kleinsorg.

I (78). Incipit, fol. 1 r° : " Ecclesiastica historia Westphaliæ vel antiquæ Saxoniæ Kleinsorgii. " — Contient les livres I à X (jusqu'à l'an 1583). — Explicit, fol. 411 v° : " dass man auff einen vermögen der Landregierung gegen den 27 Januarii zu Cölln angesetzten Tag erscheinen wolle. "

II (79). Incipit, fol. 1 r° : " Continuatio. M. K. P. " — Fol. 15 v° : " Dritter Theil. " — Explicit (fol. 572 v°) : " Salvo in omnibus sed S. Romanæ Ecclesiæ judicio. "

La dernière date citée est le 31 août 1616 (fol. 556 v°).

xviie siècle. — Papier. — 320 sur 260 et 330 sur 210 millim. — 411 et 562 feuillets. — Supplément français, 1881, a-b.

**80. Capitulation électorale** dressée pour l'élection d'un évêque de Munster, après le décès de l'évêque Clément-Auguste, incipit (fol. 1 r°): " Articuli der Bischoflichen Wahl-Capitulation..." (15 septembre 1762); suivie de : 1° acte constatant l'acceptation du nouvel évêque (17 septembre 1762) ; 2° déclaration des quatre *fidejussores* (même date) ; 3° acte de l'élection de l'évêque. Explicit (fol. 48 r°) : "debite requisitus et specialiter adjuratus m. p. s. "

Provient de la bibliothèque du baron de Belderbusch.

xviiiᵉ siècle. — Papier. — 310 sur 200 millim. — 48 feuillets. — Supplément français, 4228. — Reliure de satin rouge.

**81. Catalogue des Évêques** et des dignitaires ecclésiastiques de l'évêché de Würtzbourg. Titre (fol. A r°) "Herbipolis sacra, sive successio chronologica omnium antistium celeberrimi Episcopatus Herbipolensis, cum adjuncto catalogo præpositorum et decanorum..." — Pages 267 à 608 sont en blanc. — Pages 687 à la fin, liste des familles dont les membres ont été admis à l'épreuve des titres nobiliaires et qui ont été reçus comme chanoines. — Explicit (page 704) : "Zorn von Bulach. Zu Rhein."

xviiiᵉ siècle. — Papier. — 320 sur 205 millim. — 704 pages. — Supplément français, 4516.

**82. Chronique de Strasbourg** par " Jocop von Kunigeshofen ". — En tête, table, comprenant 20 feuillets préliminaires. — Fol. A r°. "Abel Adams sůn wart erslagen..." — Chronique, en six parties, comprenant fol. 1 à 377. — Incipit (fol. I r°) Dis ist ein Chroneke und vohet die vorrede hie an". — Explicit (fol. 377 v°.) "Und koste die orgele in alle wege uff hundert guldin. " — La dernière année notée est 1451. — En tête de chaque partie est une grande lettre ornée. — Cf. *die Chroniken der deutschen Städte*, édit. Hegel, VIII,(Strasbourg, II,) p. 204.

xvᵉ siècle. — Papier. — 290 sur 210 millim. — 377 + 20 feuillets. — Supplément français, 7327 A.

**83. Chronique de Strasbourg,** par Jacob von Kunigeshofen, divisée en cinq parties. Incipit (fol A r°). "Man vindet geschriben in latin vil croniken..." — Feuillets préliminaires A-Z, prologue et table. — Feuillets 1-436 (paginés en rouge), texte. — Feuillets 437 à la fin, (mais plus récente, pagination à l'encre noire), continuation à partir de l'an 1470. — Sur des feuilles blanches, on a ajouté des notices plus récentes; voir fol. 294 v°, 306 r° (de l'année [15]40). — Explicit (fol. 499 v°). "1511 jar. " Cf. Hegel, *op. cit.* VIII, 216.

xvᵉ siècle. — Papier. — 280 sur 200 millim. — 499 feuillets. — Supplément français, 7828.

**84. Histoire généalogique des Rois de France**, depuis les origines jusqu'à Louis XII [1501], traduite du français (fol. 4 r°) par Johann von

Morssheim (fol. 2 r°) et dédiée au roi de France. — Incipit (fol. 2 r°) :
Durchleuchtigster, grossmechtiger Aller Cristenlichster Konig...! —
Fol. 2-5, dédicace du livre à Louis XII. Explicit du texte, fol. 138 r°
« der heyllige dryfelltigkeyt, Gott, Vater, Sone heylliger Geyst.
Amen. " — Texte orné de 21 grandes miniatures qui se trouvent
fol. 1 v°, 27 r°, 28 r°, 29 v°, 31 r°, 33 v°, 36 r°, 39 v°, 43 r°, 49 v°, 52 v°,
61 r°, 64 v°, 67 r°, 78 v°, 86 v°, 91 v°, 96 r°, 115 v°, 119 v°, 138. — La
première miniature a pour sujet la présentation du manuscrit à
Louis XII ; la dernière figure les armes de l'auteur. — En outre, avant
fol. 8 on a inséré une grande miniature héraldique et allégorique
sur vélin (450 sur 280 millim.).

xvi° siècle. — Papier. — 280 sur 190 millim. — 137 feuillets. — Supp. franç. 7832.
— Rel. maroquin rouge aux armes royales.

**85. Chronique des Empereurs**, des Papes et des Électeurs Palatins,
suivie de la vie de l'Électeur Palatin Frédéric Ier, (fol. 46 r°) et de
notes autobiographiques sur l'auteur, Mathias de Kemnat (fol. 73
v°) et de la continuation de la chronique jusqu'en 1475. Incipit (fol. I
r°) : " Illustrissimo Bavariæ Duci Friderico "... — Explicit (fol. 106 r°) :
« was uns dan der almechtig gott zu fugt mit glucklichem sige... "

Publié par C. Hofmann dans *Quellen und Erörterungen zur bayeris-
chen und deutschen Geschichte*, t. II (Munich, 1862).

xv° siècle. — Papier. — 300 sur 220 millim. — 106 feuillets. — Supplément français,
10194.

**86. Notices généalogiques et héraldiques :**

1° Liste des tombeaux de rois, d'empereurs, de ducs etc. dans
l'église de Königsfeld, et nom des chevaliers tombés dans la bataille
de Sempach. Incipit : " Hierin sein beschrieben und verzeichnet... "
(fol. 1-56).

2° Description des tournois qui ont eu lieu en Allemagne, de l'an
938 à 1487. Incipit : " Beschreibung aller Turnieren... " (fol. 57-191).

3° Liste des évêques de Bâle. Incipit : " Volgendt hernach alle
Bischöff to zu Basell biss anno 1580 gewesen, (fol. 192-206).

4° Origine des comtes de Habsbourg. Incipit : " Der Gravenn vonn
Hapspurg herkommen " (fol. 207-209).

xvi° siècle. — Papier. — 320 sur 200 millim. — 219 feuillets. — Supplément français,
9980.

**87. Chronique des Rois de Danemark**, de l'an 885 à 1201. Incipit
(fol. I r°) : " Im folgenden 885 Jahre... " — Explicit : (fol. 348 v°) :

" Nun waren under der Hertzogen volck, auch die Ditmarschen ; als sie... erfuhren... "

Fragment ; le début manque, la pagination primitive porte 90 à 434.

XVIIᵉ siècle. — Papier. — 320 sur 200 millim. — 348 feuillets. — Supplément français, 213.

**88. Chronique et description de Strasbourg**, fol. A-L (préliminaires) table ; incipit : " Register undt Innhalt diss Buchs ". Texte incipit, fol. I rᵒ " Von der Strassburg und wohär dieselb und diss Land Iren Ursprung habent ". — La dernière date citée est celle de l'élection du Margrave de Brandebourg comme évêque, le 20 mai 1592. — Explicit fol. 238 vᵒ : " darunder man hauwet ".

XVIᵉ siècle. — Papier. — 310 sur 205 millim. — 238 feuillets. — Supplément français, 472.

**89. Pièces diverses :**

1ᵒ Fol. 1 rᵒ : Bulle de Satan (parodiant le style des bulles papales) incipit : " Wir Lucifer ein Bischof, ein diner meiner diner, ein fürst der vinsternüss... "

2ᵒ Fol. 2 rᵒ : Note sur ce qui est arrivé à Strasbourg en l'an 1385 ; incipit : " Do man zalt M.CCC.L.XXXV jar do waren drey gewaltig mann zu Strassburg... "

3ᵒ Fol. 3ᵒ : Notes commerciales sur la valeur et le poids des marchandises, incipit : " Item ein somer korns das güt ist... "

4ᵒ Organisation des Cercles de l'Empire par Albert II (1438) ; incipit : " Wir Albrecht von Gottes Gnaden Romischer Konig... " Explicit : " Albrecht, Wolfram, Cüntz (?) und Dibolt, alle vom Eglofstein. "

XVᵉ siècle. — Papier. — 320 sur 210 millim. — 8 feuillets. — Supplément français, 476.

**90. Recueil de pièces sur Strasbourg.**

1ᵒ Règlements administratifs du Chapitre de Strasbourg, du 29 décembre 1548 au 26 février 1595. Incipit (fol. 1 rᵒ) : " Advocaten Bestallung. Wir Johann Christoff, Graf und Herr zu Zimbern... " (fol. 1-56 ; fol. 57-65 en blanc.)

2ᵒ Règlement de l'Officialité de l'Évêque de Strasbourg (22 août 1579). — Incipit (fol. 66 vᵒ) : " Hofgerichts Ordnung... " — Explicit (fol. 95 vᵒ) : " Als man zahlt nach der geburth Christi vnsers liben herren vnnd Seeligmachers Thausendt fünffhurdent Sibenzig vnndt neün Jahr. "

XVIᵉ siècle. — Papier. — 300 sur 200 millim. — 95 feuillets. — Supplément français,

**91. Chronique des Papes, des Empereurs et des Évêques de Stras-bourg**, par Fritsche Closener. Incipit (fol. 1 r°) : "Dis ist die kronica aller der bebeste, vnde aller der Romeschen Keiser die sit cristus geburte sint gewesen..." — Explicit (fol. 119 v°) : "Do man zalt M.CCCLXII. ior. Do kam ein Ertbidem zu Strasburg an den ix tage noch sant Peters dag... Des selben tages wart ouch dis buch vollebroht. von Fritsche Closener eime priester zu Strasburg." — Publié en dernier lieu par Hegel, *die Chronieken der Deutschen Städte*, VIII, 15-151 ; sur l'histoire du manuscrit, ibid., 11-13.

xiv° siècle. — Vélin. — 290 sur 210 millim. — 299 feuillets. — Supplément français, 2533. — Reliure ancienne gaufrée.

**92. Chroniques de la ville de Memmingen.**

1° De l'année 350 à l'an 1463 ; incipit : "Ein Chronik, darinn auss Alten Büchern, vnd sonst beschriben vnd auffgezeichnet, was sich ettlich hundert Jar in vnd vmb die Statt Memmingen begeben vnd zugetragen hat." — L'auteur se nomme fol. 19 v° : "In der Zeit hab ich Magister Johann Kimpel..." (fol 1-22 v°).

2° De l'année 1449 à 1497 ; écrit d'une autre main que la partie précédente. Explicit : (fol. 80 v°) "Dieses alles hab ich aus einer alten geschriebnen Chronica, so anfängklich der Ehrhard Winttergerst, nach ihm Hainrich Cölin zusamen geschrieben haben, volendet. ult° Decemb. Anno 1560" (fol. 23-80 v°).

xvi° siècle. — Papier. — 300 sur 190 millim. — 80 feuillets. — Supplément français, 3161.

**93. Manuel sommaire de pathologie et de thérapeutique** par Ortolf de Würtzburg. Incipit (fol. 1 r°) : "Hy hebt sich an das geticht Ortolfs von Wirtzpurg... Daz ertzeney edeler sey dann ander kunst alle daz syhet man wol... Dar umb wil ich meister Ortolff von Payjerlant geporn ein artzet in Wirtgpurg ein theutz buch machen..." — Fol. 18 v°-126 r°, table ; fol. 126 v°-128, liste des plantes médicinales, en latin et en allemand ; fol. 129-134, recettes diverses.

xv° siècle. — Papier. — 295 sur 210 millim. — 134 feuillets. — Supplément français, 3162.

**94. Chronique de Nuremberg.** Incipit (fol. 1 r°) : "Chronicon der löblichen und weitbesuchten Kayserlichen Reichsvöstung und Statt Nürnberg..." Fol. 2 r° "Anno Christi 10. Die löbliche und weitbesuchte Kayserliche Reichsvösten vnd Statt Nürnberg hat ihren ersten Anfang genommen under dem Kaiser Octavio Augusto..." (de l'an 0 à 11502).

— Fol. 238 r⁰ : " Annalium der löbl. Reichsstadt Nürnberg vierter Theil. Joh. Molitoris Rathsherr*n* " (de l'an 1545 à 1566). — Fol. 351 r⁰ : " Das heiligthumb zu Nurnberg betreffent. " — Explicit (fol. 263 v⁰) : " ... dises 1198 Jahrs ".

La date extrême citée dans la première partie est 1633 (fol. 18 r⁰).

xvıı⁰ siècle. — Papier. — 320 sur 200 millim. — 263 feuillets. — Supplément français, 3163.

**95. Chronique secrète de Nuremberg,** par Boniface Diefenbach. — Incipit (fol. A r⁰) : " Dernn von Nurmberg gehaimenn Chronica. " — Fol. 1 r⁰ préface de l'auteur, (Wanefatzius Deuffenbach), datée du 14 février 1554. — La chronique a été continuée jusqu'au 23 mars 1578 (même main jusqu'à la fin.) — Explicit (fol. 194 v⁰) " war von Nordheim pürdig ".

xvı⁰ siècle. — Papier. — 300 sur 190 millim. — 194 feuillets. — Supplément français, 3164.

**96 et 97. Chronique d'Augsbourg,** jusqu'à l'an 1568, avec continuation jusqu'à l'an 1579.

Tome I : incipit (fol. 1 r⁰) : " Chronica worin die fürnembsten... Geschichten... so sich vor unnd nach Christi geburd biss auff anno 1568 verlauffen und den merern thail zu Augspurg zugetragen, auffs kürtzte verfasst und beschriben ". — Explicit (fol. 274 v⁰) : " Das unns Gott, allzeit beistandt thüe Durch sein gnad und erbarmung mild Spricht und lert Sebastian Wildt. "

Tome II : incipit : " Volgt der annder thail diser Chronica ". — Fol. 582 à la fin, continuation jusqu'à l'an 1579, par une autre main. — Explicit (fol. 311 v⁰) : " ...zu S. Affra und Ulrichs kirchen begraben ".

xvı⁰ siècle. — Papier. — 290 sur 190 millim. — 274 et 311 feuillets. — Supplément français, 3165. 1. 2.

**98. Notice historique sur la ville d'Ulm,** par David Stölzlin ; incipit (fol. 2 r⁰) : " Historischer Bericht von der Statt Ulm... " — Explicit (fol. 80 r⁰) : " Finit. d. 24 April. am grünen donnerstag zu abend anno 1718 ". — Fol. 81, table.

A l'intérieur de la couverture on a collé une courte notice sur l'auteur, signée T. A. W. — Fol. 2, le signet du copiste et possesseur du manuscrit, D. A. Häberlin.

xvııı⁰ siècle. — Papier, 320 sur 230 millim. — 80 feuillets. — Supplément français 3166.

**99. Chronique de Jacob von Königshofen.** Incipit (fol. 1 r⁰) : " Man vindet in latin vil croniken geschriben... " — La dernière date donnée est 1458 (fol. 229 v°). Explicit (fol. 229 v°) : " Und ist us geschriben an zinstag nechtt nach San Matietag in der fasten. Anno Lxxij. Amen."

xvᵉ siècle. — Papier. — 190 sur 200 millim. — 229 feuillets. — Supplément français. 3171.

**100. Recueil de copies de lettres et de notes journalières relatives à la campagne de Hongrie en 1687.** Incipit (fol. 2 v°) : " Allerdurchleuchtigster. Die albereits zu mehr und mehr avancierende Zeith erfordert... " — Fol. 1-22, documents divers sur le plan de campagne. — Fol. 23-162, notes journalières sur les opérations et copies de lettres. — Fol. 163-248, plans de la campagne à venir (datés de décembre 1687). — Explicit (fol. 248 v°) : " die anstalten.... machen lassen kunte."

xvnᵉ siècle. — Papier. — 320 sur 210 millim. — 248 feuillets. — Supplément français, 3264.

**101. Traduction de la Chronique de Martin de Pologne,** avec continuation. — Première partie (longues lignes) histoire des Empereurs, (fol. 1-100) continuée jusqu'à l'an 1418. Incipit : "Hie hebt sich ann die vorrede vber die Cronicken der Romischen [Keyser] dye pruder Mertein ein penitencier und capplan des pabstes hat geschriben. " — Seconde partie, (deux colonnes, fol. 105-182) chronique des Papes, continuée jusqu'à l'an 1431. Explicit : " und er ward erwelt tzu Rom am samtztag vor *Oculi* anno domini XIIIᶜ und XXXI. "

xvᵉ siècle. — Papier. — 510 sur 200 millim. — 182 feuillets. — Supplément français, 3850.

**102. Vie de Maurice, Électeur de Saxe,** par George Arnold, traduite du latin par David Schismer. Incipit (fol. A) : " Des Durchlauchtigsten Fürstens und Hernn, Herrn Moritzens, Hertzogens zu Sachsen... Lebenslauff, mit sonderbahren Fleiss erstlich Lateinisch beschrieben, von Georg Arnolden... itzo aber... ins teutzsche gebracht durch David Schirmern... anno 1672. " — Explicit (fol. 211 v°) : " und den Seelen dieser beyder fürsten das ewige Leben geben wolle. "

xvnᵉ siècle. — Papier. — 310 sur 195 millim. — 211 feuillets. — Supplément français, 3998.

**103. Censier de l'abbaye de Truttenhausen** près Barr; les feuillets I-X manquent; fol. XI (ancienne numérotation), incipit : " (C)onstitutus dictus Wylhelmus Claus, schultetus, et dictus Symons Gangolf preco... " Les chapitres conservés se rapportent à Bischoffsheim, Obernai, Goxwiller, Gertwiller, Heiligenstein, Meistratzheim, Niedernai, Innenheim, Valff, Zellwiller; souscription (fol. 81, ancienne numérotation, r°) " Scriptus est liber iste in et pro domo Sancti Nicolai in Trutenhusen, *per* me *fratrem* Johannem Heüler de Westhoffen, procuratorem ipsius domus. Anno domini 1513. "

Fol. 82-84, liste des biens achetés par le couvent en 1512. Explicit (84 r°) " neben acker Lentzen erben von Ehenheim. "

xvi⁰ siècle. — Parchemin. — 72 feuillets. — 400 sur 290 millimètres. — Nouvelle acquisition.

**104. Priviléges, traités et ordonnances** relatifs à la ville de Cologne. Incipit (fol. 1 r°) : " Ein Manuscript über das alte herkommen des Kurfürstlichen Grefen und Schefen... " — Pièces principales : fol. 14 " der Verbunt Brieve. " — Fol. 27 r° : " Dis ist der verdrach der zwischenn vnserm gnedigstenn Hern Ertzbissoff vonn Collnn vnnd zwischen einen Ehrwürdigen Rathe der Stedte... vertragen ist, im Jair 1506. " — Fol. 55 v° " Der Transfix breif mit dem Register, anno 1513 vffgericht. " — Fol. 79 r° : " Reformation der Weltlicher Gericht.. anno 1550 denn 21 May. " Explicit (fol, 106) : ..." durch wolgedachten. hochloblichenn Rathes uisslegung entscheiden sein. " — Fol. 107, table, de main moderne. — Provient de la bibliothèque du baron de Belderbusch, n° 11.

xvi⁰ siècle. — Papier. — 320 sur 210 millim. — 107 feuillets. — Supplément français, 4604.

**105. Ordonnance réglant l'administration de la Chambre aulique** de l'Électorat de Cologne. Incipit (fol. A r°) : " Churfürstlich-Cöllnische Hofcammer Ordnung, vom Jahr 1692. " — Fol. 1 r° " Decretum Rev<sup>mi</sup> et Ser<sup>mi</sup> Ducis Electoris. " — Explicit (fol. 61 v°) : Joseph Clement. Churfürst. P. Kaukoll. "

xviii⁰ siècle. — Papier. — 320 sur 210 millim. — 61 feuillets. — Supplément français, 4642.

**106. Traité d'astrologie.** Incipit (fol. 20 r°) : " Jhesus Maria und Santt Anna kument uns zů hilff und zů trost. Amen. Hie vohet an das bůch planum Astrolabium von den gebúrten und ernstliche frogen. Ouch ein uszuck uss dem buch Guidonis... " A la fin de la première partie (fol. 162 v°) " gedütschet im 1490." — Explicit (fol. 324 v°) : " auch keyn nuwe cleider an tun das ist ir gut und nutzlich. " — Fol. 1-18 et 325 et 326, notes diverses sur l'astrologie, d'une main postérieure. — Nombreux dessins coloriés dans le texte ; fol. 170 v° gravure sur bois coloriée du xv⁰ siècle. Fol. 4 r° et 328 r° on a collé des feuillets d'une *Practica* imprimée du xvi⁰ siècle.

D'après le calendrier (fol. 217 ss.), le traité semble avoir été rédigé dans l'archevêché de Cologne.

xvᵉ siècle. — Papier. — 270 sur 190 millimètres. — 328 feuillets. — Supplément français, 7833. — Reliure mar. rouge aux armes.

**107. Recueil d'exemples et de solutions pour les échecs**, avec figures. Fol. 1 rᵒ incipit " des Kungs anfang. " Fol. 17 et 87 vᵒ, 88 rᵒ préceptes en vers. Explicit (fol. 88 rᵒ) : Ein fendel stirbt und ritter wirbt. Um wibes list der kung verdirbt. " — Provient de la collection Colbert nᵒ 1757.

xvᵉ siècle. — Papier. — 275 sur 190 millimètres. — 88 feuillets. — Supplément français, 7833. 5. — Reliure aux armes de Napoléon Iᵉʳ.

**108. Traduction en vers du " Livre des Échecs "** de Jacques de Cessolis par Conrad de Ammenhusen, d'après l'acrostiche à la fin. Incipit (fol. 1 rᵒ) " Dis bůch ist von dem schofzabel spil. von latine zů tiutsche gedicht... " — Explicit (fol. 131 rᵒ) : " Behalten si uns allen. Alder selden samen. Seculorum amen. " — La traduction est datée du III a. kal. Mart. 1337.

xivᵉ siècle. — Vélin. — 295 sur 200 millim. — 131 feuillets. — Supplément français, 7834.

**109. Ordres et réglements** pour le régiment des hussards de Szekely. Incipit (fol. 1 rᵒ) : " Ordre von dem Herrn Obristen von Szekely. " — Première partie, fol. 2 rᵒ : " Da numehro die Pferde von dem grasung... " — Signé fol. 18 vᵒ : " den 12ᵗᵉⁿ Novembris anno 1754. Friedrich. " — Deuxième partie fol. 26 rᵒ : " Notata und Erlaüterung vermoge welche bey meinem... Regiment Hussaren... der dienst... introducirt werden soll. " — Explicit (fol. 65 vᵒ) : " So wehr mir Gott helffe und dein heilig Wort durch Jesum Christum Amen. "

xviiiᵉ siècle. — Papier. — 320 sur 200 millim. — 65 feuillets. — Supplément français, 4222.

**110. Projet de moyens pour augmenter les revenus d'un Prince.** Incipit (fol. 1 rᵒ) : " Unvorgreifliches Project wie eines Potentaten Einnahme umb ein grosses erhöhet, das Commercium gefördert und ein zulänglicher Credit zu wege gebracht werden möge. Anno 1711. " — Explicit (fol. 54 rᵒ) : " Und mit Anwachsung des Banco der daraus fliessende Nutzen unendlich werde. " Provient de la bibliothèque de Belderbusch.

xviiiᵉ siècle. — Papier. — 305 sur 220 millimètres. — 54 feuillets. — Supplément français, 4599.

**111.** **1° Plans d'exercices militaires** avec ordres en allemand (fol. 1-49.) Incipit (fol 1 r°) : " Bataillon von 18 Rotten. "

**2° Réglement de manœuvres d'infanterie,** en français, (fol. 52-66). Incipit : " le Maniement du Mousquet. " Explicit (fol. 66 v°) " Il est facile de dresser les bataillons, la mesme mesure se treuant partout. Fin. "

xvii° siècle. — Papier. — 320 sur 190 millimètres. — 66 feuillets. — Supplément français, 4602.

**112.** **Instruction pour l'administration militaire** dans l'armée impériale austro-hongroise (cf. fol. 8 r°). Incipit (fol. 1 r°) : " Belehrung zu den Standes-Ausweisen. " — Explicit (fol. 83 v°) : " Denen zu Bewachung der Gränzen im Krieg verwendet werdenden Officiers von Militär-Cordon werden die Naturalien gratis gegeben. " — Fol. 84, 85, table.

xviii° siècle. — Papier. — 290 sur 230 millimètres. — 85 feuillets. — Supplément français, 5236.

**113.** **Traité d'alchimie.** Incipit (fol. 3 r°) : "Das gegennwürttig Püechel wirt genant Splendor Solis oder Sonnen glanntz, Tayllt sich Inn Siben Tractat, Durch wellich beschrieben würdt die Künstlich Würckhung dess Verporgenen Steins der Altten Weysen.., " Explicit (fol. 50 r°) : " So die altten weisen in der natur mit Kunst gewürckhet habenn. " — Le traité est illustré de 21 grandes miniatures (fol. 6 r°, 9 r°, 12 r°, 15 v°, 17 r°, 18 v°, 20 r°, 21 v°, 22 v°, 23 v°, 25 r°, 26 r°, 27 r°, 28 r°, 29 r°, 30 r°, 31 r°, 32 v°, 33 v°, 34 v°, 35 v°) ; dans le texte les rubriques sont indiquées par des lettres dorées. La miniature du fol. 29 v° porte la date de 1577.

Devant l'ouvrage on a placé (fol. 1 r°) un titre imprimé portant : " v. Schönfeldsches Museum der Technologie, zum Vortheil des Gewerbstandes errichtet im Jahre 1799. Kaiser Rudolphs des II Goldmacherbuch. "

xvi° siècle. — Vélin. — 300 sur 205 millim. — 50 feuillets. — Supplément français, 5551.

**114.** **Histoire sainte, en vers,** depuis la création du monde jusqu'à la mort de Josué. Incipit (fol. 1 r°) : " Crist herre kayser uber alle craft. voget himeliscer herschaft. " — Explicit (fol. 154 r°) : " Die mir alhie geschehen ist. Wan ich bie miner iare frist. " — Texte à deux colonnes. Corrections anciennes dans le texte.

Rédaction refaite sur la chronique de Rodolphe d'Ems, par un anonyme, et dédiée au landgrave Henri de Thuringe (fol. 3 v°, col. a). Voyez sur cette rédaction, Vilmar, *die zwei Recensionen und die Handschriftenfamilien der Weltchron. R. v. E.* p. 43.

xiv⁰ siècle. — Vélin. — 325 sur 220 millimètres. — 154 feuillets. — Supplément
français, 7267.

**115. Iwein (Chevalier au lion)** par Hartmann d'Aue. Incipit (fol. 1 r⁰) :
" So wer an rechte güte. Wendet sin gemüte... " — Explicit (fol. 187 v⁰).
" Hie hat der ritter mit dem lewen eyn ende. Got vns sine gnade
sende. " — Manuscrit complet, mais écourté par endroits (f. 12 v⁰,
16 v⁰ des vers manquent). Le récit est interrompu par des rubriques.
(Fol. 12 v⁰ : " Hie goz er uff den stein " etc.)
Note sur la feuille de garde " Collegii Societatis Jesu Luxemburgi.
Ex donatione D. Margareta Bergerott, viduæ D. Consiliarii Bergerott. "
— Comp. O. Behaghel, *Pariser Hs. des Iwein*, dans *Germania*, XXII,
273-280.

xv⁰ siècle. — Papier. — 187 feuillets. — 280 sur 200 millimètres. — Supplément
français, 1060.

**116. Poëme moral, nommé le " Renner "** par Hugo de Trimberg. —
Table, fol. A-G r⁰. Fol. B r⁰ en bas, " Dyt bůch ist fromen luden
bekant. Der (houesch [exponctué]) Renner ist is genant. " — Incipit
(fol. C v⁰) : " Ich bin daz alder daz von kalder. Art sich můss wermen
hie... " — Explicit (fol. 312 r⁰) : " Explicit der Renner sub anno domini
millesimo CCCC⁰xxxv⁰. die VII. mens aprilis. sit laus deo. Herman van
ludesdorff et sic est finis. " — Fol. 312 v⁰, notes historiques. — Fol. 313
v⁰, morceau en prose sur la descente du Christ aux enfers. Incipit.
Der Duwel sache gotz sele comen... " — Fol. 314 v⁰ " Wachterlied,"
incipit : " Ich wachter synge mit truwen... " A la fin, 4 feuillets d'une
copie moderne du " Renner. "

xv⁰ siècle. — Papier. — 290 sur 200 millim. — 314 feuillets. — Supplément français,
1198.

**117. Exposé de morale religieuse, en vers.** Incipit (fol. 1 r⁰) : " Assit
in principio sancta maria meo. Also vnser herren mahte Adam
vs leimen. Also vns saget [sic] die wisen pfaffen Wie got den menschen habe geschaffen... — A la fin du poëme (fol. 216 r⁰) " Als helffe
vns maria die got gebar. Amen. Henricus Schan scripsit etc., etc.,
etc., etc. Amen. " — Fol. 217 et 218, table divisée en 79 chapitres.

xv⁰ siècle. — Papier. — 290 sur 210 millimètres. — 218 feuillets. — Supplément
français, 1199.

**118. Fragments détachés de divers manuscrits :**
a Fragment de poëme épique en haut allemand ; commençant " Das
man wol kiesen mohte vnde zu kiesene dohte... " (une feuille pliée en

deux feuillets, à 2 colonnes; 230 sur 170 millim., vélin, xiiie siècle.) — Mentionné par Bächtold, *Germania*, XX, 336; publié par Apfelstedt, *Germania*, XXVI, 95; un autre fragment du même poëme a été publié *Germania*, XXV, 192.

*b*. Fragment de la traduction néerlandaise de la *Chansons des Loherains;* commençant : "Es te iherusalem wert. Daer sijt hadde lange begert... (un feuillet, 3 colonnes, 320 sur 225 millim., vélin, xive siècle.) — Publié par M. de Vries, d'après la copie d'Apfelstedt, *Tijdschrift voor Nederlandsche Letterkunde*, IIIᵉ année, p. 28 ss.; cf. p. 4.

*c*. Fragments des traités d'histoire naturelle et d'astrologie de Megenberg, une feuille pliée en deux feuillets, le premier folioté X commençant : "der frawen die haut chrœuselt...", le second, folioté XV commençant : "sprach si wie geschicht das seind ich chainen mann erchenn..." (320 sur 220 millim., xivᵒ siècle, vélin). — Mentionné par Bächtold, *Germania,* XX, 336; cf. l'édition de Pfeiffer, p. 39, 9 et 60, 30.

*d*. Calendrier suivi d'observations chronologiques et astrologiques. (dix feuillets, vélin, 290 sur 210 millim.); les observations chronologiques commençant par ces mots (fol. 8 rᵒ) "Wer do alle zit sicher wissen welt die zale der wuchen..."Explicit (fol. 10 vᵒ) "Amen dast vsz."

*e*. Fragments du *Karl* du Stricker; (deux feuilles pliées en quatre feuillets, deux colonnes, vélin, 270 sur 200 millim.). Fragments commençant par les vers : "vnd sassen uf und ritten" (édit. Bartsch vs. 2525); "daz er nut entrinne" (ibid. vs 4306); "an eine schatten vf einen stein." (Ibid. vs 8101); "vor zweinzig iaren gra si Dir sint doch vollecliche bi" (ibid. vs. 9169).

*f*. Fragments d'un ouvrage mystique en prose (une feuille, vélin, pliée en deux feuillets, 150 sur 100 millim.), le 1ᵉʳ fragment commençant : "minne vnd mit dem hamere der lerunge"; le 2ᵉ : "... de vnd nach ordenunge der heiligen kirrichen..."

*g*. Fragment du *Roman de Limbourg*, (1 feuillet mutilé, vélin, 2 colonnes, 185 sur 130 millim.); mentionné par Oberlin, *Magasin Encyclopédique* de Millin, 8ᵒ année, t. VI, p. 20, et publié par de Vries, *Tijdschrift voor Nederlandsche Letterkunde*, III, 50 ss.

*h*. Deux feuillets mutilés, à deux colonnes; fragment d'une histoire sainte rimée, traitant de la législation mosaïque et du séjour des Israélites dans le désert; les feuillets ont été collés de travers ; le début du premier fragment est fol. 23 vᵒ, du second, fol. 24 vᵒ (vélin, xivᵒ siècle, 215 sur 140 millim.). Fin du 2ᵉ fragment : "Niht langir sumde sich chore. E daz er mit den siuen..."

*i*. Une feuille, pliée en deux feuillets, foliotés CXLVJ et CLIII de la *Guerre de Troie*, poëme de Conrad de Würzburg; les vers correspondent à l'édit. A. Keller, vs. 17967-18088, et 18811 à 18933. (Papier, XVe siècle, 290 sur 210 millimètres, deux colonnes).

XIIIe-XVe siècle. — 26 feuillets. — Supplément français, 5676.

**119. Censier des redevances dues au couvent de Meymünster (Moyen-moutier) en Lorraine** par les tenanciers établis à Oberbergheim, Rohrschwihr, Roderen; dressé en 1666, avec suppléments jusqu'à l'an 1670 (fol. 25 vo-26.) — Incipit (fol. 1 ro) : " Zue wissen, khundt und offenbar... " Explicit (fol. 26 vo) : " transactum die 22. 8bris 1670. "

XVIIe siècle. — Parchemin. — 320 sur 200 millimètres. — 26 feuillets. — Supplément français, 1927.

**120. Comptes des recettes et dépenses** de la maison de Wartenstein. Titre (sur la couverture). " Wartensteiner Haus- und Güther Rechnung über Einnahm und Ausgab pro 1779. " Explicit (fol. 15 ro) : " activ recess. "

XVIIIe siècle. — Papier. — 340 sur 210 millimètres. — 15 feuillets. — Supplément français, 4223.

**121. Traité de morale chrétienne,** tirée des Écritures, traduit du français. Titre (fol. B ro) : " Die Sitten-Lehre des Heiligen Geists oder 'des Christen Pflichten, allein aus den worten der heiligen Schrift... aus dem frantzösischen zur teütsche übersetzt. In Paris anno 1741. " — Traduit d'après l'ouvrage français " la Morale du Saint-Esprit " (Paris, 1701). Explicit (p. 564) : " zu dem hirten und bischofe unserer seelen. Ende. " — P. 565-610, table.

XVIIIe siècle. — Papier. — 220 sur 160 millimètres. — 610 feuillets. — Supplément français 745.

**122. Prières pour la Messe.** — Titre : " Gebether unter dem heiligsten Mess Opffer. " — Orné de 20 miniatures. — Explicit (page 44) : " Und regierest in alle Ewigkeit. Amen. "

Provient de Joseph Bonaparte, et porte son estampille " J. B. Grand Electeur ". Composé pour la princesse Amélie... (voir la prière à S. Amélie, p. 38).

XVIIIe siècle. — Vélin. — 1 + 20 + 22 feuillets. — Reliure maroquin rouge, ornée.

**123. Traduction du livre I de la Vie de S. Vincent de Paul,** par Abelly. Titre (fol. C ro) : " Leben des Ehrwürdigen Diener Gottes Vincentii à Paulo... erstlich durch... Ludovicum Abelly... in frantzösischer

Sprach beschriben, und darnach durch einen Priester... der Mission in die teütsche Sprach übersetzt; zu Paris im Jahr Christi 1706. » — Explicit (fol. 621 v°) : "End dess ersten buchs." — Fol. A, v°, B v°, C v°, on a collé des planches gravées.

xviii° siècle. — Papier. — 210 sur 160 millimètres — 621 + 3 feuillets. — Supplément français 3058.

**124.** **Recueil de prières,** suivi de notions astrologiques. — Fol 3-18 r°, kalendrier. — Fol. 18 v°, 145 v°, recueil de prières ; incipit : "Item wem du wilt messzen horen so sprich mit andacht vor das gebethe..." — Fol. 146 v°, figure astrologique ; fol. 147-193, notions d'astrologie, incipit : "Stehr ist des erste zeichen fewriger complexi... "; explicit (fol. 193 r°) : "Bro si, aldo si was ostern." — Fol. 193 v°, figure astrologique. — Sur les feuilles de garde, fol. 1-2, prière en latin. — Fol. 187-188, on trouve des prédictions d'éclipses de 1455 à 1462. — Provient d'Oberlin.

xv° siècle. — Vélin. — 115 sur 80 millimètres. — 193 feuillets. — Supplément français 3149.

**125.** **Recueil de divers traités dévots.** (Les premiers feuillets manquent.) Incipit, fol. 1 r° : ... "kein mensche nie gesehen het noch gesehen mach. Bistu nicht der verborgen got..." — Fol. 6 v° : "Augustinus reden und kosen mit got. Nûu mûsz ich dich erkennen, minen erkenner..." — Fol. 9-19, autres extraits de S. Augustin. — Fol. 19 v° à la fin, méditations mystiques diverses. — Fol. 62 "Von dem grossen lobe und eren daz zu nürenberg begangan wärt..." — Fol. 80 v° : "Ein schone sermon Sancti Bernardi von den liden unde crutz unsers heren. Es schribet Sant Bernhart in einer predigen uber daz evangelium missus est gabriel..." — Fol. 87 v° "Sant Anzhelm spricht..." Fol. 109 v° : "Von den VII worten vnsens herren die er an den crusz sprach ; ein schöne sermon, wie es Sant Bernhart setzt." — Fol. 123 v° : "Ein disputation oder sermon Sancti Gregorii des babstes..." — Fol. 153 v° : "Dist ist ein schöne sermon von den wercken die do geschehent in dot sünden; schribt der grosse doctor unde meister Eckart..." — Fol. 163-169, extraits de S. Augustin.— Fol. 199 "Etlichen frogen und antwart vf disse vorgeschribenen stuck setzt Athanasius der bischof von Alexandria." — Fol. 214 v°-221 v°, extraits de saint Augustin.— Fol. 228 v° : "Dis sint sprich der heilgen götlichen lerer." — Explicit, fol. 231 v° "Alle ketzerie scheidet den menschen von got unde vss gnoden." — Provient de la collection d'Oberlin.

xv⁰ siècle. — Papier. — 150 sur 100 millim. — 231 feuillets. — Supplément français 3175. — Reliure ancienne gaufrée.

**126. Livre d'heures en néerlandais.** — Fol. 1-12, calendrier. — Incipit fol. 13 r⁰ " Dit is onse vrouwe ghetide. Metten. Here du selte mijn lippen op doen. Eden mijn mont sal voert kundigen dyn lof... " Fol. 13 r⁰ miniature ; fol. 52, 75, 100, 128, 148, grandes lettres ornées et bordures. — Explicit (fin incomplète) " Coninge van eertrycke ende alle volc, princen ende alle rechteren inder eerden. Jongen... "

xiv⁰ siècle. — Vélin. — 150 sur 100 millimètres. — 179 feuillets. — Supplément français 3177.

**127. Traité de préparation à la confession.** — Incipit (page 1) " Herre vater vnser. dv da bist im himel... " — P. 108-136, explication symbolique de la messe (" Dis sint die bezecheninge der heiligen messe. ") — Page 136-138, hymne à la vierge, en latin ; explicit (page 138) " Ave speciosa, rutilans auro. "

Collection d'Oberlin.

xiv⁰ siècle. — Vélin. — 120 sur 85 millimètres. — 138 pages (quelques pages manquent). — Supplément français, 3325.

**128. Prière à Jésus-Christ,** et proposition d'un vœu de la France à la Vierge, dans les circonstances difficiles que traverse le pays ; traduit du français par le P. Beck, dominicain, 1790. Titre : " Ehr-volle Abbit an Christum Jesum "...

xviii⁰ siècle. — Papier. — 26 pages. — 190 sur 150 millimètres. — Supplément français, 3334.

**129. Pièces concernant l'histoire du XV⁰ siècle :**

1⁰ Réponse du pape Pie II au roi de Bohême sur la question de la communion sous les deux espèces ; incipit (fol. 1 r⁰) " Die antwort dez aller heiligsten vater des bapstes Pii... "

2⁰ Rapport du F. Louis de Bannoni (Hongrie), sur les princes orientaux prêts à secourir la Chrétienté contre le Turc (fol. 13 r⁰) : " Vermerckt die artickel die angepracht hat bey dem Romischen Keyser Bruder Ludwig von Bannoni... "

3⁰ Prédictions astrologiques pour les années 1462 à 1464 ; incipit (fol. 21 r⁰) : " Item dise patricz (sic) und ansehung naturlicher lauf... "

4⁰ Prédictions de Théodore de Pouille pour l'an 1463. Incipit (fol. 52 r⁰) : " Gesant auss Appulia hertzog Ludwigen. Meister Theodorus in Appulia... "

5⁰ Révélations de Raymundus. Incipit (fol. 1 r⁰) : " Die offenbarung Raymundus... "

6º Pronostics pour l'an 1422 (fol. 39 : " Wissent daz wir Johannes der gross natürlich meister... "

7º Prédictions astrologiques ; incipit (fol. 42 rº) " hec sunt practicata in Missna et Thuringia, a. d. 1458 ". — Explicit (fol. 54 rº) : " hier umb sölt wir vnnser leben pesseren. Finis. "

xvᵉ siècle. — Papier. — 54 feuillets. — 160 sur 110 millimètres. — Supplément français, 3337.

**130. Recueil de méditations dévotes.** Incipit (fol. X vº; fol. I-IX manquent) : " Dis puechlin ist geschriben in lieb durch éttleicher vngelerten vnd ainvaltiger person willen... Und die materi... ist genomen worden aus ettleichen predigen maister Nicolas Dinkelspühel... " Méditations sur le décalogue, les péchés capitaux, les œuvres de charité, le *Pater*, (fol. x-cix); méditations diverses, (fol. cx-cxciiij); fol. 195-105, notes sur les présages et l'astrologie; fol. 204-205, préceptes en vers sur la civilité; fol. 205 vº, explicit : " Wirf sy nit für dich an den weg. "

xvᵉ siècle. — Papier. — 210 sur 135 millimètres. — 205 feuillets. — Supplément français 3359.

**131. Livre d'heures, en vers** (sans texte latin). Le début manque. Incipit (fol. 1 rº) : " Da du mit den iungeren din. Ginge gein dodis pin... " Fol. 13 rº : " Hie hait die mettin ein ende. " — Fol. 103 rº-110 rº, prières en prose; fol. 110 rº, litanies, incomplet à la fin; explicit fol. 112 vº " dar ir uwer blut fergossin hat... "

xivᵉ siècle. — Vélin. — 210 sur 140 millimètres. — 112 feuillets. — Supplément français 3376.

**132. Traduction de la vie de Saint Vincent de Paul par Abelly.**

xviiiᵉ siècle. — Papier. — 210 sur 160 millimètres. — 24 + 631 + 446 pages. — Supplément français, 3396.

**133. Vie de Saint François d'Assise,** traduite de saint Bonaventure. Au vº de chaque feuillet, miniatures grossièrement exécutées. — Les deux premiers feuillets sont endommagés. Incipit fol. 1 : " Die taeffel der legenden van Sixte Franciscus ". — Fol. 2-14 Prologue. Fol. 5 rº : " Hy begynt sinte Franciscus leven also id de eirsamige vader Bonauentura vergadert hait... " Fol. 240 rº : hymne en l'honneur de S. François; explicit : " Cristum onsen lieuen heren. Amen " — Fol. 240 vº, miniature.

Provient du Couvent des Franciscains de Cologne.

xivᵉ siècle. — Papier. — 200 sur 130 millimètres. — 240 feuillets. — Supplément français, 3735.

**134.** " Güldenes Tugend-Buch " et " Trutz-Nachtigal " de Friedrich Spee, copiés sur le ms. original par L. Gulichius. Incipit (fol. A r°) : " Guldenes Tugendt-buch, dasz ist wercke und übung der dreien göttlichen tugenden. " — Fol. A : frontispice avec dessin à la plume ; en bas, " hunc librum ex autographo authoris exscripsit Leonardus Gulichius, religiosus Benedictinus in Drawiler, 1640. " — Fol. 311 (frontispice avec dessin à la plume) : " Trutz-Nachtigal oder geistliches poetisches lustwälttein " — Explicit (fol. 389 r°) : " Mit drucknem blumenregen. Ende. " — Fol. 391-394, table.

xvii° siècle. — Papier. — 200 sur 160 millimètres. — 394 feuillets. — Supplément français, 3986.

**135. Traduction gothique des Évangiles**, par Ulfilas ; avec version interlinéaire latine par F.-K. Fulda, et glossaire revu par W.-F.-H. Reinwald ; le tout publié par J.-C. Zahn (1805). — Manuscrit autographe de Zahn, destiné à l'imprimerie (cf. la note fol. 11 r° en haut). — Publié à Leipzig, 1805, gr. in-4°.

xix° siècle. — Papier. — 240 sur 190 millimètres. — 452 feuillets. — Supplément français, 4354.

**136. Traité de civilité chrétienne**, traduit du français. Incipit (fol. A r°) : " Ordnung der Reguln der allgemeinen christlichen Wohlbescheidenheit. Zue Paris, bey Florentin Lambert in St. Jacoben-Gassen,... 1666. " — Explicit (page 91) : " Aus seinem wahren frantzösischen und lateinischen originali gezogen, und getrewlich ins Teutsch übersetzt, im Jahr Christi monats octobris 1697. Endt. "

xvii° siècle. — Papier. — 165 sur 105 millimètres. — 4 feuillets + 91 pages. — Supplément français, 4554.

**137. Statuts de la ville de Hambourg**. Titre (fol. 1 r°) : " Nien Recess. " Incipit (fol. 3 r°) : " Der hilligen hochgelaueden dreuolidicheit thon Ehren, tho erholdinge vnser wohren Christlichen Religion... " — Explicit (fol. 101 r°) : " ... vnde Eindracht in dusser guden Stadt vnderholden vnde gehandthauet werde. Amenn. A° 1616. " — Fol. 101 v°-104 r°, table.

xvii° siècle. — Papier. — 200 sur 150 millimètres. — 104 feuillets. — Supplément français, 10500.

**138. Privilèges du Schleswig-Holstein.** — Incipit (fol. 3 r°) : " Privilegia des Furstendoms Sleiswig und Holstein. De erste Privilegia. " — Fol. 7 v° " De ander Privilegia. " — Fol. 8 r° " De drudde Privilegia. " — Fol. 10 v° " De verde Privilegia. " — Fol. 13 v° " Hir na

folgenn de confirmationes... " — Fol. 36 v° à la fin (de mains différentes) notes diverses sur le Danemark et le Schleswig-Holstein (fol.
36-37, résolutions de la Diète de 1588). — Sur la feuille de garde
(fol. 2) : "Confirmatio regis Christophori... " (privilèges de l'évêché de
Schleswig).

xvie siècle. — Papier. — 200 sur 160 millimètres. — 44 feuillets.

**139.** 1° **Lettre d'Isaïe Pufendorf,** où il demande à être relevé de sa
charge de chancelier (p. 1-5). (30 juin 1687).

2° **Aperçu de la politique étrangère de la Suède.** Incipit fol. 7 r° : " Es
ist des Königreich Schweden mit sinem darunter sortirenden Provin-
cien... " — Explicit (fol. 48 r°) : "wenn ja das bisherige Gluck dem
König von Franckreich den Rücken kehren solte. — Stockholm, d.
anno 1682. Esaias Pufendorf".

xviie siècle. — Papier. — 195 sur 150 millimètres. — 51 feuillets. — Supplément
français, 569.

**140.** " **Miroir de Souabe.** " — Fol. 2 r°, table incipit : " Nu vernement
alle die ie tútsch gelasent wie ez ist vmbe dise tavele, wa von sv ist
vor an disem bûche..." Fol. 2-7 v°, table. — Fol. 7 v° : " Herre Got
himelscher vatter... (incipit du premier livre). — Fol. 73 r° : " Hiet het
diz lantrehtbûch ein ende. Hic hebet an daz bûch das da heisset von
lehen rehte. " — Fol. III v° : " Hie hebet sich an daz edele vnde daz
rehte lehen bûch. " — Les deux premières divisons (Lantrecht, Lehen-
recht I) correspondent au Lantrechtsbuch du texte de Gengler ; la
troisième division (Lehenrechtsbuch II) correspond au Lehnrechtsbuch
de Gengler. — Incomplet de la fin ; les 34 derniers chapitres du
livre III, indiqués dans la table, manquent. — Explicit (fol. 137 v°,
col. b) : " So frage er obe er sol nemmen einen sinen man der ze
lehenrehte sin wort spreche, das wurt ime erteilt. Was... "

Sur la feuille de garde (fol. 1 r°), note d'Oberlin constatant qu'il a
trouvé le manuscrit en 1783 dans un coffre plein de vieux parchemins.

xve siècle. — Vélin. — 220 sur 135 millimètres. — 137 feuillets (le fol. 97 manque).
— Supplément français, 1197.

**141. Liste des " Ammeister " de la ville de Strasbourg,** et notices sur
leurs fonctions. Fol. 2 r° : " Anno post Christum natum 15601 [lisez
1601]. Perennis laus et gloria Deo, ter opt. max. Ammeister þuchlein..."
— La liste va jusqu'à l'an 1600 ; d'autres mains ont continué la liste
jusqu'à l'an 1657 ; (à la fin, fol. 79 v°, une suite des noms jusqu'à l'an
1668). — Fol. 11 r° : " Laus Deo semper. Bericht dass ammeister ampt

belangendt... " — Fol. 57 v° : " Hernach volgenn eines ahngehenden vnndt regierendenn Ammeister ordnungen die er schweren soll vnd muss... " — Fol. 79 v°, fin de la liste des " Ammeister "; explicit : " Herr Carlen Eggen, Schneider, 2 mal. " — Sur la feuille de garde (fol. 1 r°) le nom de Heinrich Widt.

xvii° siècle. — Papier. — 200 sur 145 millimètres. — 79 feuillets. — Supplément français, 3169.

**142. Étude de J.-G. Kreyer** sur le droit public du Wurtemberg et sur ses relations avec l'Empire. Titre (fol. A r°) : " Würtenberg nach seiner so äusserlichen als innerlichen Verhältniss, besonders in der Verbindung mit dem H. R. Reich betrachtet, von Johann-Gottlieb Kreyer, Règierungs-rath und geheimen Secretario. Stuttgardt, anno 1758. "

Explicit : " Und alle Unordung, Abgang und Uberfluss abgeschaft und gewendet werden. L. c. p. 350. "

xviii° siècle. — Papier. — 205 sur 160 millimètres. — 708 pages. — Supplément français, 3172.

**143. Règlement sur le droit de succession à Cologne.** Titre (fol. 1 r°) : " Edictum possessorii summarijssimi in Civitate Coloniensi. " — Incipit (fol. 2 r°) : " Resolutio diversarum questionum super sumarijssimo possessorio... " — Explicit (fol. 14 r°) : "... so lang sie keines raumens und weichens verdachtig, verbotten worden. " — Au fol. 1 se lit le nom du possesseur : " J.-A.-A. Föller. "

xvii° siècle. — Papier. — 200 sur 160 millimètres. — 14 feuillets. — Supplément français, 3977.

**144. Ordonnances de la ville de Cologne.** — Incipit (fol. 1 r°) : " Statuta et Concordata der freyen Reichs Statt Cölln... " — Fol. 426 v° (autre main) : " Eines Ersahmen hochweisen Rahts dieser des h. Römischen Reichs freyen Statt Colln im Jahr 1698 den 26ten Septbr. ernewerte Fana scriniorum oder Schrein gebuhrnuss. " — Fol. 433 r° (autre main) : " Extensum summariissimi possessorii civitatis Coloniensis; resolutio. " (Cf. le manuscrit 143). — Explicit (fol. 445) : " alles in vorigen standt verhanden (sic) werden. Finis. "

xvii°-xviii° siècle. — Papier. — 195 sur 160 millimètres. — 445 feuillets. — Supplément français, 3980.

**145. Le " droit de l'empereur Charles ou droit impérial ".** Incipit (fol. 1 r°) : " Dit ist des keysers recht gantz vnd gereicht. Als is der konynck Karl hies machen zo vreden vnd zo nutze aller luden. " — Fol. 13 v°, livre II : " He heuet sich an dat ander boich... " Fol. 53 v°,

livre III : "He geit an dat dritte boich, vnd saget van allen lehen..."
Fol. 65 r⁰ : "He geit an dat veirde boich..." Explicit (fol. 71 r⁰) :
" Explicit liber iste. Et sic est finis " Cf. Schulte, *Lehrbuch d. deutschen
Reichs- und Rechtsgeschichte*, (Stuttgart, 1861) p. 145. Provient de la bibliothèque de C.-O. de Gymnich.

xv⁰ siècle. — Papier. — 250 sur 190 millimètres. — 190 feuillets. — Supplément
français, 3988.

**146. Cours d'archéologie** professé par Heyne, rédigé par Oberlin.
Titre (sur la feuille de garde) : " Cours d'archéologie fait par M. Heyne
et écrit pendant ses leçons par M. Oberlin ". Incipit (fol. 1 r⁰) : "Annotata zur Archæologie. Archæologia, Alterthum... " Explicit (fol.
570 r⁰ : " The baths of the Romans explained and illustrated by
Charles Chameron. London 1772. Ende. "

xviii⁰ siècle. — Papier. — 210 sur 160 millimètres. — 579 feuillets. — Supplément
français, 1847².

**147. Notes de cours et de voyage,** réunies par Charles-Adéodat Ferber,
de Dantzig.

1⁰ Notes de cours sur les relations internationales, le gouvernement
et les ressources des Puissances européennes. Titre (fol. 1 r⁰) : "Collegium historico-heraldicum incoeptum... anno 1716... finitum anno
1717 " (fol. 1-94); fol. 95-96 en blanc.

2⁰ Extraits d'un discours de Gundling sur les États européens. Incipit (fol. 97 1⁰) : "Extract vom discours des hn... Gundlingh über die
Staate von Europa. " (fol. 97-157).

3⁰ Notes de voyage : voyage en Allemagne fait en 1717 (fol. 158);
voyage fait en 1685-1686 (fol. 175); (voyage en Allemagne, Hollande,
Belgique, Angleterre, France, Italie).

4⁰ Notes diverses; adresses de lettres adressées à F.-A. Ferber; minutes de lettres; notes de grammaire italienne et espagnole. Explicit
(fol. 403) : " in pretento habent *i*, ut *subi, subiste,* etc."

xvii⁰-xviii⁰ siècle. — Papier. — 220 sur 170 millimètres. — 403 feuillets. — Supplément français, 424.

**148. Liste des *Ammeister* de Strasbourg,** précédée de notions sur
l'histoire de la ville.— Incipit (fol. 1 r⁰) " Ammeister Buch, das ist, die
Namenn vnnd Zu Namenn aller vnnd yeder Ammeyster, so ihn der
löblichen vnnd freyen Reichs Statt Strassburg, vonn Anno 1333 Jahr,
das Ammeyster Ampt angefangen, gewesen sint... " — Fol. 2-20 r⁰,
notices historiques; fol. 20 v⁰ — 40 r⁰, liste des Ammeister jusqu'à l'an

5*

1574 ; suite de la liste jusqu'à l'an 1586, écrite d'une autre main, fol.
40 r⁰ et v⁰; explicit fol. 40 v⁰ " 4. Herr Michael Lichttenstayger... Anno
1587. Maurer Zunfft. " — Les pages 41-63, préparées pour recevoir la
suite de la liste, sont en blanc.

xvıᵉ siècle. — Papier. — 200 sur 260 millimètres (oblong). — 63 feuillets.

**149. Chronique et description historique du Comté de Wintzenburg.**
Titre (fol. 1 r⁰) : "Chronica undt Historischer (*sic*) Beschreibung der
Uhralten Graffschafft Wintzenburgk. Auss allerhandt alten schrifftli-
chen Uhrkunden... beschrieben durch Joannem Letznerum Hardes-
tiaum. "

Extraits comprenant les chapitres v-vıı du livre I, et les chapitres
ıı-vı du livre II. — Explicit (fol. 22 r⁰) : "Die hat... zweene Söhne,
gezeuget, Petrum und Johan. "

A la fin, note manuscrite qui semble indiquer que le possesseur de
ce manuscrit a possédé également le manuscrit de Grotius (mss. néerlandais de la *Bibl. Nat.* n⁰ 34).

xvıııᵉ siècle. — Papier. — 24 feuillets. — 210 sur 160 millimètres. — Supplément
français.

**150. Recueil de pièces diverses :**
1⁰ Traduction du Voyage de J. de Mandeville en Orient, par Otton de
Dixmeryngen, chanoine de Metz. Incipit (fol. 1) : "Ich Otto von
Dixmeryngen, ein domherre zu Metze in Lotteryngen, han diz büche
verwandelt vz welzsche vnde latin in dütsche... " Fol. 1-10, table.
Fol. 11 r⁰ : "Ich Johan von Mandevil Ritter geboren von Engellant... "
— Fol. 192 r⁰ : Lettre du Prêtre Jean au Roi des Romains et au Pape
("Hie findet man geschriben sten die botschaft... ") — Explicit (fol.
200 r⁰) : "Unde ist vss geschr*iben* worden in dem Jair do man zalte
von gotes gebürte xiiij⁰ jair vnde xviij jair vff sent lucæ dag des heiligen ewangelisten. "
2⁰ Aperçu de l'histoire sainte et de l'histoire universelle jusqu'à
Alexandre. Fol. 202 r⁰ : "Gott im Ewikeit nach siner grossen mil-
tekeit, der wolte ymme selber... " — Fol. 246 : Sur le purgatoire de
Saint-Patrice : "In disem nachgeschriben buch findet man geschriben
sten wo Sancte Pancricius (*sic*) fegefeuer ist... " — Fol. 262 r⁰ : "De
*sancto* Nicolao. " — Fol. 263 r⁰ : "Dis ist Meister Albertus lere. Ein
Meinster hiess Albertus. Der sprach zu syme son alsus... " En vers;
le poème occupe d'abord fol. 263-268; une note renvoie pour la suite
à la fin du manuscrit, fol. 345-356. — Fol. 268 v⁰-269 r⁰, prières en

vers. — Fol. 269 v°-273 r°, quatrains moraux des sages de l'antiquité.
— Fol. 273 r° : " Hie nach stet geschriben wie unsire frauwe lebet... "
(Vie de la Vierge après l'Ascension). — Fol. 277 v°, paraphrase de
l'*Ave Maria* en vers. — Fol. 281 v°, les signes du jugement dernier :
" Die fünftzehen zeichen... " (en vers). — Fol. 292 r° : " Das ist von
den siben Ertzeden " (en vers). — Fol. 303 v° : " Die weltlich Disch-
zuht " (en vers, sur la civilité à table). — Fol. 306 v° : " Die geistlich
disch zuht. " — Fol. 314 v° : " Unser Herre Sprichz in Apocalipsi... "
(méditations sur la Messe, en prose). — Fol. 322 v° : Miracle du voleur
sauvé parce qu'il a dit l'*Ave :* " Man sol eren die syben gezijt ", en
vers. — Fol. 325 r° : Allégorie de la messe, en prose (" Dis sint die
bezeichnunge der heiligen Messen .. ") — Fol. 336 r° : périphrases
d'hymnes à la Vierge (" Ave maris stella... ") Fol. 342 v° : " Dis sint
zwolff Nutze die der Mensch enpheht so er messe horet... " (en prose).
— Fol. 343 v° : " Dis gebet dichtet babst Johannes der zwolfte... " (en
prose). A la fin (fol. 344 r°) : " Dis buch ist geschriben... in dem jare...
virzehn hundert vnd nuntzehen jare off Sant Stephans dag, dez heiligen Babstes vnd Mertelers, als die alt kirch wyhange ist, dez Merren
Stifftes der Stat zu Spir. " — Fol. 345-355 v°, fin du poème de : Maître
Albert (cf. le même manuscrit, fol. 263). — Explicit : " Corin (?) Schriber. Ein gut geselle ".

xv° siècle. — Papier. — 210 sur 140 millimètres. — 263 feuillets. — Supplément
français, 633.

**151.** **Considérations sur la Révolution française.** " Frankreichs Revo-
luzion. Gedanken, Empfindungen, Vermuthungen, aus den Briefen
eines deutschen Gelehrten an seinen Freund... Erste Lieferung. " —
La préface (incipit fol. 2 r°) : " Die im J. 1789 erfolgte Staatsverände-
rung in Frankreich " est datée " mai 1800 " et signée " E. A. P. " —
Explicit (page 399) : " *Hoc solamen miseris,* so tröstet uns die Schule.
Ende des ersten Bandes. " — Pages 401-408 : table.

xviii° siècle. — Papier. — 210 sur 170 millimètres. — 408 feuillets. — Supplément
français, 2101.

**152.** **Histoire de la Révolution française** jusqu'à la chute de Robespierre.
Incipit (fol. 2 r°) : " Geschichte der Franz. Revolution. Nicht blos ein
Thron ist umgestürtzt, nicht blos eine Dinastie gewechselt... " — Ex-
plicit (fol. 41 v°) : " nach der Guillotine geschlept, auf ihm... "
Donné à la Bibliothèque par M. Motteley (8 juin 1842).

xviii° siècle. — Papier. — 240 sur 190 millimètres. — 41 feuillets. — Supplément
français, 4137.

**153. Histoire du Wurtemberg.** Titre : "Historia patriæ, conscripta per semestre æstivum, 1765 ; auctor Herr Geheimer Rath R." — Incipit (page 3) : "Geschichte von Württemberg. Der Ursprung dieses Hauses ist etwas dunkel... " La chronique s'arrête au 11 février 1749. Explicit (page 188) : "weil die Lehens qualität.bey Bilancirung der Güter nicht in Anschlag gekommen."

Provient de la bibliothèque du président Saron.

xviiie siècle. — Papier. — 205 sur 170 millimètres. — 188 pages. — Supplément français, 3173.

**154. Chronique générale,** avec détails particuliers sur la Suisse, de 630 à 1653. Incipit (fol. 1 r°) : "Etlichs denckwürdige Historien." — Explicit (fol. 33 r°) : "Haben die Bernischen, Lucernischen vnd anderer orthen der Eidtgenosschaft Underthanen, sich wider Ihre Herren und Oberen erhebt." — Fol. 34-40, notes sur des affaires de famille, d'une autre main. — Fol. 46-53, formules de serment.

xviie siècle. — Papier. — 200 sur 160 millimètres. — 53 feuillets. — Supplément français, 3336.

**155. 1° Chronique de Cologne,** en vers, depuis les origines jusqu'à l'an 1270 par Gottfried Hagen. (Fol. 1-180 r°). — Incipit (fol. 1 r°) : Dijt is dat boich von der Stede-Coelen. Dich ewige Got von Hemelreich... " Explicit (fol. 179 v°) : "na Godes geburt dusent iair Zwey hundert ind zeuentzych dat ist wair. Meister Godefrit Hagene maichde mich alleine nu biddet syner Selen gudes gemeine. Amen. Amen. Amen. Amen. " Publié dans la collection *die Chroniken der deutschen Städte — Cöln,* I, p. 22-200.

**2° Relation du tumulte des tisserands,** en 1369-71 ; en vers ; titre, fol. 180 v° : "die Weuerslaicht." — Explicit (fol. 195 v°) : "die al dink zu den besten keirt." Publié dans la même collection, I, p. 243-257.

xvie siècle. — Papier. — 190 sur 155 millim. — 195 feuillets. — Supplément français, 3978.

**156. Récit de l'affaire soulevée dans l'électorat de Cologne** et particulièrement en Westphalie par Gebhard Truchsess, archevêque déposé de Cologne. Incipit fol. 1 r° : "Grundtlicher Undt Warhaffter bericht von Gebhardten Truchsess, gewesenen vnd abgesetzten Ertzbischoffen zu Colln, sonderlich in Westphalen, angerichter hochstbeschwerlicher Trennung... " — Fol. 1-234 r°, récit historique; fol. 234 v° à la fin, pièces justificatives, numérotées A-GG. Explicit fol. 317 v° : " Philips Wulff, Gerdt Pertling und anderer."

xvııı⁰ siècle. — Papier. — 200 sur 150 millim. — 317 feuillets. — Supplément français, 3979.

**157. Manuel de géographie générale,** par le baron Maximilien de Schurff. Titre : " Geographische Welt Beschreibung... durch sonderbaren Fleiss... des weiland... Herrn Maximilien Freyherren von Schurff... zusammen gesucht... Wildenwart in Nider Bayern, anno 1748. "

xvıııᵉ siècle. — Papier. — 200 sur 150 millim. — 322 pages. — Supplément français, 3987.

**158. Catalogue d'une collection de mappemondes** et de cartes géographiques. Titre (fol. 1 r⁰) : " Charten ". — Explicit (fol. 48 r⁰) : " Americana. Vischer. " — L'ancienne reliure en veau porte sur le plat l'inscription : " Land-Charten. " — Provient de la même collection que les nᵒˢ 169, 170, 180, 315.

xvıııᵉ siècle. — Papier. — 190 sur 115 millim. — 48 feuillets. — Supplément français, 3992.

**159. 1⁰ Description du compas** de Fabrizio Mordenti de Salermo, traduit de l'italien. Incipit : " Beschreibung des Passers Fabricii Mordenti von Salermo..., aus dem Italianischen in Deutsch vertirt. Prag. Geschrieben zu Berlin, Anno 1616. " (figures dans le texte).

2⁰ Le même ouvrage traduit d'allemand en latin ; (fol. 59 r⁰) : " Circini Fabricii Mordenti Salermonensis descriptio, ex Germanico idimate in Latinum translata, anno 1624. " (fig.)

3⁰ **Note, en latin, sur le compas de Mordenti.** Incipit (fol. 106 r⁰) : " Kurtzer Unterricht wie der vielspitzige proportional Circkel zu gebrauchen sey. " (figures).

xvııᵉ siècle. — Papier. — 225 sur 170 millimètres. — 144 feuillets. — Supplément français, 3937⁴⁴. — (Colbert 3945).

**160. Traités d'astrologie :**

1⁰ (fol. 1 r⁰) : " Populus daz cumpt vss II populus... "

2⁰ (fol. 38 r⁰) : " Hic hebt sich an die vrteil des horoscopus... " Fol. 176-187, blancs ; fol. 188 r⁰ (même main que la partie précédente) : " Von der Geomancia ". — Fol. 236 r⁰ : " Almandel Salomonis. " — Fol. 245 v⁰ : " Explicit sanctis Almandel Salomonis. 1500 et ceter. "

3⁰ Notes diverses (fol. 247 r⁰).

xvıᵉ siècle. — Papier. — 210 sur 150 millim. — 249 feuillets. — Supplément français 8147.

**161. Traité de médecine.** Titre (fol. A) : " Belehrung und Zurechtweisung in der Materia medica für angehende Aerlzte. " — Pp. 1-437, texte; pp. 438-446, en blanc; pp. 447-456, table. — Notes médicales diverses, pp. 459-476.

xvIII° siècle. — Papier. — 205 sur 165 millim. — 476 pages. — Supplément français, 3078.

**162. Traités de médecine et d'obstétrique.**

1° Traduction du traité " *de secretis mulierum* " attribué à Albert le Grand. Fol. A-C, table (incipit : " Das Register dises gegenwertigen buches volget her nach etc. ") — Fol. 2 r° : " Dyetz buch wirt getailt yn zwey Stuck…"

2° Traduction des Problèmes d'Aristote (fol. 149 v°) : " Proleumata [*sic*] Aristotiles Teutsch " — Explicit (fol. 198 v°) : " vnnd sollen die schinbain damit reyben. So wirt yn geholffenn. "

Sur la feuille de garde : " Oberlin, 1784. "

xv° siècle. — Papier. — 210 sur 160 millim. — 198 feuillets. — Supplément français, 3129. — Reliure ancienne.

**163. Traité de médecine de maître Ortolff de Wirtzburg.** Incipit (fol. 1 r°) : " Maister Ortolff von Witzburg — Der ewig got, spricht Salomon in der prophecey… " Fol. 7 r° : " Hie hebt sich von dem harme. Isaac Kunigs Salomonis sun machet ein puech…" écourté (voy. fol. 7 v°) : " von dem harme… ich hie nit schreib, sonder du vintz dauon in dem buch *Regimen sanitatis*…. " Fol. 48 v° (la foliotation ancienne cesse) " Incipit processus medici ad vulneratum…" — Fol. 59 r° : " Nota de paralisi…" — Fol. 61 r° sur les maladies et l'hygiène des enfants : " Wan nach ansehen göttlicher und menschlicher ordnung…" — Fol. 82 r°, traduction du traité *de Secretis mulierum* (fol. 82 v°) : " Dem aller liebsten in got meinem gesellen Teodorico…" — Explicit (fol. 89 r°) : " das ist ein wars zeichen gross vngesuntz des kintz vnd auch ir selbz…"

xv° siècle. — Papier. — 260 sur 180 millim. — 89 feuillets. — Supplément français, 3168.

**164. Divers traités de médecine :**

1° Table, incipit : " Hie hebt sich an das Register des Nachuolgenden artzneibuchs…" (correspond à fol. 1-74).

2° Traité d'Ortolff de Bavière, fol. 1-90, correspondant aux fol. 1-48 du manuscrit précédent; mais la rédaction est différente; le traité des urines (fol. 12 r° ss.) est complet.

3° (Fol. 90 v°) : " Hie hebt sich an des maisters Ortolffi aus Bayrland… Wie sich der mensch in den zwelff monaten des iars regiren soll… " — (fol. 174, fin de la foliotation ancienne).

4° (Fol. 174 v°-198 r°), liste des plantes, en latin, avec traduction allemande partielle.

5° Fol. 200-306, recettes diverses.

xvi⁰ siècle. — Papier. — 220 sur 150 millimètres. — 306 feuillets. — Supplément français, 3327.

**165**. **Notices diverses sur l'artillerie**, la chimie, la fabrication monétaire, la métallurgie, etc. — Incipit (fol. 2 r°) : "12 frage de eynen bussen meyster van noden syn to weten, edder, yder, de mit bussen handelen edder vmmegaen wyl. " — A la fin de la première partie fol. 47 v° : "Geschreuen ihnn dem Jare 1534, den elffuen dach vs merzen dorch Magister Johannes Arsloch... " — Fol. 113 r° : "Mester Jost to Kornborg." — Explicit (fol. 126 r°) : " vnde gebachen, vnde alle holl synde. " — Fol. 127-133, notice, en français. — Fol. 121 r°, 122 r°, figures.

xvi⁰ siècle. — Papier. — 210 sur 150 millimètres. — 133 feuillets. — Reg. H. I.

**166. Traité des feux d'artifice.** Incipit (fol. A r°) : " Eigentliche vnd gewisse Satz zu Aller ley... Feurwerck, im Jahr alz man zalt 1636. " — Fol. 1 r° et v°, 3 r°, 4 v°, 8 v°, 10 r°, 11 r°, figures. — Fol. 13 r° à la fin (mains diverses) notes sur l'artillerie, les bombes, etc. — Explicit (fol. 29 v°) : " Oder zum theil under die leger geschossen. "

xvii⁰ siècle. — Papier. — 160 sur 100 millimètres. — 29 feuillets. — Reg. 530.

**167. Réglement d'exercices pour la cavalerie impériale et royale.** Titre : " Exercier Regulament für Gesambte Kays. Königl. Cavallerie Regimenter. " — Incipit (page 1) : " Titulus primus von dem exercitio zu Pferd. " — Explicit (p. 294) : " bey denen Houssarn es Kalpack oder Csakohauben, und Sabel heissen solle. " — Pp. 295-298, table.

Provient de la bibliothèque du baron de Gymnich, 1769.

xviii⁰ siècle. — Papier. — 200 sur 120 millimètres. — 298 pages. — Supplément français, 3130.

**169. Catalogue d'une collection de gravures.** Incipit (fol. 1 r°) : " Kupferstiche. " — Explicit (fol. 6 v°) : " 54. Nunc dimitte servum tuum, Domine, secundum verbum tuum in pace. "

Le plat de la reliure porte : " Kupferstiche u. privata. " — Provient de la même collection que le n° 158.

xviii⁰ siècle. — Papier. — 185 sur 115 millimètres. — 6 feuillets. — Supplément français, 3975.

**170.** **Catalogue d'une collection de plans de villes fortifiées,** rangées par ordre alphabétique. — Incipit (fol. 1 r°) : " A. Abbeville. " — Explicit, fol. 32 ; " Ziegenhain. Deutschl. "

Le plat de la reliure porte : " Copirte Fortifications Plans. " — Provient de la même collection que le numéro précédent.

xviiᵉ siècle. — Papier. — 185 sur 115 millimètres. — 32 feuillets. — Supplément français, 3976.

**171.** **Réglement des exercices de l'infanterie dans l'armée impériale et royale.** Titre (fol. A r°) : " Gründliche Unterrichtung über das von Ihro Kayserl. Konigl. Majestät allergnädigst neu verordnetes Kriegs Exercitium, für gesamte lobl. Infanterie Regimenter. " Divisé en deux parties, chacune avec pagination spéciale : 1-132, 1-170. — Pp. 171-199, notes et plans de manœuvres.

xviiiᵉ siècle. — Papier. — 195 sur 150 millimètres. — 331 pages. — Supplément français, 3981.

**172.** **Réglement d'exercice des troupes d'infanterie de l'électeur de Mayence.** Titre (page 1) : " Regulament und ordnung des gesamten Chur-Maynzischen Fuss-volcks. Erster Theil. Maynz, den 19ᵗᵉⁿ octobris 1765. " — Pp. 333-357, musique et figures.

xviiiᵉ siècle. — Papier. — 200 sur 155 millimètres. — 357 pages. — Supplément français, 3982.

**173.** **Manuel pour la confection des poudres et des feux d'artifice** et pour l'essai des bouches à feu. Titre (fol. 1 r°) : " Feürwerffers Kunst unndt Büchsenmeysterey... 1616. " — Titre orné et enluminé ; nombreuses figures. — Fol. 254 : " Volgen etliche Speiss und Sätz zu allerhand schimpfliches und auch ernstliches Feuerwerckes zu gebrauchen. " (Recettes chimiques). — Fol. 270-273, table.

Sur la feuille de garde : " Hunc librum nobilissimo doctissimoque Domino Doctori Georgio Kastio... dono dedit Carolus Spielmannus, 5 die Augusti, anno 1661. " — La reliure ancienne, gaufrée, est datée de 1620.

xviiᵉ siècle. — Papier. — 245 sur 180 millimètres. — 273 feuillets. — Supplément français, 3983.

**174-177.** **Journal et ordres du jour d'un régiment de cavalerie** stationné en Hongrie, du 27 mars 1771 au 3 juin 1772 (tome I); du 7 juin 1772 au 27 septembre 1773 (tome II); du 18 octobre 1773 au 11 décembre 1775 (tome III); du 6 janvier 1776 au 17 janvier 1778 (tome IV).

xviiiᵉ siècle. — Papier. — 210 sur 170 millimètres (t. I, II), 230 sur 180 (t. III), 235 sur 190 (tome IV). — 76-90-179-160 feuillets. — Supplément français, 3984 (1-4).

**178. Réglement pour la cavalerie impériale et royale.** Titre : " Regle-
ment für die sammentlich kayserlich- königliche Cavallerie ", en 6
parties. Explicit (p. 507) : " Wien, d. im ein Tausend Sieben hundert
fünf und sechzigsten Jahr. " — Pp. 509-510, table.

xviiiᵉ siècle. — Papier. — 240 sur 190 millimètres. — 510 pages. — Supplément
français, 3985.

**179. Traité de tactique.** Titre (fol. A) : " Abhandlung über die Tactic
und allen üblich militairischen exercitiis, abgefasset zum nützlichen
Gebrauch, deren sich sowohl Staabs als andere Officiers zu bedienen
haben. " Explicit, p. 234 : " auf welchen sich das Bataillon herum
drehet, vide fig. 57. " Suivi de 6 plans de figures théoriques. — L'ouvrage est divisé en deux parties : 1º instruction des recrues (pp. 1-42) ;
2º évolutions (p. 43 à la fin).

xviiiᵉ siècle. — Papier. — 180 sur 110 millimètres. — 234 pages et plans. Supplément français, 3990.

**180. Catalogue d'une collection de dessins relatifs à l'artillerie, aux
feux d'artifice et aux machines de guerre.** Fol. 1 rº : " Artillerie
Risse. " — Explicit fol. 40 vº : " for the solemnization of the general
peace. " — La reliure porte sur le plat : " Artillerie Risse. Krubsa-
ciussil. [sic] Risse. Wuntschische Risse. Feuerwercks u. Illuminations
Risse. " — Cf. nº 158.

xviiiᵉ siècle. — Papier. — 180 sur 115 millimètres. — 41 feuillets. — Supplément
français, 3991.

**181. Traité de l'hygiène du cheval et de l'équitation.** Incipit (fol. 1 rº) :
" Es ist ausser allen zweiffel gesetzet, dass unter denen vierfüszigen
zahmen Thieren... " Fol. 1-25, traité de l'hygiène et des propriétés du
cheval ; fol. 25 vº à la fin, termes d'équitation (en français), empruntés
au " Dictionnaire de l'homme d'épée " traduits en allemand. Explicit
(fol. 78 vº) : " auch kein gewisses Zeichen an seinen Haaren hat. "
Fol. 16, figures relatives à la dentition du cheval.

xviiiᵉ siècle. — Papier. — 205 sur 170 millimètres. — 78 feuillets. — Supplément
français, 3994.

**182. Réglement militaire prussien.** Titre (sur le dos du volume) :
" Preussisches Kriegs-Reglement und observationes. " Incipit (fol.
1 rº) : " Articul I. Observationes wie es bey und mit Schlagung der
Reveille gehalten werden soll. " — Explicit (fol. 180 bis) : dieser aber
es so denn dem successori wieder einzuhändigen hat. "

xviiie siècle. — Papier. — 200 sur 170 millimètres. — 180 feuillets. — Supplément français, 3995.

**183. Explication du réglement d'exercices de la cavalerie** [prussienne?] publié en 1749 : " Erlevtherung uber das anno 1749 herausgegebene Exercitum für sammtliche Courassier- und Dragoner-Regimenter. " — P. 279, table des chapitres. — P. 283, à la fin, table des signaux de la cavalerie. — Explicit (p. 316) : " bey exercirung aber vor einem Höheren muss alles gantz still seyn. "

xviiie siècle. — Papier. — 230 sur 190 millimètres. — 316 pages. — Supplément français, 3996.

**184. Documents sur la répartition et l'administration de l'armée élec-torale saxonne**, 1753 à 1754. Incipit (fol. 1 rº) : " Verzeichniss desjenigen was in diesem Bande befindlich ist... " — Fol. 3 rº : " Verpflegung des Koeniglich-Pohlnisch- und Chur-Furstlich-Sächsischen Militair-États, pro Anno 1754. " — Explicit (fol. 132 rº) : " Wie es mit Anpfassung der Leibes- Mundur und bey abgang der Pferde gehalten wird, ist hier nicht bekannt. "

xviiie siècle. — Papier. — 190 sur 135 millimètres. — 132 feuillets. — Supplément français, 3997.

**185. État et solde d'un régiment d'infanterie** [saxonne]. Incipit (fol. 1 rº) : " Eines Regiments Infanterie Bestand und Unterhaltung. " Fol. 9 vº : " datum Dresden den... september 1742. " Fol. 10-29, tableaux annexes. Explicit (fol. 29 rº) : " Sind biss dato 360 Decken bey einem Regiment Infanterie vorhanden. "

xviiie siècle. — Papier. — 220 sur 150 millimètres. — 29 feuillets. — Supplément français, 4218.

**186. Règlement des hussards prussiens.** Fol. 1 rº : " Sr. König. Mait. in Preussen und Churfüstl. Durch. in Brandenburg Hussaren Regle-ment." Expl. (fol. 54 rº) : " so soll der Officier welcher den Stock gebrauchet hat, infam cassiret seyn. "

xviiie siècle. — Papier. — 200 sur 160 millimètres. — 54 feuillets. — Supplément français, 4219.

**187. Premiers principes de la tactique.** Incipit (fol. A rº) : " Erste Grundsätze der Tactique. " Divisé en 8 articles. Expl. (p. 143) : " die gehörrige Distanz der halben fronten länge wieder nehmen könne " — Suivi de 8 planches (pp. 145-160).

xviiie siècle. — Papier. — 200 sur 150 millim. — 160 pages. — Supplément fran-çais, 4220.

**188. Traité de tactique**, par Jean-Philippe Rebaur. — Dédicace signée du 24 juin 1759. Fol. 1, 44 bis, 72 bis, 78 bis, 80 bis, 90 bis, figures. — Explicit (fol. 95 r°) : " wenn sie mit ihren rechten an der linken Flügel der 3ten gekommen. Fig. N. fol. 91. "

xviiie siècle. — Papier. — 165 sur 210 millim. — 95 + 10 feuillets. — Supplément français, 4221.

**189. Règlement pour l'État-Major de Quartier-Maître-Général** et pour l'État-Major Général des armées autrichiennes, signé par Marie-Thérèse, 1er sept. 1769. — Titre : " Generals-Reglement. " — Incipit (fol. 1 v°) : " Wir Maria-Theresia... " — Explicit (fol. 317 r°) : " Maria Theresia. L. S. — Moritz Graf von Lascy. — Von der Marck. "

xviiie siècle. — Papier. — 317 feuillets. — 205 sur 160 millimètres. — Supplément français, 4587.

**190. Remarques sur les exercices de l'armée autrichienne**, 1768-1783 (lacunes pour certaines années). — Incipit (fol. A r°) : " Lager Anmerkungen der Jahre 1768, 1769 und 1770. " — Explicit (fol. 314 v°) : " hievor die Erofnung zu machen. "

xviiie siècle. — Papier. — 190 sur 110 millimètres. — 314 feuillets. — Supplément français, 5505.

**191. Traduction des Pensées sur la Religion Naturelle de Blount.** — Titre : " Blounts Gedancken von der natürlichen Religion. " — Incipit (p. 1) : " A. P. Die natürl. Religion ist der Glaube, so wir haben an ein einziges intellectuales Wesen... " — Explicit (p. 112) : " Da hingegen die invention vom *Millenario* alle dieses sauvirt. Finis. "

xviiie siècle. — Papier. — 210 sur 150 millimètres. — 112 pages. — Supplément français, 572.

**192-204. Recueil de lettres adressées à Oberlin.** — Les lettres sont classées d'après l'ordre alphabétique des noms des auteurs.

Tome I (**192**). — **A — Ble.** — Abt (Martin) : 11 août 1782 (1 lettre). — Achard (de Marseille) : 27 thermidor an 6, 30 frimaire an 6, 27 août 1807 (3 lettres). — Adlerberger (Gustave d') : 28 novembre 1782 (1 lettre). — Alibert (s. d.) (1 lettre). — Alioz : 1 août 1788. 30 septembre 1789 (2 lettres). — Allsner (d') : 10 mars 1805 (1 lettre). — Alz-Preuschen, 2 mai 1797, 15 mai 1800, 5 août 1800, 4 août 1801 (4 lettres). — Amaduzzi (J. C.) : postridie nonas Januarii, 1776, III kal. Aprilis 1776, kalendis iunii 1782, kalendas sextiles 1774, XIII kal. junii 1777, IV kal. novemb. 1788, kal. novembris 1787 (7 lettres). — Andlau (d') : 30 novembre 1778 (1 lettre). — Andrée (Sophie, Vve) : 11 thermidor

an 12, 1ᵉʳ vendémiaire an 13, 19 septembre 1805, 5 prairial an 13,
21 prairial an 13, 27 prairial an 13, 4 thermidor an 13, 17 thermidor
an 13, 5 octobre 1805, 16 mai 1806, 5 juillet 1806, 24 septembre 1806
(12 lettres). — ANDRÉ-CARCY, à Vic : 2 nivose an 7, 14 pluviose
an 7, ... an 7 (date déchirée), ... germinal an 7 (date effacée) (4 lettres).
— ANDREOSSY (général) : 27 nivôse an 10 (1 lettre). — ANDRIEUX
(de Strasbourg) : 2 et 3 compl. an 13 (2 lettres). — ANNONE (D') :
20 juillet 1782, 9 janvier 1791, 19 juin 1797, 10 février 1798, 28 septembre 1798, 7 septembre 1799 (6 lettres). — ANSSE (D') DE VILLOISON : 17
mai 1773, 20 décembre 1773, 29 décembre 1773, 14 février 1774, 8 mars
1774, 20 avril 1774, 31 mars 1774, 15 juin 1774, 8 juillet 1774, 1ᵉʳ août
1774, 26 août 1774, 25 septembre 1774, 1 octobre 1774, 4 novembre 1774,
1774 (? sans date), 16 janvier 1775, 12 août 1775, 4 septembre 1775,
19 septembre 1775, 11 octobre 1775, 3 novembre 1775, 18 novembre 1775,
23 janvier 1776, 3 mars 1776, 13 octobre 1776, 8 novembre 1776, 2 février 1777, 5 mai 1777, 22 mai 1777, 13 octobre 1777, 11 décembre 1777,
9 janvier (?) 1778, 3 août 1778, 1ᵉʳ juillet 1778, 5 avril 1779, 15 juillet 1781,
26 juillet 1781, 16 février 1783, 19 avril 1783, 4 juin 1788, 18 juillet 1788,
3 septembre 1788, 17 décembre 1788, 4 mai 1789, 14 octobre 1789, 21
juin 1790, lettre sans date, 23 novembre 1790 (?), 4 lettres sans date,
12 mai 1775, 17 juin 1792, 6 lettres sans date, 3 germinal an 13, 16 août
1804, 8 février 1804, 1 lettre sans date, copie d'une lettre de D. CEILLIER,
15 décembre 1753 (66 lettres). — ANTIGNY (bᵒⁿ D') : 6 mai 1773, 23 octobre 1773, 28 février 1774 (?), 12 juin 1776, 2 août 1776, 3 janvier 1778,
12 février 1778, 28 septembre 1778, 3 juillet 1779, 9 janvier 1781, 13
avril 1782, 20 mai 1783, 4 octobre 1786 (13 lettres). — ANVILLE (D') :
13 janvier 1776, 17 août 1776 (2 lettres). — ARGOT (D') : 13 septembre
1805. — ARNOLD, ingénieur : 9 vendémiaire an 11, 22 nivôse an 12,
13 pluviose an 12, 2 thermidor an 12 (4 lettres). — ARETIN (de Munich) : juin 1806 (1 lettre). — ANSBACHER : 13 juillet 1786, 7 août 1786
(2 lettres). — ASMUS, 17 septembre 1792 (1 lettre). — AYME (D') : 12 septembre 1781, 20 octobre 1782, 3 novembre 1782, 25 novembre 1782
(4 lettres). — BARBÉ MARBOIS : 30 germinal an 4 (1 lettre). — BARDILLI
(de Stuttgart) : 16 septembre 1791, 1 janvier 1792, 1 septembre 1800,
3 mai 1805 (4 lettres). — BARDON DU HAMEL : 1ᵉʳ complémentaire an 9
(1 lettre). — BARTH (J.-A.) : 26 août 1806, 18 septembre 1807 (2 lettres).
— BARTHOLDI : 22 frimaire an 12, 15 brumaire an 12 (2 lettres). —
BASILEVITSCH (Grég.) : 24 sept. 1792, 27 octobre 1792, 2 décembre 1792,
5 janvier 1793, 12 février 1793 (5 lettres). — BASSET (abbé) : 24 décem-

bre 1774 (1 lettre). — BAST : 1 lettre sans date. — BAUDOT : 24 janvier,
15 mars, 9 novembre 1776, 30 août, 18 novembre 1777, 13 janvier 1777
(6 lettres). — BAUER et TREUTTEL : 28 mai 1779 (1 lettre). — BAÜMEN :
5 mars, 6 avril 1768. — BAYEUX : 27 août, 20 octobre 1789, 2 décembre
(1789 ?) (3 lettres). — BEAURAIN (Ch{ier} de) : 9 novembre 1780. — BECKER
(de Bâle) : 27 octobre 1778 (1 lettre). — BECKER (de Strasbourg) : 31 mars
1779. — BELCHAMP (DE) D'ARGENT : 19 janvier 1780, 2 mai 1780, 20 août
1780, 17 décembre 1780, 29 décembre 1780, 26 février 1781, 14 août 1781,
4 avril 1782, 20 avril 1782, 30 avril 1782, 19 octobre 1782, 3 janvier 1783,
1 lettre sans date (13 lettres). — BELDERBUSCH (CHR.) : 17 décembre
1783, 8 février 1784 (2 lettres). — BERDOT (de Montbéliard) : 13 septembre 1793. — BEREFOLD : 10 avril 1791 (1 lettre). — BERENFELS (DE) : 21
mai 1767 (1 lettre). — BERNADOU : an 3 (1 lettre). — BERNHOLD : 19 octobre 1784, 21 mai 1785, 4 novembre 1785, 1 décembre 1785, 13 juin 1786,
29 juillet 1786 (6 lettres). — BERNOUILLI (JEAN) : 9 septembre 1780 ; 20
avril 1781 ; 19 janvier 1782 ; 23 décembre 1783 ; 2 novembre 1784 ; 16
mai 1788 ; 23 novembre 1788 ; 19 avril 1790 (8 lettres). — BERNOUILLI
(D., de Bâle) : 23 mai 1788 (1 lettre). — BERNOUILLI (JACOB) : 7 février
1781, 30 avril 1782, 23 août 1783, 4 mars (?) (5 lettres). — BERTRAND :
20 brumaire an 4 (1 lettre). — BETULIUS : 2 février 1788 ; 12 décembre
1788 ; 27 novembre 1788 ; 19 janvier 1789 ; 26 avril 1789 ; 8 juin 1789 ;
6 juillet 1789 ; 21 juillet 1789 ; 30 novembre 1789 ; 19 janvier 1790 ; 21
juin 1790 ; 20 septembre 1790 ; 21 février 1791 ; 22 août 1791 (14 lettres).
— BEURNIER (C.) : 24 juillet 1792 (1 lettre). — BIANCHI : 10 août 1773 ;
12 juin 1774 ; 28 juillet 1774 ; 1er août 1775 ; 1 lettre sans date (5 lettres).
— HENNOT-BIGNON (Mme DE) : 17 octobre 1786 (1 lettre). — BILLING
(SIGMUND, de Colmar) : 18 février 1774 ; 3 juillet 1774 ; 27 août 1774 ;
13 juillet 1781 ; 7 juillet 1783 ; 24 décembre 1783 ; 29 décembre 1786 ;
28 octobre 1787 ; 16 février 1787 ; 11 avril 1789 ; 11 mai 1789 ; 7 juin 1789 ;
23 juin 1789 ; 10 juillet 1795 ; 25 juin 1796 (15 lettres). — BINDER : 28
mars 1769, 10 avril 1769, 3 mai 1769, 17 mai 1769 (4 lettres). — BIND-
HEIM : 12 octobre 1802 ; 25 janvier 1803 ; ..... 1803 ; 22 novembre 1803 ;
18 février 1804 ; 4 août 1804 ; 8 septembre 1804 ; 28 mai 1805 ; 1 juin 1805 ;
15 juillet 1805 ; 31 août 1805 ; 5 octobre 1805 ; 9 novembre 1805 (13 lettres). — BINNINGER : 3 id. julii 1763 ; 6 id. junii 1763 ; idib. octob. 1756 ;
postr. non. julii 1767 ; 5 mai 1770 ; 29 janvier 1772 ; 21 février 1772 ;
14 mars 1772 ; 26 avril 1772 ; 13 mai 1772 ; 8 août 1772 ; 15 mai 1773 ;
11 juin 1773 ; 16 juillet 1773 ; 12 janvier 1774 ; 17 septembre 1774 ;
30 novembre 1774 ; 2 novembre 1774 ; 25 février 1775 ; 25 mars 1775 ;

11 avril 1777, 27 avril 1777. — Blancherie (De La) : 15 août 1774, 11 décembre 1774, 8 janvier 1775, 9 février 1775, 26 mars 1775, 21 décembre 1775, 27 février 1776, 21 mars 1776, 1 août 1776, 3 août 1776, 17 août 1776, 18 août 1776, 15 février 1777, 14 février 1778, 23 février 1778, 17 mars 1778, 27 mai 1778, 19 mars 1779, 18 novembre 1779, 14 janvier 1780, 24 juillet 1781, 24 janvier 1782, 25 juillet 1783, 26 septembre 1785 (24 lettres). — Bland Burges : 15 janvier 1778, 5 février 1778, 6 février 1778, 10 mars 1778 (4 lettres). — Blasi (Salvadore Mᵃ Di) : 28 décembre 1775, 20 août 1776, VIII idus julii 1778. — Blessig : 19 décembre 1772, 9 mars 1773, 30 septembre 1773, 25 août 1774, 6 mars 1775 (5 lettres).

Tome II (**193**). — **Ble — Cuv.** — Bloechet : 17 frimaire an 12, 11 ventôse an 12 (2 lettres). — Blonay (Graffenried baron de) : 29 mars 1774, 5 février (?) ; 10 octobre 1775; 20 septembre (?) ; 25 octobre (?) ; 20 décembre (?) ; 10 novembre 1779 (7 lettres). — Blumenfeld : 1 lettre sans date. — Bodmann : 4 brumaire an 8; 1 lettre sans date ; 29 pluviôse an 8; 20 germinal an 8; 29 brumaire an 9; 10 nivôse an 9; 25 messidor an 9; 20 messidor an 9 ; 9 thermidor an 9; 23 thermidor an 9; 1ᵉʳ complém. an 9; 5 fructidor an 9; 15 fructidor an 9; 14 vendémiaire an 10; 18 vendémiaire an 10; 9 frimaire an 10; 18 frimaire an 10; 8 pluviôse an 10; 5 germinal an 10; 21 germinal an 10; 5 floréal an 10; 15 floréal an 10; 18 prairial an 10; 29 thermidor an 10; 27 nivôse an 11; 29 floréal an 11 ; 13 messidor an 11 ; 5 nivôse an 12; 4 pluviôse an 12; 27 pluviôse an 12; 22 vendémiaire an 12; 9 floréal an 12; 5 messidor an 12; 16 messidor an 12; 7 thermidor an 12; 27 thermidor an 12; 16 frimaire an 12; 4 vendémiaire an 13; 2 nivôse an 13; 1 pluviôse an 13; 28 floréal an 13; 13 prairial an 13; 29 prairial an 13 ; 4 messidor an 13; 21 messidor an 13; 24 messidor an 13; 17 fructidor an 13; 13 vendémiaire an 14; 7 frimaire an 14; 12 vendémiaire an (?) ; 6 juin 1802; 6 novembre 1802; 19 septembre 1805; 6 janvier 1806 ; 10 mars 1806; 26 mars 1806; 4 avril 1806; 31 mai 1806; 2 septembre 1806 (59 lettres, puis notes diverses, dessins d'antiquités et d'inscriptions). — Boegner : 28 février 1781 (1 lettre). — Boehmer (G.) : 22 floréal an 3 (1 lettre). — Boecler : 15 septembre 1779, 3 mai 1780 (2 lettres). — Boethius (Daniel) : 27 novembre 1785 (1 lettre). — Bojanus : 22 janvier 1792 (1 lettre). — Boll (Joh. Élias) : 29 janvier 1773 (1 lettre). — Bond (W.) : 4 lettres sans date : 22 août 1774 ; 9 février 1775 (6 lettres). — Borda : 8 vendémiaire an 14 (1 lettre). — Borgia (Cardinal Stefano) : 5 septembre 1782 ; VII idus septembris 1788; 13 juin 179. ; VII id. octobr. 1802 (4 lettres). — Bottin : 7 vendémiaire an 14 (1 lettre). — BOURGEOIS-ROCHEREUIL : 29 décembre 1789 (1 lettre). — BOURNONVILLE (BEAUVAL veuve DE) : 21 novembre 1779 ; 19 janvier 1780 ; 15 mai 1780 ; 29 août 1780 ; 5 janvier 1782 (5 lettres). — BOUTTATZ : 1 lettre sans date ; 3 pluviose an 7 ; 2 thermidor (an ?) (3 lettres). — BRACKENHOFFER : non. calend. nov. 1768 (1 lettre). — BREGARD : 15 novembre 1797 (1 lettre). — BREITKOPF : 8 juillet 1779 (1 lettre). — BRICK : 27 mai 1767 ; 23 décembre 1772 ; 20 juin 1772 ; 12 août 1772 ; 4 octobre 1772 ; 2 mai 1774 ; 6 juillet 1774 ; 30 mai 1777 ; 2 janvier 1787 ; 4 janvier 1787 (5 lettres). — BRÖNNER : 30 juillet 1781 ; 16 novembre 1781 ; 15 octobre 1781 ; 25 décembre 1781 (4 lettres). — BRUNIN : 23 août (1 lettre). — BRUNNER : 25 pluviôse an 3 ; 11 floréal an 3 (2 lettres). — BRUNS (PAUL JACOB) : 20 juin 1767 ; 28 août 1767 ; 1 lettre sans date ; 11 mars 1770 ; 17 juin 1776 ; 13 avril 1777 ; 1 lettre sans date ; 24 février 1774 ; 21 juillet 1788 ; 14 octobre 1776 ; 22 sept. 1788 (11 lettres). — BUBENHOFFER : 6 juillet 1778 (1 lettre). — BUCHENRÖDER : 28 décembre 1775 (1 lettre). — BUCHHOLTZ : 21 juin 1785 ; 4 octobre (?) 1785 ; 14 décembre 1785 ; 16 janvier 1786 ; 24 janvier 1786 ; 27 novembre 1787 ; 23 juillet 1788 ; 4 mars 1789 ; 16 mars 1792 ; 29 octobre 1792 ; 5 décembre 1792 ; 12 mars 1793 ; 30 août 1793 ; 17 septembre 1793 ; 8 messidor an 3 ; 6 thermidor an 3 (16 lettres). — BUHLE : 11 juillet 1792 (1 lettre). — BUISSON : 26 décembre 1790 ; 22 janvier 1791 ; 12 février 1791 ; 14 prairial an 7 (4 lettres). — BULLAR : 17 juin (sans année) (1 lettre). — BULLOTTE : 17 avril 1778 (1 lettre). — BURGER : note (sans date) ; lettre du 16 nivôse an 3 ; 4 pluviôse an 3 ; 18 pluviôse an 3 ; 21 pluviôse an 3 ; 20 ventôse an 3 (6 pièces). — BURGSDORFF : 1 billet sans date. — BUTENSCHOEN : 20 pluviôse an 8 ; 15 ventôse an 8 ; 12 pluviôse an 9 ; 17 prairial an 9 (4 lettres). — CAIRE : 6 novembre 1786 (1 lettre). — CAIROL (JEAN DE), de Medaillan : 3 février 1771 ; 28 février 1771 (2 lettres). — CALVET : 29 juin 1776 (1 lettre). — CAMUS : 27 floréal an 7 ; 4 messidor an 7 ; 21 thermidor an 7 ; 11 fructidor an 7 ; 22 brumaire an 8 ; 19 frimaire an 8 ; 19 nivôse an 8 ; 28 thermidor an 9 ; 6 fructidor an 9 ; 19 thermidor an 10 ; 24 brumaire an 11 ; 26 pluviôse an 11 ; 29 germinal an 11 ; 6 frimaire an 12 ; 23 frimaire an 12 ; (15 lettres). — CAPIOMONT : 13 vendémiaire an (?) ; 9 messidor an 9 ; 26 thermidor an 9 ; 12 messidor an 10 (4 lettres). — CAPPERONNIER : 12 juillet 1773 ; 20 juillet 1773 ; 29 septembre 1774 ; 20 octobre 1774 ; 21 février 1775. — CARELLI : 12 février 1805 (1 lettre). — CARONDELET : 1 lettre sans date. — CASPARSON : 24 septembre 1779 ; 2 avril 1780 ; 11 août 1781 ; 2 septembre 1781 ; 4 avril 1782 ; 5 juin 1782 ; 2 novembre 1782 ; 5 avril

1783 ; 9 juin 1783 ; 23 juin 1783 ; 13 juin 1784 ; 5 mai 1786 ; 23 juin 1786 ; 1er novembre 1786 ; 9 janvier 1787 ; 10 novembre 1787 (16 lettres). — CASTELLO (G.-L.) : 16 juin 1776 ; III non. april. 1779 ; idib. octobr. 1781 ; pridie idus novembris 1785 ; VIII kal. decembris 1787 ; IV kal. junii 1778 (6 lettres). — CAUDA (J.-A.) : 2 mai 1789 (1 lettre). — CAUSAN (Cher de) : 18 juin 1776 ; 18 octobre 1776 ; 19 février 1783 (3 lettres). — CEL-SING (DE) : 11 décembre 1788 ; 29 décembre 1789 ; 7 mai 1790 ; 2 sep-tembre 1790 ; 13 septembre 1790 ; 28 janvier 1891 ; 22 février 1791 ; '8 avril 1791 (8 lettres). — CELSING (U.) : 4 juillet 1791 (1 lettre). — CHAMPAGNE : 17 fructidor an 9 (1 lettre). — CHASSET : 27 vendémiaire an 5 (1 lettre). — CHINIAC (DE) : 13 octobre 1779 (1 lettre). — CHRISTIAN : 15 février an 2 (1 lettre). — CLAIRIER : 2 août 1790 (1 lettre). — CLAUDEL : 5 brumaire an 4 (1 lettre). — ROSERIN : juillet 1809 (1 lettre). — COS-MANN : 25 décembre 1785 (1 lettre). — COSTE : 4 frimaire an 9 ; 25 fri-maire an 10 ; 6 floréal an 10 ; 30 frimaire an 4 ; 13 frimaire an (?) ; 7 bru-maire an 13 (6 lettres). — COTTA (ULRICH) : 1 novembre 1782 ; 13 jan-vier 1783 ; 5 octobre 1785 ; mars 1787 (4 lettres). — COURIER (de Lan-geais) : 9 brumaire an 11 (1 lettre). — COURT DE GEBELIN : 30 mai 1778 (1 lettre). — COZE (W.) : 18 juin 1777 ; 20 juillet 1777 ; 1 lettre sans date ; 8 mai 1778 ; 16 juin 1778 ; 4 novembre 1785 ; 20 juillet 1787 (7 lettres). — CRÉHANGE (Comte de) : 12 octobre 1786 ; 2 novembre 1786 ; 8 janvier 1787 ; 4 janvier 1788 (4 lettres). — CREUX : 2 juillet 1799 ; 23 août 1799 ; 20 septembre 1799 ; 11 mars 1802 (4 lettres). — CULMANN : 11 mars 1806 (1 lettre). — CUNIER : 15 frimaire an 9, 19 pluviose an 9 (2 lettres). — CUNRADI : 15 mai 1785 (1 lettre). — CUVIER (C.) : 10 nivôse an 4.

Tome III (**194**). — **Da** — **Fu.** — DAHLER (J.-G.) : 10 mai 1785 ; 10 dé-cembre 1788 ; 13 juin 1789 ; 24 janvier 1790 ; 9 avril 1790 ; 20 juin 1790 ; 12 décembre 1790 ; 9 mai 1808 ; 22 février 1808. (9 lettres.) — DECKER : 5 décembre 1795 ; 23 janvier 1796 ; 29 janvier 1796 ; 3 février 1796 ; 17 juin 1796 ; 4 janvier 1797 ; 9 frimaire an 4 (7 lettres.) — DEDON aîné : 5 germinal an 13 (1 lettre). — DEGUIGNES : 28 mars 1773 (1 lettre). — DEIMLING : 30 mai 1767 (1 lettre). — DELESSART : 9 juin 1773 ; 18 juil-let 1783 (2 lettres). — DENNER : 10 décembre 1787. — DESAUNAY : 19 mars 1770 ; 3 juin 1771 (2 lettres). — DESBIEY (Abbé) : 1er no-vembre 1776 (1 lettre). — DESHAUTESRAYES : 18 février 1773 ; 22 avril 1773 (2 lettres). — DES ROTOURS : 1 lettre sans date. — DIEBOLT : 21 juil-let 1807 ; 29 novembre 1807 (2 lettres). — DIETRICH (de) : 20 jan-vier 1771 ; 8 mai 1771 ; 6 juin 1774 ; 16 juin 1774 (4 lettres). — DOCEN (B.-J.) : 28 mars 1804 ; 19 août 1803 ; 8 mars 1804 ; 15 mai 1805 ;

30 juin 1806, 10 décembre (?) (6 lettres). — DOGEN : 14 décembre 1774 (1 lettre). — DOUAY : 26 septembre 1790 (1 lettre). — DROZ : 19 novembre 1776 (1 lettre). — DUBOIS DE FOSSEUX : 26 juin 1789 (1 lettre). — DUMAS (Mathieu) : 5 prairial an 5 (1 lettre). — DUMAS (de Toulouse) : 28 août 1777 ; 4 mai 1779 (2 lettres). — DUMONT (Chanoine) : 8 floréal an 13, 13 floréal an 13, 10 thermidor an 13, 13 thermidor an 13, 14 novembre 1804, 15 février (?) (6 lettres). — DUPAIN : 15 fructidor an 13 (1 lettre). — DUPRÉ : 1er janvier 1786 ; 16 août 1793 ; 27 août 1793 ; 8 nivôse an 8 ; 9 pluviose an 8, 10 germinal an 8, 23 floréal an 8 ; 18 prairial an 8 ; 13 messidor an 8 ; 15 thermidor an 8 ; 10 fructidor an 8 ; 5 vendémiaire an 9 ; 1er frimaire an 9 ; 28 frimaire an 9 ; 9 nivôse an 9 ; 23 vendémiaire an 10 ; 20 brumaire an 10 ; 22 frimaire an 10 ; 17 nivôse an 10 ; 5 germinal an 10 ; 12 floréal an 10 ; 20 floréal an 10 ; 17 prairial an 10 ; 19 prairial an 10 ; 10 messidor an 10 ; 22 messidor an 10 ; 29 messidor an 10 ; 4 thermidor an 10 ; 5 thermidor an 10 ; 14 frimaire an 10 ; 24 germinal an 13 ; 8 floréal an 13 ; 1er thermidor an 13 ; 30 thermidor an 13 (34 lettres). — DUPUY : 6 mai 1773, 14 juin 1774, 19 mai 1775 ; 3 juin 1775 ; 16 mai 1778, 24 février 1778 (6 lettres). — DURAND (de Manheim) : 6 mars 1782, 24 avril (?) 2 lettres sans date (4 lettres). — DURAND fils : 26 novembre 1804 ; 21 octobre 1806 (2 lettres). — DURAND (de Crépy) : 5 lettres sans date ; 1er octobre 1781 (6 lettres). — DURAND (de Metz) : 26 décembre 1784, 16 février (?) ; 4 prairial an 3 ; 26 frimaire an 4 ; 5 vendémiaire an 5 ; 3 pluviôse (?) ; 27 pluviôse an 5 ; 21 germinal (?) ; 11 floréal an 5 ; 24 pluviôse an 6 ; 15 ventôse an 6 ; 7 prairial an 6 ; 10 prairial an 6 ; 10 messidor an 6 ; 9 thermidor an 6 ; 21 vendémiaire an 7 ; 26 floréal an 7 ; 4 messidor an 7 ; 2 thermidor an 7 ; 17 germinal an 8 ; 14 pluviôse an 10 ; 1 lettre sans date ; 2 prairial an 10 ; 11 prairial an 10 ; 23 prairial an 10 ; 3 messidor an 10 ; 11 thermidor an 10 ; 6 fructidor an 12 ; 9 septembre 1805 ; 1er juin 1806 (30 lettres). — DURR : 24 avril 1793 ; juillet 1793 (2 lettres). — DUVERNOY : 25 juillet 1809 (1 lettre). — EBERHARD : 6 juin 1803 (1 lettre). — EDELMANN : 3 octobre 1793 (1 lettre). EISENLOHR : 27 novembre 1807 (1 lettre). — EISENMANN : 23 vendémiaire an 9, 27 vendémiaire (?), 26 avril 1804 (3 lettres). — EMBSER : 15 juillet 1774, 17 juin 1779 (2 lettres). — EMMRICH : 18 janvier 1779. — ENGEL : 14 thermidor an 4, 16 nivôse an 5, 22 nivôse an 12 (3 lettres). — EHRMANN (T.-F.) : 21 août 1791 ; 18 février 1792 ; 3 septembre 1792 ; 15 mars 1795 ; 6 vendémiaire an 10. — EHRMANN (JOH. CHRISTIAN) : 10 messidor (?) ; 27 pluviôse an 7 ; 12 nivôse an 10 ; 14 nivôse an 10 ; 27

pluviôse an 10 ; 4 frimaire an 12, 24 frimaire an 12 ; 4 messidor an 12 ; 14
pluviôse an 13 ; 6 ventôse an 13 ; 24 vendémiaire an 13 ; 2 floréal an 13 ; 6
frimaire an 14 (13 lettres ; plus deux lettres, 1 sans date, 1 de pridie kal.
jan. 1778, placées par erreur fol. 251, 252). — EHRMANN (J.-G.) : 16 juin
1773 (1 lettre). — EHRMANN, de Francfort : 8 septembre 1779 (1 lettre).
— EHRMANN : 19 mars 1792 (1 lettre). — EISENSCHNEIDER : 25 juillet 1773
(1 lettre). — ERBSTEIN : 18 avril 1788 ; 30 octobre 1788 ; 29 mars 1791,
20 juillet 1791 (4 lettres). — ESBIEY (d') : 30 mars 1783 (1 lettre). —
ESCHENBURG : 18 octobre 1782 (1 lettre). — ESPINE (d') (baron) : 2 mai
1788 (1 lettre). — EXTER : 7 mars 1774 (1 lettre). — FABRI : 14 octobre
1782, 23 mars 1783, 2 juin 1783 (3 lettres). — FAESITZ : 13 octobre 1777 ;
22 octobre 1779 (2 lettres). — FAIROLI (comte) : 8 janvier 1780 (1 lettre).
— FAMIN : 16 germinal an 13 (1 lettre). — FARGES MÉRICOURT : 27 floréal an 13 (1 lettre). — FAUJAS : 5 frimaire an 9 (1 lettre). — FAULCON
(Félix) : 1 lettre sans date. — FERSEN (Comtesse DE) : 12 septembre
1785, 7 janvier 1786, 24 janvier 1788, 2 mars 1786, 9 août 1786, février
1787, 14 mars 1787, 5 juillet (?), 25 novembre 1788, 22 décembre 1788,
6 janvier 1790, 20 janvier 1789, 12 mars 1789, 24 avril 1789, 9 juin 1789,
24 juillet 1789, 20 septembre 1789, 6 novembre 1789, 4 février 1790,
13 avril 1790, 4 mai 1790, 15 août 1790, 24 septembre 1790, 26 novembre
1790, 4 décembre 1790, 23 décembre 1790 (26 lettres). — FERSEN (Axel) :
19 mars (?) ; 30 mai (?) ; 17 septembre (?) (3 lettres). — FEUERSTEIN :
3 septembre 1788, 1er avril 1789, 8 juin 1788 (3 lettres). — FIEDLER :
6 juillet 1804 (1 lettre). — FIEGGER : 6 octobre 1774, 21 octobre 1774,
16 novembre 1774, (?) novembre 1774, 5 décembre 1774, 16 décembre
1774, 2 avril 1775, 10 décembre 1777 (8 lettres). — FISCHER : 5 novembre 1763, 12 mai 1768 (2 lettres). — FISCHER (de Mayence) : 10 prairial an 9, 30 prairial an 9, 28 thermidor an 9, 12 fructidor an 9, 30 vendémiaire an 10, 18 nivôse an 10, 2 ventôse an 10, 4 germinal an 10,
15 prairial an 10, 6 thermidor an 10 (10 lettres). — FLEURAND : 27 octobre 1783 (1 lettre). — FONTANELLE (DE) : 28 juin 1772, 26 avril 1772,
9 juillet 1772, 1 lettre sans date (4 lettres). — FONTCAUT DE LANEPTA :
20 juillet 1790 (1 lettre). — FORSTER (George) : 24 novembre 1777. —
FOURCROY : 15 prairial an 3, 14 pluviôse an 9, 2 ventôse an 9, 21 ventôse (?), 14 frimaire an 5, 24 frimaire an 10 (6 lettres). — FRAUENHOLZ :
1er juin 1791 (1 lettre). — FREDENHEIM : 25 janvier 1790, 28 avril 1790,
8 juillet 1790, 3 avril 1798, 7 décembre 1798, avec 2 appendices
(5 lettres). — FRESCHOW : 21 mars 1772, 11 août 1775, 14 juin 1776
(3 lettres). — FRICK : 22 février 1801 (1 lettre). — FRISCHING DE WYL :

13 septembre 1774 (1 lettre). — FRIT : 7 octobre 1787 (1 lettre). — FRICKE : 22 janvier 1803 (1 lettre). — FROELICH : 9 mars 1768 (1 lettre). — FRÖHLICH : 4 août 1772 (1 lettre). — FROELICH (de Breslau) : 13 mars 1768 (1 lettre). — FROLEICH (de Berlin) : 26 avril 1773, 15 juin 1773, 9 juillet 1774, 28 septembre 1782 (4 lettres). — FUCHS : 31 mai 1790 (1 lettre). — FUNCK : 7 prairial an 8 (1 lettre).

Tome IV. — **(195). G — Hai.** — GANGOLPH : 20 novembre 1772 ; 17 janvier 1773 ; 13 avril 1773 ; 10 mai 1773 ; 17 décembre 1773 ; 21 décembre 1773, 4 février 1774, 10 mai 1775, 8 juin 1774, 20 juillet 1774 (10 lettres). — GATTEY : 6 fructidor an 3 (1 lettre). — GEIGIR (Catherine-Élisabeth) : 27 décembre 1779 (1 lettre). — GEISSLER : 15 août 1781, 18 janvier 1782, 9 octobre 1782, 14 juillet 1786, 31 mai 1787 (5 lettres). — GEMMINGEN : 27 mars 1778 (1 lettre). — GENET : 21 mars 1776, 2 août 1776, 2 janvier 1777, 23 juillet 1777, 29 octobre 1777, 25 novembre 1777, 8 janvier 1778, 28 janvier 1778, 9 février 1778, 11 février 1778, 28 mars 1778 (2 lettres de cette date), 2 juin 1778, 20 octobre 1778, 18 novembre 1779, 8 mars 1780, 10 janvier 1780, 16 mars 1780, 3 mai 1780, 28 août 1780, 9 août 1781, 29 juin 1781, 14 janvier 1781, 1er avril (?), 5 mai (?) (25 lettres). — GÉRARD : 17 septembre 1783, 28 octobre 1783, 25 octobre 1784, 6 mai 1788 (4 lettres). — GÉRARD (de Saverne) : 31 octobre 1780, 30 juin 1781, 20 juillet 1781, 19 novembre 1781 (4 lettres). — GERBOIN : 19 prairial an 11, 1 lettre sans date (2 lettres). — GESSNER (G.). : 23 octobre 1800, 22 mai 1800 (2 lettres et un imprimé). — GINGUENÉ : 8 pluviôse an 3 (1 lettre). — GJÖRWELT : 3 août 1805 (1 lettre). — GLEY : lettre sans date, 19 mars 1788 (2 lettres).— GMETIN : 20 février 1758, 11 décembre 1758 (4 lettres). — GOGUEL : 14 décembre 1788, 5 août 1789, 10 octobre 1790, 16 novembre 1790, 28 mai 1791, 30 juin 1791, 16 août 1791 (7 lettres). — GOGUEL fils : 10 juin 1792 (1 lettre). — GOGUEL (médecin) : 1er février 1788, 20 février 1788, 11 juillet 1788, 2 juillet 1788, 3 septembre 1788 (5 lettres). — GONET : 2 pluviôse an 8 (1 lettre). — GOUSSARD : 16 fructidor (?) ; 2 octobre (?), 1 lettre sans date ; 14 août (?) ; 4 février (?) (5 lettres). — GRADOW : 18 mai 1788 (1 lettre). — GRAETER : 27 octobre 1792, 30 juin 1799, 29 octobre 1792, 9 février 1793, 17 avril 1793, 28 avril 1796, 13 mai 1793 (7 lettres). — GRAF (Matth.) : 20 novembre 1801, 23 décembre 1801, 13 janvier 1802, 15 juin 1803, 27 juin 1803, 3 juillet 1803, 5 septembre 1803, 8 mars 1804, 17 janvier 1805 (9 lettres). — GRANDIDIER (abbé) : 16 juillet 1775, 11 octobre 1775, 15 avril 1776, 11 août 1777, 26 mai 1778, 6 septembre 1778, 20 septembre 1778, 16 octobre 1779, 10 mai 1778, 10 novembre 1785, 28 février 1787,

10 décembre 1790, 2 lettres sans date (14 lettres). — GRANDMORCAIN :
3 frimaire an 8 (1 lettre). — GRÉGOIRE : 1ᵉʳ septembre 1791, 1ᵉʳ frimaire
an 3, 13 nivôse an 3, 8 pluviôse an 3, 10 germinal an 3, 29 mars 1797,
6 frimaire an 6, 5 prairial an 6, 26 vendémiaire an 7, 27 vendémiaire
an 7, 2 ventôse an 7, 13 ventôse an 7, 6 nivôse an 8, 1ᵉʳ ventôse an 8,
1ᵉʳ pluviose an 10, 28 juillet an 10, 7 prairial an 10, 3 thermidor an 12,
4 novembre 1802, 16 floréal 1804, 13 novembre 1805, 3 billets sans
date, 1 lettre sans date (25 lettres). — GREMP VON FREUDENSTEIN :
1 lettre sans date, 20 janvier 1777, 18 mars 1777 (3 lettres). — GRIMM :
2 mars 1774 (1 lettre). — GROZ : 20 juin 1789 (1 lettre). — GROSSON :
6 octobre 1776 (1 lettre). — GROTER : 29 juillet 1702 (1 lettre). —
GROTEFEND : 29 mai 1805 (1 lettre). — GRUBER : 1792 (1 lettre). —
GUARNACCI : 23 mai 1775, 6 août 1775, 2 septembre 1776 (3 lettres). —
GULDENCRON : 15 octobre 1774 (1 lettre). — HAAS : 15 août 1805
(1 lettre). — HAASE : 12 janvier 1779, 3 février 1779, 17 septembre (?),
14 septembre (?), 14 février (?), 4 avril (?), 9 mars (?), 16 mai 1779 (8 lettres).
—HÆBERLIN : 20 août 1779 (1 lettre).— HÆCKEL, 11 février 1779, 6 juillet
1778, 31 octobre 1779, 1ᵉʳ mai 1786, 2 octobre 1784, 15 mars 1786 (6
lettres). — HÆCKER : 22 janvier 1790, 8 décembre 1790, 12 octobre 1801
(3 lettres). — HAGEMANN : 24 septembre 1786 (1 lettre). — HAGEN :
21 février 1774 ; 27 juillet 1773 ; 4 septembre 1773 ; 7 mai 1774 ; 8 août
1774 ; 18 juin 1775, 13 juillet 1775, 10 octobre 1778 ; 23 novembre 1778 ;
9 septembre 1779 ; 17 novembre 1779 ; 21 novembre 1785 ; 7 janvier
1786 ; 25 mai 1786 ; 11 septembre 1786 ; 25 février 1786 ; 28 avril 1787 ;
1 lettre sans date (18 lettres). — VON DER HAGEN : 20 novembre 1805 ;
24 février 1806 ; 20 avril 1806 ; 17 juillet 1806 ; 28 juillet (?) ; 9 novembre 1806 (6 lettres). — HAILLET DE COURONNE : 19 mai 1773 ; 17
juin 1773 ; 25 juin 1774 ; 15 juillet 1773, 9 septembre 1773, 15 novembre
1773 ; 6 juin 1774 ; 10 juillet 1774 ; 5 août 1774, 27 septembre 1774,
25 octobre 1774, 9 novembre 1774, 2 février 1775, 19 février 1775,
24 août 1775, 11 septembre 1775, 19 novembre 1775, 3 mai 1775, 5 juin
1775, 4 mars 1776, 20 juillet 1776, 30 janvier 1777, 17 mars 1777, 29
avril 1777, 18 juin 1777, 7 juillet 1777, 31 juillet 1777, 29 août 1777,
28 octobre 1777, 16 avril 1778, 10 septembre 1778, 6 octobre 1778,
29 mai 1778, 28 juin 1778, 5 novembre 1778, 22 mars 1779, 13 août 1779,
24 septembre 1779, 13 octobre 1779, 1ᵉʳ novembre 1779, 29 décembre
1779, 17 janvier 1780, 2 juin 1780, 2 septembre 1780, 11 février 1781,
septembre (?) 1781, 30 juin 1782, 12 juillet 1782, 10 novembre 1782,
12 janvier 1783, 17 mars 1783, 24 mai 1783, 9 juin 1783, 26 août 1783,

7 novembre 1783, 23 novembre 1783, 17 février 1784, 27 mars 1784, 23 juin 1784, 8 juillet 1784, 20 décembre 1784, 7 janvier 1785, 19 mai 1785, 6 juin 1785, 3 juillet 1785 (avec note annexe), 28 juillet 1785, 31 août 1785, 16 décembre 1785, 16 février 1786, 21 février 1786, 6 mars 1786, 31 mars 1786, avril 1786, 9 août 1786, 8 octobre 1786, 10 décembre 1786, 25 décembre 1786, 17 février 1787, 7 mars 1787, 12 mars 1787, 6 mai 1787, 26 septembre 1787, 1er juillet 1787, 28 septembre 1787, 9 février 1788, 24 mars 1789, 14 mai 1789, 4 juin 1789, 14 juin 1789, 23 juin 1789, 12 juillet 1789, 24 août 1789, 31 décembre 1789, 9 février 1790, 9 juin 1790, 28 juillet 1790, 3 août 1790, 14 août 1790, 16 septembre 1790, 22 novembre 1790, 1er janvier 1791, 27 février 1791, 29 mars 1791, juillet 1791, 24 juillet 1791, 24 septembre 1791, 30 décembre 1791, 25 janvier 1792, 12 février 1792, 12 août 1792, 8 septembre (?), 10 floréal an 3, 2 prairial an 8, 26 germinal an 10, 1 lettre sans date (116 lettres).

Tome V **(196).** — **Hat-Lam.** — HATDAL : 10 mars 1806 (1 lettre). — HALLER : 11 février 1789, 5 juin 1789, 14 juin 1789, 19 avril 1789, (4 lettres). — HAMBERGER : 25 ventôse an 8, (1 lettre). — HANISCH : 11 juin 1771, 18 août 1771, 21 janvier (?), 13 novembre 1772 (4 lettres). — HARDUINI : 22 janvier 1782 (1 lettre). — HARLESS : 12 juin 1782, 16 décembre 1782, 10 décembre 1783, 12 décembre 1783, 30 mars 1784, 12 juin 1784, 6 mars 1785, 13 juin 1785, 17 mai 1786, 12 décembre 1786, 16 juin 1786, 13 juin 1787, 26 novembre 1787, 14 décembre 1787, 11 janvier 1788, 12 décembre 1788, 13 juin 1789, 13 juin 1790, 12 décembre 1790, 10 juin 1791, 13 décembre 1791, 14 juin 1792, 14 décembre 1792, 22 juin 1793, 9 mai 1798, 22 juin 1803, (26 lettres). — HARSCHER : 28 avril 1769, 23 juin 1769, 25 août 1769, 29 septembre 1769, 31 octobre 1769, 2 janvier 1770, 11 mai 1770, (7 lettres). — HARTLONG : 29 mars 1795, (1 lettre). — HARTMANN : 6 août 1792, (2 lettres). — HASSLER : 31 décembre 1788, 21 juillet 1787 (?), 20 avril 1788, 23 décembre (?), (4 lettres). — HASTERMANN (Veuve) : 24 mars 1771, 17 août (?) (2 lettres). — HAUG : 23 décembre 1782 (1 lettre). — HAUSER : 23 décembre 1785 (1 lettre). — HAUSMANN : 29 juillet 1772 (1 lettre). — HAUSSNER : 5 thermidor an 6, 20 frimaire an 7 (2 lettres). — HAY (fils) : 1er décembre 1755, 4 octobre 1771, 29 octobre 1771, 4 février 1772, 11 février 1772, 13 mars 1772, 19 juin 1772 (7 lettres). — HAYDER : 26 novembre 1788 (1 lettre). — HEBEBRAND : 15 mai 1774, 31 octobre 1785, 8 décembre 1786, 16 février 1787, 21 octobre 1789 (5 lettres). — HEBENTHAL : 9 mai 1789 (1 lettre). — HECKER : 16 février 1793 (1 lettre). — HEIDEGGER : 1er février 1786 ; 25 février 1786 ; 15 avril 1786 ; 17 mars 1787 ; 1er juillet

1787; 21 novembre 1788; 25 octobre 1788, 13 février 1790; 20 février 1790; 16 mars 1790; 2 avril 1790; 16 septembre 1790; 23 avril 1791; 4 juin 1791; 8 octobre 1797; 14 décembre 1797; 16 janvier 1797 (17 lettres). — HEINESSEN : 9 juin 1770; 12 octobre 1770 ; 16 janvier 1771; 11 mars 1771; 3 mai 1771; 29 juin 1771; 25 octobre 1771; 28 janvier 1772; (8 lettres). — HEIS : 18 mars 1761; 1 mai 1761, 30 juin 1761, 20 novembre 1761, 1 avril 1762, 20 septembre 1762, 3 mars 1763, 24 mars 1763, 22 juillet 1763, 4 juillet 1764, 5 décembre 1764, 28 octobre 1765, 21 avril 1767, 4 mars 1768, 23 mars 1772, 18 avril 1772, 3 juillet 1772, 1 lettre sans date, 4 août 1775, 2 lettres sans date (21 lettres). — HEISCH : 18 pluviôse an 3, 21 pluviôse an 3 (2 lettres). — HEEMSKERK : 17 novembre 1801 (1 lettre). — HENNENBERG : 13 avril 1776, 1 lettre sans date (2 lettres). — HENNING : 1 lettre sans date. — HERBSTER : 13 mars 1786 (1 lettre). — HERDER : 6 mai 1773, 19 juin 1779, 27 avril 1780, 31 décembre 1781, 14 août 1781 (5 lettres). — HERHAM : 6 février an 10 (1 lettre). — HERRENSCHNEIDER 15 avril an 6 (?), 22 octobre 1803, 2 mars 1805 (3 lettres). — HERMANN : 1 billet sans date; 25 vendémiaire an 8 (?); 11 messidor an 7 (?); 23 messidor an 7 ; 1er fructidor (?); 19 thermidor an 7 (?). — HERRMANN : 25 pluviose an 9, 14 vendémiaire an 10, 17 ventôse an 11, 16 fructidor an 12, 30 fructidor an 12, 30 fructidor an 13, 10 thermidor an 13, 2 nivôse an 14, 2 billets sans date (10 lettres). — HERZOG : 5 février 1802, 30 septembre 1803, 17 février 1805 (3 lettres). — HESSE (CHRÉTIEN DE) : 30 décembre 1802 (1 lettre). — HÆSTERMANN : 13 octobre 1769 (1 lettre). — HETTLINGER : 10 juin 1803; 3 juillet 1804 (2 lettres). — HEYDEMANN : 29 frimaire an 14, 4 nivôse an 14, 5 décembre 1805, 7 janvier 1806, 18 janvier 1806, 1 lettre sans date (6 lettres). — HEYLAND : 2 brumaire an 8, 18 juin 1806 (2 lettres). — HIERTHES : 24 février 1793 (1 lettre). — HILSBACH : 1 lettre sans date. — HIMMLER : 1er avril 1802 (1 lettre). — HINSBERG : 11 juin 1797 (1 lettre). — HIRN (abbé) : 27 septembre 1776, 3 janvier 1777, 22 avril 1783, 17 avril 1790 (4 lettres). — HOCHSTETTER : 6 août 1780 (1 lettre). — HAEBERLIN : 9 mai 1779, 10 février 1788, 8 juillet 1788 (3 lettres). HOERNER : 10 novembre 1780, 3 novembre 1781 (2 lettres). — HOFEN : 17 avril 1786 (1 lettre). — HOFFMANN : 10 mars 1776 (1 lettre). — HOGREWE : 3 août 1780 (1 lettre). — HOOF : 5 juin 1786, 8 décembre 1787, 19 novembre 1787 (3 lettres). — HOLDT : 21 août 1760 (1 lettre), 25 décembre 1780 (2 lettres). — HÖPKEN (Comtesse) : 16 août 1784, 1 lettre sans date, 9 décembre 1788, 24 juillet 1789, 14 octobre 1789, 19 février 1790, 6 novembre 1790, 22 décembre 1790 (8 lettres). — HORN :

10 mai 1804 (1 lettre). — HORST : 7 avril 1802 (1 lettre). — HOSSARD :
19 frimaire an 10 (1 lettre). — HOTTINGER : 3 avril 1790 (1 lettre). —
HUBER : 12 mars 1800 (1 lettre). — HUBNER : 22 avril 1790 (1 lettre). —
HUG : 5 janvier 1803 (1 lettre). — HUGEN : 14 mai 1798, 15 septembre 1801
(2 lettres). — HUGUENEL : 24 novembre 1805 (1 lettre). — HULLIN :
1 lettre sans date. — HUMMEL : 27 mai 1789. — HÜPSCH : 19 mars 1783,
22 octobre 1783, 27 décembre 1783, 9 février 1784, 16 décembre 1800
(5 lettres). — HUYZ : 24 septembre 1782 (1 lettre). — JAGLÉ : 29 mars
an 6, 19 messidor an 14 (?) (2 lettres). — JAEGER : 12 septembre 1796
(1 lettre). — JANNER : 31 mars 1761, 1 lettre sans date (2 lettres). —
IZGUIERDE : 22 novembre 1776 (1 lettre). — KAMPMANNS : 23 février
1808, 21 juin 1809, 28 février 1809 (3 lettres). — KALTENBACH : 7 vendémiaire an 13 (1 lettre). — KAUFFMANN : 21 juillet 1789, 13 août 1789,
8 mars 1790, 28 mars (?) 1789 (4 lettres). — KELLER : 22 juin 1789,
10 décembre 1789 (2 lettres). — KENNICOTT : 18 mars 1773, 22 mars 1773,
30 août 1773, 26 juillet 1774, 7 février 1774, 14 octobre 1775 (6 lettres).
— KERN : 17 octobre 1779 (1 lettre). — KESSNER : 1 lettre sans date. —
KEYL : 15 décembre 1791 (1 lettre). — KIEFER : 8 juin 1767, 5 août
1769 (2 lettres). — KIEFFER : 18 ventôse an 4 (1 lettre). — KIEFHABER :
21 décembre 1799 (1 lettre). — KIENLIN : 5 pluviôse (1 lettre). — KIN-
DERLING : 21 mai 1783 (1 lettre). — KLENCK : 5 février 1786 (1 lettre).
— KLUBER : 5 décembre 1786, 14 juin 1788 (2 lettres). — KLUPFEL :
17 janvier 1790, 9 janvier 1789 (2 lettres). — KOCH : 17 février 1791,
11 février 1793, 10 février 1793, 27 février 1793, 1 avril 1799. —
KOCH (de Paris) : 8 juillet 1776, 12 juillet 1776, 30 août 1776, 30 juillet
1786, 27 avril 1790, 18 août 1790, 26 novembre 1791, 13 février 1792,
15 floréal an 10, 6 messidor an 10, 27 thermidor an 10, 1 fructidor
an 10, 8 fructidor an 10, 28 fructidor an 10, 15 vendémiaire an 11,
17 brumaire an 11, 5 nivôse an 11, 9 ventôse an 11, 15 germinal an 11,
27 germinal an 11, 10 floréal an 11, 29 floréal an 11, 18 prairial an 11,
14 germinal an 12, 19 germinal an 12, 17 floréal an 12, 9 prairial an 12,
6 messidor an 12, 30 messidor an 12, 26 pluviôse an 13, 8 germinal an 13,
11 floréal an 13, 27 janvier 1806, 11 février 1806, 21 mai 1806, 27 mai (?),
2 mars 1809, 7 septembre (?), 7 novembre (?), 10 septembre (?), 4 floréal
an 12 (41 lettres). — KÖCHLIN : 10 novembre 1797, 22 nivôse an 6, 7 pluviôse an 6, 29 prairial an 6 (4 lettres). — KOECHLIN (de Mulhouse) : 23 septembre 1786 (1 lettre). — KOHLER : 23 germinal an 10 (1 lettre). —
KÖL : 13 mai 1806 (1 lettre). — KÖNIG : 20 juillet 1779, 15 octobre 1790,
10 mars 1791, 20 avril 1792 (4 lettres). — KOPERZYNSKI (abbé) : 29 juin

1773 (1 lettre). — Koppe : 31 décembre 1789 (1 lettre). — Koser :
25 juin 1791, 30 juillet 1786, 21 octobre 1787, 15 thermidor an 4
(4 lettres). — Kroock (baronne de) : 1 lettre sans date. — Kuder :
15 janvier 1802, (1 lettre). — Kugler : 11 thermidor an 11, 1ᵉʳ brumaire
an 12, 29 frimaire an 12, 10 pluviôse an 13, 20 pluviôse an 13 (5 lettres).
— Keguelin : 15 juillet 1774, 23 septembre (?) (2 lettres). — Lachau
(de) : 30 juillet 1774, 8 novembre 1774, 10 décembre 1774, 30 juin 1775,
15 mai 1780, 18 juillet 1780, 23 août 1780, 28 septembre 1780, 22 octobre
1780, 10 décembre 1781, 7 janvier 1782, 7 février 1782, 18 mars 1782,
1ᵉʳ septembre 1782, 25 janvier 1783, 18 février 1783 (16 lettres). — Lafen-
ham : 2 décembre 1790 (1 lettre). — Lagano : 12 mars 1783 (1 lettre). —
Lagelles (de) : 22 décembre 1791 (1 lettre). — La Lande (de) : 17 décembre 1775, 11 février 1776, 2 lettres sans date (4 lettres). — Lambi-
not : 1 germinal an 11 (1 lettre). — I. Lambert : 13 thermidor an 10
(1 lettre). — Lamey : 14 décembre 1767, 25 mars 1768, 18 mai 1768,
9 juin 1768, 26 juillet 1769, 7 novembre 1771, 16 décembre 1771, 1 septembre 1772, 9 novembre 1772, 14 avril 1773, 22 septembre 1773, 7 février 1774, 24 février 1774, 23 avril 1774, 30 mai 1774, 17 juin 1774,
5 août 1774, 10 septembre 1774, 31 mars 1775, 15 mai 1775, 30 octobre
1775, 28 décembre 1775, 1ᵉʳ mars 1776, 15 février 1777, 12 août 1779,
22 août 1779, 3 octobre 1779, 9 décembre 1779, 13 décembre 1779, 18 mai
1780, 16 décembre 1781, 27 janvier 1782, 27 mai 1780, 18 mars 1782, 5 mai
1782, 23 juillet 1782, 15 janvier 1791, 2 octobre 1797, 1 lettre sans date,
21 pluviôse an 8 (40 lettres). — Lamoureux : 11 brumaire an 7, 4 germinal (?) 1 lettre sans date, 16 prairial (?) thermidor an 7, 19 fructidor
an 7, 18 vendémiaire an 8, 10 brumaire an 8, 20 frimaire (?), 3 pluviôse (?), 15 ventôse (?), 10 fructidor an 8, 18 fructidor an 8, 23 fructidor an 8, floréal an 9, 10 thermidor an 9, 1 vendémiaire an 10, 6 vendémiaire an 10, 28 messidor an 11, 15 thermidor an 11, 25 floréal an 12,
14 messidor an 12, 8 messidor an 13, 27 mai 1806, 27 août 1806, 5 septembre 1806 (26 lettres).

Tome VI (197). — **Lan — Me.** — Lançay (abbé de) : 22 juin 1775,
29 septembre 1775 (2 lettres). — Lang (J.-L.) : 12 novembre 1775, 1 février 1776, 15 juillet 1777, 25 juin 1780, 3 août 1780 (5 lettres). — La
Peirouse : 27 février 1783 (1 lettre). — La Tour d'Auvergne : 9 décembre 1783, 9 janvier 1784, 8 fructidor an 4, 1 lettre sans date, 11 floréal an 7, 13 nivôse an 6, 11 messidor an 7, 1 lettre sans date, 19 pluviôse an 8 (9 lettres). — Laumond : 29 prairial an 10, 9 thermidor an 11
(2 lettres). — Le Bailly : 29 octobre 1784 (1 lettre). — Lebret : 22 oc-

tobre 1774 (1 lettre). — Le Brigant : 14 janvier 1778, 8 septembre 1778, octobre 1778, 10 décembre 1778, 13 décembre 1778, 10 février 1779, 24 avril 1779 (2 lettres), 1 mai 1779, 4 juillet 1779, 8 août 1779, 30 septembre 1779, 14 octobre 1779 (2 lettres), 3 décembre 1779, 24 décembre 1779, 12 avril 1780, 1 mai 1780, 2 lettres sans date, 27 février 1780, 29 mars 1780, 8 novembre 1780, 20 janvier 1797, 12 avril 1797, 16 janvier 1795, 22 février 1798 (?), 11 avril 1795, 10 juin 1795, 27 septembre 1795, 13 ventôse an 3 [lettre du fils], 21 décembre 1796, 23 février 1797, 4 décembre 1779 (34 lettres). — Le Carpentier : 24 vendémiaire an 6, 12 frimaire an 6, 13 brumaire an 6, 30 brumaire an 6 (4 lettres). — Le Maistre : 16 janvier 1785, 22 mars 1785 (2 lettres). — Lemoine : 1 lettre sans date. — Lemp : 29 octobre 1787, 5 avril 1788 (2 lettres). — Lemp (de Colmar) : 7 nivôse an 6 (1 lettre). — Lenz : 4 octobre 1801, 20 décembre 1798 (2 lettres). — Lersé : 27 octobre 1788, 15 juin 1788 (2 lettres). — Less : 20 octobre 1788, 1 lettre sans date (2 lettres). — Levrault : 30 thermidor an 8, 12 germinal (?), 13 vendémiaire an 12, 2 lettres sans date, 27 prairial an 10, 3 lettres sans date (9 lettres). — Lichtenberger : 9 juin 1786 (1 lettre). — Linck : 10 décembre 1785 (1 lettre). — Lindblom : 17 mars 1783 (1 lettre). — Lindinner : 14 avril 1795, 1 billet sans date (2 lettres). — Lippert (Veuve) : 12 avril 1785, 6 mars 1786, 10 juin 1797, 17 juin 1703. — Lippert (P.-D.) : 12 août 1771, 22 septembre 1771, 3 février 1772, 1 juillet 1773, 4 mai 1773, 2 décembre 1773, 26 décembre 1773, 26 janvier 1774, 9 mars 1774, 31 avril 1774, 21 octobre 1774, 16 novembre 1776 (12 lettres). — Livio : 27 thermidor an 8 (1 lettre). — Lobstein : 4 thermidor (?), 4 frimaire an 11, 18 floréal an 7, 12 prairial an 12, 14 prairial an 12, 20 fructidor (?), 22 messidor (?), 26 floréal (?), 11 vendémiaire an 13, 18 thermidor (?), 3 fructidor (?), 1 juillet 1804, 1 juin 1808 (13 lettres). — Loebel : 2 décembre 1775 (1 lettre). — Loeffler : 27 mars 1787 (1 lettre). — Loesch : 7 janvier 1776, 28 janvier 1776, 30 mars 1776, 3 novembre 1776, 11 décembre 1782 (5 lettres). — Lorck (J.) : 13 juillet 1773, 10 août 1773 (2 lettres). — Lorenz (de Srasbourg) : 20 août (?) (1 lettre). — Lorenz (de Colmar) : 7 juin 1806 (1 lettre). — Löwenhielm (Comte) : 18 septembre 1781, 18 janvier 1782, 17 juillet 1784, 5 avril 1785, 4 juin 1785, 18 octobre 1785, 22 novembre 1788, 2 lettres sans date (9 lettres). — Löwenhielm (Gust.) : 14 novembre 1788, 1 lettre sans date (2 lettres). — Löwenhielm (Charles) : 1 lettre sans date, 31 octobre 1789 (2 lettres). — Löwenhielm (Comtesse) : 23 novembre 1781, 14 février 1782, 3 avril 1782, 23 avril 1782, 27 décembre 1782, 20 septembre 1782, 27 juin 1783, 19 septembre 1783, 28 oc-

tobre 1783, 25 novembre 1783, 8 janvier 1784, 26 février 1784, 29 mars
1784, 24 avril 1784, 22 juin 1784, 13 juillet 1784, 2 septembre 1784, 19
octobre 1784, 7 décembre 1784, 21 décembre 1784, 7 mars 1785, 12 avril
1785, 25 avril 1785, 21 juin 1785, 6 octobre 1785, 17 janvier 1786, 16 mai
1786, 21 novembre 1786, 29 janvier 1787, février 1787, 16 mars 1787,
6 juillet 1787, 4 septembre 1787, 30 novembre 1787, 17 janvier 1788, 28
janvier 1788, 27 mars 1788, 5 juillet 1788, 14 juillet 1788, 22 juillet 1788,
30 novembre 1784, 9 décembre 1788, février 1791, novembre (?), 1 lettre
sans date (45 lettres). — LOYS (DE) : 1 lettre sans date. — LUCÉ : 26
ventôse an 8, 1 floréal an 10, 3 prairial an 10, 17 novembre 1802 (4 lettres). — LUCHEL : 18 septembre 1779, 1 lettre sans date, 6 octobre 1778,
10 mai 1777, 27 juin 1778, 1 lettre sans date, 11 juillet 1777, 1 lettre
sans date (8 lettres). — LUDOLF (Cto de) : 10 juin 1802 (1 lettre). — LUX :
12 juin 1769, 21 mars 1790 (2 lettres). — MABANIUS : kal. septembr. 1771,
prid. kal. junii 1777, kal. april. 1778 (3 lettres). — MAEDER : 25 mai
1795, 12 novembre 1797, 17 messidor an 6, 27 thermidor (?) an 7, 21 juin
1802 (5 lettres). — MAIMBOURG : 9 frimaire an 12 (1 lettre). — MAJNONI :
9 prairial an 9, 12 germinal an 9, 10 avril 1801, 1 mai 1805, 30 août 1805,
1 lettre sans date, 10 août (?) (7 lettres). — MALL (J.-H.) : 15 mars 1792
(1 lettre). — MALL (J.-D.) : 15 août 1792. — MANSO : 13 février 1796, 24
février 1786 (2 lettres). — MARÉCHAL : 1 janvier 1777 (1 lettre). — MAR-
TINY-LAGUNA : 1 lettre sans date, 25 mai 1804 (2 lettres). — MARQUAIS :
1 frimaire an 8. — MARRON : 9 frimaire an 10 (1 lettre). — MATHIAS :
1 frimaire an 3, 5 brumaire an 3, 5 ventôse an 3, 2 floréal an 3, 19 pluviôse an 4, 23 germinal an 4, 22 thermidor an 9 (7 lettres). — MATTHIÄ :
1 thermidor an 10, 14 germinal an 12, 7 floréal an 12, 21 messidor an
12, 1 messidor an 13, 29 avril 1805, 29 mai 1805, 10 juin 1805, 7 septembre 1805, 25 février 1806, 17 avril 1806, 6 juillet 1806 (12 lettres). —
MAYER (J.-A.) : 1 mars 1803 (1 lettre). — MAYER : 10 thermidor an 12,
12 germinal an 13 (2 lettres). — MECHEL (VON) : 28 mai 1777, 13 mai
1780, 25 juillet 1781, 19 janvier 1782, 17 mars 1782, 28 mars 1784, 4 décembre 1785, 20 décembre 1785, 10 octobre 1785, 18 décembre 1785,
30 août 1785 (2 lettres), 30 septembre 1785, 7 octobre 1785, 15 octobre
1785, 17 septembre 1785, 18 octobre 1785, 22 octobre 1785, 8 novembre
1785, 25 décembre 1785, 3 janvier 1786, 17 janvier 1786, 14 mars 1786,
11 avril 1786, 5 mai 1786, 3 février 1786, 13 août 1786, 26 octobre 1786,
21 novembre 1786, 10 février 1787, 22 août 1787, 29 septembre 1787,
4 mai 1787, 16 février 1788, 15 novembre 1788, 7 septembre 1789, 12
février 1790, 8 août 1790, 14 août 1792, 15 avril 1795, 31 mai 1795, 4 juil-

let 1795, 24 octobre 1795, 23 avril 1799, 2 août 1801 (45 lettres). — MEIER : 1 lettre sans date, 12 octobre 1774, 26 mars 1776, 31 janvier 1777 (4 lettres). — MÉJANER : 21 mai 1774, 20 octobre (?) 1776, 7 mai 1779, 24 août 1779, 3 mai 1785, 30 juin 1785, 2 lettres sans date (7 lettres). — METTERNICH : 13 octobre 1790, 6 mars 1802 (2 lettres). — METTERNICH-WEINUBURG : 18 juin 1802, 26 juillet 1806 (2 lettres). — METZ : 21 thermidor an 9 (1 lettre). — MEUSEL : 2 février 1783 (1 lettre). — MEYER : 28 thermidor an 12 (1 lettre). — MEYER (F.) : 3 avril 1771, 10 août 1771, 16 octobre 1771 (3 lettres). — MEYER, HEY et C$^{ie}$ : 28 juillet 1770 (1 lettre). — MEYER (J.-AUG.) : 7 mai 1778 (1 lettre). — MEYERFELDT (Comtesse) : 12 septembre 1784 (1 lettre). — MEYERFELDT (Comte de) : 15 février 1785 (1 lettre).

Tome VII (**198**). — (**Mi—Mun.**) — MICHAELIS : 9 octobre 1772, 7 novembre 1772, 23 décembre 1772, 14 janvier 1773, 8 mars 1773, 2 mai 1773, 15 mai 1773, 30 janvier 1778 (8 lettres). — MICHELI : 24 avril 1804, 11 janvier 1805, 1 lettre sans date (3 lettres). — MIEG : 27 juillet 1779, 17 août 1787 (2 lettres). — MILLIN (A.-L.) : 1 novembre 1792, 12 brumaire an 3, 6 frimaire an 3, 21 frimaire an 3, frimaire an 3, 2 lettres sans date, 2 nivôse an 3, 17 nivôse an 3, 22 nivôse an 3, 1 pluviôse an 3, 4 pluviôse an 3, 5 pluviôse an 3, 8 pluviôse an 3, 12 pluviôse an 3, 29 pluviôse an 3, 24 ventôse an 3, 8 germinal an 3, 16 germinal (?), 23 germinal an 3, 2 floréal an 3, 8 floréal an 3, 20 floréal an 6, 27 floréal an 5, 20 messidor an 3, 22 thermidor an 3, 19 vendémiaire an 4, 3 brumaire an 4, 7 brumaire an 4, 10 brumaire an 4, 16 brumaire an 4, 19 brumaire an 4, 26 brumaire an 4, 30 brumaire an 4, 4 frimaire an 4, 11 frimaire an 4, 16 frimaire an 4, 30 frimaire an 4, 8 nivôse an 4, 25 nivôse an 4, 13 pluviôse an 4, 20 pluviôse an 4, 26 pluviôse an 4, 5 ventôse (?), 8 ventôse an 4, 16 ventôse an 4, 25 ventôse an 4, 9 floréal an 4, 24 floréal an 4, 2 germinal an 4, 19 germinal an 4, 23 germinal an 4, 9 prairial an 4, 15 prairial an 4, 19 prairial an 4, 2 messidor an 4, 6 messidor an 4, 19 messidor an 4, 16 thermidor an 4, 19 thermidor an 4, 26 thermidor an 4, 6 fructidor an 4, 13 fructidor an 4, 17 fructidor an 4, 3$^e$ complémentaire an 4, 1 brumaire an 5, 25 brumaire an 5, 30 brumaire an 5, 11 frimaire an 5, 21 frimaire an 5, 15 nivôse an 5, 20 nivôse an 5, 2 pluviôse an 5, 16 pluviôse an 5, 16 ventôse an 5, 1 floréal an 5, 1 germinal an 5, 17 germinal an 5, 24 germinal an 7 (*sic*), 22 fructidor an 5, 2 vendémiaire an 6, 10 vendémiaire an 6, 1 frimaire an 6, 3 nivôse an 6, 4 nivôse an 6, 17 prairial an 6, messidor an 6, 2 thermidor an 6, 8 ven-

démiaire an 7, 16 prairial an 7, 26 fructidor an 7, 20 ventôse an 8,
3 prairial an 8, 2 fructidor an 8, 11 prairial an 9, 21 messidor an 9,
9 fructidor an 9, 23 fructidor an 9, 17 germinal an 10, 5 messidor an 10,
2 complémentaire an 10, nivôse an 11, 23 nivôse an 11, 13 messidor
an 11, 2 vendémiaire an 12, 27 vendémiaire an 12, 10 ventôse an 12,
17 germinal (?), 19 germinal an 12, 2 fructidor an 12, 29 frimaire an 13,
9 nivôse an 13, 7 décembre 1804, 1 lettre sans date, 26 mars 1805,
25 septembre 1805, 29 octobre 1805, 19 mai 1806, 1 août 1806, 1 vendémiaire (?), 21 vendémiaire (?), 1 brumaire (:), 6 brumaire (?), 10 brumaire (?), 19 brumaire (?), 16 frimaire (?), 26 frimaire (?), 26 frimaire (?),
1 nivôse (?) 16 nivôse (?), 10 pluviôse (?), 23 pluviôse (?), 24 pluviôse (?),
1 ventôse (?), 6 ventôse (?), 1 lettre sans date, 9 ventôse (?), 9 floréal (?), 26 floréal (?), 3 prairial (?), 7 prairial ( ), 12 prairial (?), 13 prairial (?), 24 prairial (?), 24 prairial (?), 9 messidor (?), 13 thermidor (?)
14 messidor (?), 17 thermidor (?), 20 thermidor (?), thermidor (?),
3 fructidor (?), 5 fructidor (?), 13 fructidor (?), 22 fructidor (?), 1 lettre
sans date (après le 9 fructidor (?), 25 fructidor, 10 lettres sans date (177
lettres). — MIEG (THÉODORE) : 7 mars 1788, 1 mai 1788 (2 lettres). —
MIROMESNIL : 20 décembre 1777 (1 lettre). — MOLL DE ST. JEAN : 1 juillet (?) (1 lettre). — MOLLEVAUT : 13 octobre 1800, 25 floréal an 12
(2 lettres). — MOLTER : 5 mars 1772, 4 juin 1773 (2 lettres). — MONCADE
(DE) : 25 mars 1773 (1 lettre). — OBERKIRCH MONTBRISON : 14 nivôse (?)
(1 lettre). — MONTBRISON : 12 prairial (?) (1 lettre). — MOREL : 2 janvier 1772 (1 lettre). — MORELL (THOMAS) : 1 lettre sans date, 25 mars
1775 (2 lettres). — LIPPMANN : 29 juillet 1804 (1 lettre). — MOUSSARD :
27 thermidor an 11 (1 lettre). — MUEHL (JOH.-CHRISTIAN) : 6 février 1768,
7 mars 1768, 17 mars 1768, 18 décembre 1769, 11 janvier 1770, 19 mars
1770, 8 avril 1770, 23 avril 1770, 9 juin 1770, 30 mai 1771 (10 lettres). —
MUEHLENFELDS : 2 août 1787 (1 lettre). — MUELBERGER : 4 mars 1768,
12 juillet 1769, 25 août 1769, 27 août 1769, 9 septembre 1769, 23 août
1771, 29 janvier 1774, 10 juin 1774, 14 juin 1774, 22 juillet 1774, 26 septembre 1774, 8 décembre 1775, 28 décembre 1775, 15 janvier 1776,
9 avril 1776, 14 avril 1776, 29 février 1780, 7 mai 1782, 8 mai 1782,
14 juin 1782, 28 juin 1782, 7 juillet 1783, 30 juillet 1783, 4 août 1782,
28 août 1782, 13 septembre 1782, 31 janvier 1783, 25 février 1783,
28 mai (?), 1 lettre sans date (30 lettres). — MUELLER (de Berlin) :
31 octobre 1782, 12 octobre 1783, 20 décembre 1797, 8 février 1783,
(4 lettres). — MUELLER (de Schaffhouse) : 20 janvier 1802, 11 juin 1802,
29 juillet 1802, 2 février 1803, 5 juillet 1803, 9 mai 1807, 31 août 1773

(7 lettres). — MUELLER (JOH.-PHILIPP) : 24 février 1768, 7 juin 1770, 1 lettre sans date (3 lettres). — MUELLER (THOMAS) : 14 juillet 1782, 9 août 1782, 21 septembre 1782 (3 lettres). — MUELLER (de Molsheim) : 23 juillet 1782 (1 lettre). — MUELLNER . 20 décembre 1774 (1 lettre). — MUNDLER : 22 décembre 1783 (1 lettre).

Tome VIII (**199**). — (**Murr. — Ob.**) — VON MURR : 13 décembre 1776, 13 juin 1777, 8 septembre 1777, 26 avril 1778, 30 septembre 1778, 12 janvier 1779, 9 février 1779, 5 avril 1779, 19 mai 1779, 2 mars 1780, 9 décembre 1783, 26 octobre 1781, 8 janvier 1784, 10 février 1784, 1 juin 1785, 8 août 1785, 16 août 1785 (2 lettres), 24 janvier 1786, 27 mars 1786, 7 avril 1786, 10 avril 1786, 22 mai 1786, 18 octobre 1786, 6 mai 1787, 18 avril 1787, 15 mai 1787, 18 septembre 1787, 9 novembre 1787, 4 février 1788, 4 mars 1788, 29 mars 1788, 19 mai 1788, 6 juin 1788, 13 octobre 1788, 18 novembre 1788, 6 janvier 1789, 2 février 1789, 11 février 1789, 3 avril 1789, 30 mai 1789, 14 janvier 1789, 16 juin 1789, 7 septembre 1789, 6 novembre 1789, 23 novembre 1789, (2 lettres), 14 décembre 1789, 5 janvier 1790, 12 septembre 1790, 16 août 1790, 24 septembre 1790, 1 novembre 1790, 7 avril 1791, 15 décembre 1791, 2 avril 1793, 8 mai 1792, 10 juin 1793, 17 janvier 1795, 5 août 1795, 17 août 1795, 27 octobre 1795, 10 novembre 1795, 23 novembre 1795, 7 décembre 1795, 17 janvier 1796, 9 février 1796, 15 février 1796, 2 mars 1796, 25 avril 1796, 21 mars 1797, 23 mars 1797, 7 mai 1796, 28 décembre 1796, 2 juin 1797, 8 juin 1797, 17 juillet 1797, 28 décembre 1797, 1 septembre 1798, 9 septembre 1798, 23 septembre 1799, 16 janvier 1800, 12 février 1801, 20 nivôse an 10, 19 mars 1801, 27 avril 1801, 26 mai 1801, 28 mai 1801, 11 juin 1801, 10 août 1801, 24 août 1801, 17 septembre 1801, 9 décembre 1801, 20 octobre 1801, 14 décembre 1801, 24 décembre 1801, 28 janvier 1802, 8 février 1802, 12 avril 1802, 20 avril 1802, 13 mai 1802, 8 juin 1802, 16 août 1802, 27 août 1802, 2 octobre 1802, 25 octobre 1802, 8 novembre 1802, 6 décembre 1802, 27 décembre 1802, 17 janvier 1803, 21 mars 1803, 12 avril 1803, 18 avril 1803, 29 juin 1803, 12 septembre 1803, 10 octobre 1803, 12 décembre 1803, 9 janvier 1804, 10 janvier 1804, 4 février 1804, 4 mars 1804, 20 mars 1804, 22 mars 1804, 31 mars 1804, 26 avril 1804, 30 avril 1804, 21 mai 1804, 28 mai 1804, 12 juin 1804, 25 juin 1804, 16 juillet 1804, 16 août 1804, 20 août 1804, 23 août 1804, 31 août 1804, 4 septembre 1804, 15 novembre 1804, 22 décembre 1804, 24 décembre 1804, 19 février 1805, 22 avril 1805, 26 avril 1805, 28 mai 1805, 4 juin 1805, 24 juin 1805, 18 juillet 1805, 14 septembre 1805, 26 septembre 1805, 17 octobre 1805, 25 novembre

1805, 5 décembre 1805 (2 lettres), 14 décembre 1805, 29 décembre 1805, 20 février 1806, 12 mai 1806, 25 février 1806, 27 mai 1806, 30 juillet 1806, 1 août 1806, 18 février 1807, 18 septembre 1807, 8 août 1807, 7 avril 1808, (165 lettres et 7 notes diverses). — MYRIN : 15 juin 1784 (1 lettre). — NEPOMUCK : 9 février 1796 (1 lettre). — NEUFCHATEAU (FRANÇOIS DE) : 21 brumaire an 4, 12 fructidor an 5, 25 floréal an 7, 14 fructidor (?), 5 mars 1818 (5 lettres). — NEUKIRCH : 7 messidor an 12 (1 lettre). — NEURATH : 1 décembre 1786 (1 lettre). — NEUWIED (Princesse de) : 9 mars 1804 (1 lettre). — NICOLAÏ (F.) : 21 septembre 1784, 9 mai 1805 (2 lettres). — NOEL : 8 vendémiaire an 14 (1 lettre). — NOEL (F.) : 19 messidor an 9 (1 lettre). — NORLIN : 16 janvier 1786 (1 lettre). — OBERLIN (à Winckler) : 6 janvier 1792, 4 floréal an 10, 27 prairial an 10, 30 prairial an 10, 12 messidor an 10, 13 thermidor an 10, 12 vendémiaire an 11, 11 fructidor an 10, 18 brumaire an 11, 27 vendémiaire an 11, 20 brumaire an 11, 26 frimaire an 11, 28 frimaire an 11, 9 nivôse an 11, 10 nivôse an 11, 26 nivôse an 11, 12 pluviôse an 11, 18 ventôse an 11, 23 ventôse an 11, 1 floréal an 11, 18 prairial an 11, 1 messidor an 11, 1 thermidor an 11, 1 note sans date, 25 thermidor (?), 14 fructidor an 11, 19 fructidor an 11, 3 vendémiaire an 12, 5 vendémiaire an 12, 16 vendémiaire an 12, 17 brumaire an 12, 18 pluviôse an 12, 23 pluviôse an 12, 6 brumaire an 13, 14 brumaire an 13, 25 brumaire an 13, 27 brumaire an 13, 22 nivôse an 13, 27 nivôse an 13, 1 lettre sans date, 21 ventôse an 13, (?) ventôse an 13, 1 germinal an 13, 8 germinal an 13, 8 floréal an 13, 25 floréal an 13, (46 lettres). — OBERLIN (à divers) : 15 mars 1783, 16 janvier 1786, 14 mai 1777, 21 novembre 1791, 8 février 1792, 4 mars 1792, 5 août 1792, 24 juin 1792, 10 septembre 1792, 16 ventôse (?), 13 floréal an 10, 25 prairial an 13 (12 lettres). — OBERLIN, brouillons de lettres et notes diverses. — OBERLIN (FRITZ) : 25 avril 1790, 1 février 1778, 10 octobre 1791 (3 lettres).

Tome IX (200). — Oes. — Rin. — OESINGER : 19 floréal an 13 (1 lettre). — OETTER : 11 juin 1782 ; 25 août 1782 ; 6 avril 1784 ; St. Gallus Fag. 1786, 1 lettre sans date (5 lettres). — OLIVARIUS : 16 frimaire an 14 (1 lettre). — OMPTEDA (D') : 2 mars 1788 (1 lettre). — OTTO : 3 novembre 1779, 12 septembre 1782 (2 lettres). — PALM : 18 mars 1790 (1 lettre). — PANZER : 14 juin 1791, 4 août 1802, 13 décembre 1803 (3 lettres). — PATRICK : 27 juillet 1774, novembre 1774, 11 mai 1775 (3 lettres). — PAYNE (J.) : 11 août 1802 (1 lettre). — PEIGNOT : 13 fructidor an X (1 lettre). — PENZEL : 13 août 1785, 1er février 1785 (2 lettres). PERCY : 24 prairial (?), 30 messidor an 8 (2 lettres). — PERIÉ (Jacques) :

1 décembre 1776 (1 lettre). — PETERSEN : (?) an 8, 13 germinal an 8 (2 lettres). — PEYER (VON) : 22 février 1770, 11 juin 1770, 26 novembre 1770, 17 janvier 1771, 25 février 1771, 5 mars 1772, 17 juin 1771, 13 avril 1772, 13 avril 1773, 11 septembre 1775, octobre 1776, 15 juin 1783, 11 février 1784, 22 février 1785, 5 mars 1785, 22 mars 1785, 20 juillet 1785, 7 août 1785, 11 octobré 1785, 27 octobre 1785, 14 janvier 1786, 6 juillet 1786, 22 août 1786, 17 avril 1787, 24 octobre 1787, 4 janvier 1788, 26 mars 1788, 8 avril 1788, 14 octobre 1788, 23 décembre 1788, 17 mars 1789, 11 juin 1789, 20 juillet 1789, 16 avril 1790, 30 juillet 1790, 21 septembre 1790, 22 février 1791, 11 .avril 1792, avril 1793, 24 septembre 1793, 13 mars 1795, 4 avril 1795, 21 mai 1795, 1 lettre sans date, 7 mars 1797, 3 octobre 1797, 5 octobre 1797, 16 décembre 1797, 26 décembre 1797, 30 décembre 1797, 2 lettres sans date (54 lettres). — PFAFF : 1er mars 1782 (1 lettre). — PFAULT : 8 juin 1791, 5 novembre 1792 (2 lettres). — PFEFFEL : 16 septembre 1787, 1er octobre 1788 (2 lettres). — PFEFFEL (de Colmar) : 7 janvier 1773, 8 juillet 1773, 24 janvier 1776, 12 mars 1785, 23 février 1785, 24 mars 1785 (2 lettres), 18 pluviôse an 8, 28 brumaire an 10, 26 pluviôse an 10, 12 messidor an 12, 17 décembre 1804 (12 lettres). — PFURER : 29 septembre 1793 (1 lettre). — PINGRÉ : 1 lettre sans date. — PIRANESI (F.) : 16 juin (?) 1790, 18 août 1790, 6 octobre 1790, 8 juin 1791, 16 mai 1791, 6 août 1791, 6 floréal an 8, 28 messidor an 8, 24 messidor an 9, 3 messidor an 12, 2 thermidor an 12 (11 lettres, suivies de notes et de dessins). — PLANCK : 1er décembre 1779, 10 février 1780 (2 lettres). — POIRIER : 18 floréal an 8, 24 vendémaire an 9, 15 floréal an 10 (3 lettres). — POMARDI : 17 avril 1790, 14 septembre 1791 (2 lettres). — POMPEATI : 30 novembre 1783, décembre 1783 (2 lettres). — POPP : 13 juillet 1778, 21 janvier 1772, 17 septembre 1772 ; 16 août 1773 (4 lettres). — PETTINGAL : 5 août 1774, 10 décembre 1776 (2 lettres). — POSSELT : 19 décembre 1786 (1 lettre). — POUGENS : 20 avril 1798, 5 mai 1798, 4 messidor an 6, 12 août 1798, 25 nivôse an 7, 1er prairial an 8, 24 décembre 1800, 4 mai 1802, 18 août 1802, 12 prairial an (?) (9 lettres). — POYET : 29 mai 1806 (1 lettre). — PREUSCHEN : 21 avril 1784 (1 lettre). — PREVERAND : 1 lettre (sans date). — PROX : 26 avril 1795, 7 novembre 1796, 21 mars 1798, 13 octobre 1798, 2 avril 1799, 9 janvier 1800, 1er avril 1803, 10 janvier 1804 (8 lettres). — PUCHS : 3 septembre 1804 (1 lettre). — RABAUT DE ST. ÉTIENNE : 3 juillet 1781 (1 lettre). — RABOUILLOT : 19 mars 1778 (1 lettre). — RANGON (MELCHIOR) : 5 août 1787, 5 mars 1788, 4 juin 1788, 1 lettre sans date [après 8 avril 1788 ?], 12 novembre 1788, 3 janvier

1789, 18 janvier 1789, 2 mai 1789, 23 mai 1789, 23 juin 1789, 9 septembre 1789, 13 septembre 1788, 21 octobre 1789, 7 novembre 1789, 21 avril 1790, 22 septembre 1790, 16 octobre 1790 (17 lettres). — RANGONE (G.) : 4 février 1789, 26 juillet 1789, 8 mars 1790, 8 juin 1791 (4 lettres). — RANGONE (L.-M.) : 17 novembre 1794 (1 lettre). — RASCHER : 22 mai 1775 (?), 2 août (?) (2 lettres). — REDSLOB : 26 janvier 1764 (1 lettre). — REICH : 21 septembre 1787 (1 lettre). — REIFFENSTEIN : 25 mai 1779 (1 lettre, suivie de deux lettres de MEYER : 6 septembre 1779, 19/20 avril 1780). — REIZ : 1er août et 30 avril 1787 (2 lettres). — REINWALD : 22 avril 1780, 28 décembre 1781, 7 mars 1793 (3 lettres). — REINHARDT : 28 frimaire an 10 (1 lettre). — REISS : 26 pluviôse an 6 (1 lettre). — REISSIISSEN : 11 mars an 8, 18 août an 9, 10 mai 1807, 29 septembre 1808 (4 lettres). — RENGGUER : 18 juillet 1773, 20 juin 1773, 24 juin 1777, 28 juillet 1773, 20 septembre 1773, 15 janvier 1774, 6 juin 1774, 17 avril 1774 (8 lettres). — REPOM : 21 mars 1786 (1 lettre). — REUTER : 26 décembre 1803 (1 lettre). — REVEREND : 28 octobre 1792 (1 lettre). — RIBBELN : 22 avril 1781, 16 janvier 1782, 29 avril 1784, 23 janvier 1785, 25 octobre 1786, 27 décembre 1786, 25 octobre 1787, 11 novembre 1787, 11 février 1787, 10 juin 1792, 12 août 1792, 27 novembre 1792, 1 lettre sans date (12 lettres). — RICHARD (JACQUES) : 10 germinal (?) (1 lettre). — RICHARD SR. : 1 février 1802, 19 février 1802 (2 lettres). — RING : vendredi-saint 1770, 7 janvier 1771, 27 janvier 1771, 22 février 1772, 17 mars 1772, 12 avril 1772, 2 juin 1772, 13 septembre 1772, 20 novembre 1772, 13 mars 1773, 24 mars 1773, 21 avril 1773, 20 mai 1773, 5 juin 1773, 5 juillet 1773, 30 novembre 1773, 27 août 1773, 18 janvier 1774, 10 avril 1774, 12 mai 1774, 28 juin 1774, 8 juillet 1774, 11 août 1774, 16 septembre 1774, 20 septembre 1774, 30 novembre 1774, 19 janvier 1775, 27 mars 1775, 18 mai 1775, 12 août 1775, 18 octobre 1775, 10 janvier 1776, 4 avril 1776, 1er octobre 1776, 13 novembre 1776, 6 mai 1778, 2 août 1778, 9 février 1779, 21 décembre 1779, 11 janvier 1780, 9 mars 1782, 8 août (?), 5 juillet 1782, 10 septembre 1782, 7 décembre 1782, 18 janvier 1786, 15 mai 1786, 17 août 1786, 4 avril 1787, 7 juillet 1787, 27 juin 1789, 21 janvier 1790, 7 octobre 1790, 10 janvier 1791, 3 mars 1791, 10 novembre 1797, 1er novembre 1797, 7 janvier 1798, 17 février 1798, 27 décembre 1798, 23 mars 1799, 9 mai 1800, 3 juillet 1800, 30 avril 1801, 30 juillet 1801, 13 avril 1802, 17 juillet 1802, 26 octobre 1802, 29 novembre 1802, 23 décembre 1802, 7 mai 1803, 1er juin 1803, 28 juillet 1803, 23 octobre 1803, 16 février 1804, 8 juin 1804, 18 juillet 1804, 26 novembre 1804, 12 avril 1805, 22 juillet 1805, 2 lettres sans date (82 lettres).

Tome X (**201**). — **Ris** — **Schneck**. — Risle (P.) : 10 octobre 1778, 19 mai 1778, 12 juillet 1778, 26 janvier 1779, 24 avril 1779 (5 lettres). — Rissler : 25 vendémiaire an 7, 1 lettre sans date (2 lettres). — Ritter : 29 janvier 1789 (1 lettre). — Roche : 5 floréal an 4 (1 lettre). — Roeder : 31 décembre 1768 (1 lettre). — Roehm : 13 mai 1768, 24 juillet 1768, 20 septembre 1768 (3 lettres). — Roellner : 18 janvier 1803 (1 lettre). — Rosé : 5 novembre 1786 (1 lettre). — Rosenstiel : 8 octobre 1776, 2 décembre 1779, 10 novembre 1781, 29 janvier 1782, 27 février 1782 (5 lettres). — Rossi (J.-B. de) : 7 mars 1778, 1 février 1779, 18 décembre 1779, 7 janvier 1780, 24 avril 1783, 30 juin 1784, 31 janvier 1785, 18 août 1785, 3 janvier 1786, 12 juin 1787, 18 février 1788, 17 mai 1789, 13 décembre 1789 (13 lettres). — Oberlin, Wilhelm, Müller, Wagner, Ryhinne : lettres sur une souscription à des Variantes de la Bible publiées par Rossi. — Rotenham : 5 décembre 1790 (1 lettre). — Roth : 25 juin 1801, 5 mai 1802 (2 lettres). — Rotours (Des) : 9 novembre 1784, 19 janvier 1786, 13 août 1786, 19 septembre 1786, 5 octobre 1786, 6 octobre 1786, 17 octobre 1786, 20 octobre 1786, 30 octobre 1786, 14 novembre 1786, 21 novembre 1786, 12 décembre 1786, 28 décembre 1786, 15 janvier 1787, 16 février 1787, 11 mars 1787, 8 mai 1787, 26 mai 1787, 28 septembre 1787, 30 septembre 1787, 23 novembre 1787, 14 janvier 1788, 16 février 1788, 28 mars 1789, 17 mai 1789, 5 avril 1784, 7 juin 1789, 13 janvier 1790, 31 juillet 1790, 5 août 1790, 25 novembre 1790, 28 décembre 1790, 16 janvier 1791, 21 février 1791, 1 lettre sans date, 30 juillet 1791, 29 septembre 1791, 24 janvier 1792, 14 février 1792, 21 avril 1792, 22 septembre 1793, 27 octobre 1792, 11 prairial an 2, 7 frimaire an 3, 9 frimaire an 3, 13 nivôse an 3, 16 pluviôse an 3, 13 floréal an 3 (48 lettres). — Rozier : 18 avril 1806 (1 lettre et 1 pièce de vers). — Ruef : 14 août 1782, 22 septembre 1783, 12 novembre 1783, 17 décembre 1783 (4 lettres). — Ruehl : 13 mars 1782, 6 octobre 1791, 26 octobre 1791, 9 novembre 1791, 12 décembre 1791, 14 décembre 1792, 30 mai 1792, 16 mai 1793 (8 lettres). — Rust : 20 juillet 1780, 2 septembre 1781. — Ryhinne (J.-H.) : 23 décembre 1785, 17 janvier 1786, 16 décembre 1788 (3 lettres). — Salzmann : 5 décembre 1773, 4 février 1774, 30 janvier 1778, 25 avril 1778, 2 juillet 1774. — Sahler : 1 lettre sans date, 2 juillet 1783, 16 août 1786 (3 lettres). — Saint-Mihiel : 27 juin 1790 (1 lettre). — Saint-Veran : 1 lettre sans date. — Saint-Vincent : 1 février 1777, 18 novembre 1782 (2 lettres). — Sainte-Croix : 20 décembre 1774, 24 mars 1775, 11 mars 1775, 15 septembre 1775, 20 octobre 1775, 2 janvier 1776, 10 mars (?), 4 avril 1776, 11 janvier 1777, 1 février 1778,

25 mars (?), 5 avril 1778, 1 novembre 1778, 14 septembre 1779, 27 janvier 1780, 24 avril 1781, 21 juillet 1785, 24 mai 1787, 9 août 1787, 14 juillet 1787, 8 novembre 1789, 12 mars 1790, 17 août 1790, 12 avril 1792, 7 ventôse an 4, 4 germinal an 4, 25 frimaire an 5, 14 août 1796, 2 vendémiaire an 6, 25 vendémiaire an 6, 5 février 1797, 21 thermidor an 6, 12 décembre 1797, 25 prairial an 7, 14 thermidor an 7, 4 décembre (?) 1798, 3 thermidor (?) an 8, 24 thermidor an 10, 27 juillet 1801, 11 octobre 1801, 10 nivôse an 13, 15 septembre 1804, 2 juin 1806, 2 lettres sans date (45 lettres, puis 5 notes sans date). — SAINTE-CROIX (M^me) : 1 septembre 1778 (1 lettre). — DELISLE (M^me, née SAINTE-CROIX) : 11 prairial (?), 4 lettres sans date (5 lettres). — SALZMANN : 3 mars 1768, 17 novembre 1768. — SALVADORE : 27 septembre 1776 (1 lettre). — SALZMANN (de Mannheim) : 28 février 1768 (1 lettre). — SANDER : 11 juin 1767, 16 août 1771, 1768, 30 décembre 1771, ... 1771 [date déchirée], 21 février 1772, 26 mai 1772 (2 copies), 8 août 1772, 11 novembre 1772, 23 novembre 1772, 3 juin 1773, 1 lettre sans date, 19 février 1774, 1 lettre sans date, 3 septembre 1774, 14 septembre 1774, 10 septembre 1774, 8 juin 1775, 21 juin 1775, 21 août 1775, 13 août 1775, 1 octobre 1775, 5 novembre 1775, 18 novembre 1775, 21 décembre 1775, 15 janvier 1776, 12 février 1776, 11 décembre 1775, 23 mars 1776, 3 avril 1776, 8 août 1776, 3 octobre 1776, 20 (?) octobre 1776, 24 février 1777, 17 février 1777, 3 mai (?) 1777, 29 novembre 1777, 12 septembre 1778, 15 juin 1778, 30 mai 1778, 1 lettre sans date, 21 septembre 1778, 23 octobre 1778, 21 décembre 1778, 24 février 1779, 21 mars 1779, 19 août 1779, 9 février 1780, 22 juillet 1780, 12 octobre 1780, 8 octobre 1780, 31 décembre 1780, 21 août 1781, 6 juin 1781, 30 mars 1782, 13 juillet 1782, 5 octobre 1782, 21 décembre 1782, 5 décembre 1783, 29 mars 1785, 30 octobre 1787, 1 lettre sans date, 15 février 1788, 25 novembre 1789, 3 février 1790, dom. Palm. 1790, 4 juillet 1791, 26 mars 1792, 24 avril 1792, 26 février 1778, 2 lettres sans date, 21 juin 1790, 3 février 1781, 22 février 1778 (?), Quasimodo 1775 (73 lettres). — SANDER (de Carlsruhe), 24 septembre 1776, 28 janvier 1779, 14 avril 1780, 30 octobre 1780 (4 lettres). — SATILLEUX : 28 mars 1784, 26 mars 1785 (2 lettres). — SAVOISY : 1 lettre (29 frimaire an 13). — SCARAMUZZA : 31 janvier 1809 (1 lettre). — SCHAD (G.-F.-C.) : 26 juillet 1773, 28 février 1773, 16 septembre 1774, 12 octobre 1779, 28 février 1781, 18 mars 1784, 28 novembre 1782 (7 lettres). — SCHALLER (G. J.) : 26 juin 1792, 21 pluviôse an 8, 3 prairial an 8, 25 vendémiaire an 8, 8 frimaire an 9, 10 thermidor an 8, 28 vendémiaire an 9, 8 novembre 1784, 16 février 1785 (9 lettres). — SCHEELER : 4 août 1791 (1 lettre). — SCHELLEN-

BERG : 17 novembre 1797 (1 lettre). — SCHERER : 1 mars 1775 (1 lettre). — SCHEUCHZER : 25 octobre 1789, 17 octobre 1789, 29 novembre 1789 (3 lettres). — SCHEYDECK : 26 novembre 1771, 8 juillet 1775, 5 septembre 1777 (3 lettres). — SCHILD : 5 février 1778 (1 lettre). — SCHIRECK : 4 décembre 1775. — SCHLAG : 3 nivôse an 3 (1 lettre). — SCHLEINICH : 11 germinal an 12 (1 lettre). — SCHLICHTHORST : 6 novembre 1789 (1 lettre). — SCHLÖZER : 31 mai 1774, 24 novembre 1776, 2 janvier 1779, 24 février 1779 (4 lettres). — SCHMID (J.-F.) : 29 février 1768, 24 octobre 1771, 30 novembre 1771, 15 avril 1774, 21 février 1788 (5 lettres). — SCHMID (C.-H.) : 24 mars 1789, 31 décembre 1800, 8 août 1802 (3 lettres). — SCHMIDT DE ROHAN : 13 juin 1791, 1 lettre sans date, 13 avril 1788 (3 lettres). — SCHMIEDLIN : 28 février 1782 (1 lettre). — SCHMUTZ (F.) : 17 mai 1783, 19 janvier 1784, 7 mars 1786, 19 juin 1787 (avec 12 quittances), 31 janvier 1789, 16 août 1802 (6 lettres). — SCHNECK : 17 frimaire an 10 (1 lettre).

Tome XI (**202**). — **Schnei — Stein**. — SCHNEIDER : 9 juillet 1776, 10 août 1776, 17 août 1776, 20 novembre 1776, 26 janvier 1777, 24 février 1777, 21 septembre 1777, 17 mars 1778, 10 juillet 1778, 11 novembre 1778, 25 février 1779, 22 avril 1779, 19 juillet 1779, 18 novembre 1779, 1 avril 1780, 20 juillet 1780, 13 mars 1781, 10 novembre 1781, 20 février 1782, 21 mars 1783, 7 novembre 1786 (21 lettres). — SCHNURRER : 5 octobre 1772, 19 mai 1778, 28 juillet 1778, 9 octobre 1785, 17 août 1784, 10 octobre 1785, 30 octobre 1785, 4 décembre 1785, 19 avril 1786, 23 octobre 1786, 6 novembre 1786, 14 mars 1798, 12 mars 1802, 31 mars 1802, 15 mars 1803, 8 septembre 1803, 10 novembre 1803, 13 novembre 1803, 26 avril 1804, 24 mai 1804, 8 juin 1804, 21 mars 1805, 19 septembre 1805, 14 juillet 1805, 19 juillet 1808 (25 lettres). — SCHOELL : 20 octobre 1795 (1 lettre). — SCHOEPFLIN : 1 lettre sans date. — SCHOERTER : 24 mars 1792 (1 lettre). — SCHOTT : 28 mai 1783, 11 juillet 1783 (2 lettres). — SCHREIBER : 7 février 1784 (1 lettre). — SCHRUCK : 2 septembre 1782 (1 lettre). — SCHÜBLER (C. L.) : 17 janvier 1806 (1 lettre). — SCHUCH : 15 février 1782 (1 lettre). — SCHUCKE : 19 avril 1788 (1 lettre). — SCHULZE : 1 lettre sans date. — SCHUMANN : 28 novembre 1785 (1 lettre). — SCHWAB : 17 janvier 1783, 16 janvier 1785, 17 septembre 1791 (3 lettres). — SCHWABE : 28 avril 1783, 1 mai 1781 (2 lettres). — SCHWANN (E. F.) : 1 billet sans date, 14 mars 1782, 2 avril 1781, 12 février 1782, 11 thermidor an 8, 24 février 1782, 8 mai 1784 (7 lettres). — SCHWARZEL : 24 septembre 1798 (1 lettre). — SCHWEIGHAEUSER : 26 octobre an 2, 13 août 1793, 29 août 1793, 28 avril 1797, 30 mai 1797, 25 vendémiaire

an 13, 1 lettre sans date (7 lettres). — Seguier : 7 mars 1777, 2 avril
1777 (2 lettres). — Seitz : 24 octobre 1789, 21 novembre 1789, 18 février
1790 (3 lettres). — Senckenberg : 12 janvier 1782, 21 décembre 1789,
26 juin 1797, 6 novembre 1797 (4 lettres). — Servières : 18 septembre
1777, 14 janvier 1778, 4 mars 1778, 4 juin 1778, 1 billet sans date, 14
juillet 1778, 25 juillet 1778, 23 juillet 1778, 5 août 1778, 29 août 1778,
24 septembre 1778, 8 octobre 1778, 23 novembre 1778, 25 novembre 1778,
14 janvier 1779, 22 février 1779, 15 mai 1779, 25 mai 1779 (2 lettres),
9 juillet 1779, 22 juillet 1779, 4 août 1779, 25 septembre 1779, 27 octobre
1779, 4 novembre 1779, 7 janvier 1780, 12 mai 1780, 5 mai 1780, 15 octobre 1780, 28 octobre 1780, 29 septembre 1780, 30 décembre 1780, 7 mai
1781, 21 août 1783 (34 lettres). — Seume : 26 janvier 1791, 16 juillet 1791
(2 lettres). — Seybold : 31 décembre 1780, 13 juillet 1781, 1 avril 1781,
4 avril 1780, 6 mai 1787, 1 avril 1787, 24 août 1788, 9 novembre 1788,
11 février 1789, 6 juin 1790, 5 janvier 1791, 20 février 1791, 16 décembre
1792, 9 juin 1793, 26 novembre (?), 4 février (?), 22 octobre (?), 21 août
(?), 1 lettre sans date, 30 juin (?), 18 novembre (?) (21 lettres). — Veuve
Racksfay, née Seyffer, 3 frimaire an 10 (1 lettre). — Seyler : 10 juin
1789, 4 novembre 1789 (2 lettres). — Shée : 7 floréal an 11, 4 messidor
an 12 (2 lettres). — Sicherer : 15 juin 1795, 21 août 1795 (2 lettres, puis
2 lettres de divers et une déclaration du Département de Bas-Rhin).
— Siebenkees : 15 juin 1784, 26 juin 1785, 7 décembre 1790, 2 août 1791,
10 décembre 1791, 25 février 1799, 7 mai 1802, 28 août 1804 (8 lettres). —
Sieyès : 2 germinal an 4 (1 lettre). — Silbermann : 28 juin 1778 (1 lettre).
— Silvestre de Sacy : 6 juin 1797, 25 vendémiaire an 6, 2 nivôse an 6,
7 prairial an 6, 11 floréal an 10, 13 floréal an 7, 6 messidor an 7, 10 brumaire an 8, 21 pluviose an 8, 13 ventôse an 8, 21 prairial an 10, 17 avril
1803, 9 fructidor an 11, 11 frimaire an 12, 4 décembre 1804, 28 ventôse
an 12, 11 décembre 1805 (17 lettres). — Simon (J.-F.) : 5 octobre 1787
(1 lettre). — Siméon : 19 nivôse an 5, 16 nivôse (?) (2 lettres). — Ska-
wronski : 19 avril 1779 (1 lettre). — Solomé : 4 février 1777, 30 juillet
1777, 11 janvier 1778 (3 lettres). — Spach (J.-N.) : V kal. septembris
1771, 18 kal. septembr. 1771, 7 kal. januarii 1762, 22 kal. julii 1762.
3 non. septembr. 1762, 5 iduum februar. 1763, 3 id. januarii 1763, pridie
iduum aprilis 1764, nonis januarii 1764, 5 calend. julii 1765, 9 calend.
januarii 1768, 8 calend. maij 1768, 15 kalend. augusti 1768, pridie iduum
septembris 1768, 10 kalendarum februarii 1769, 11 kalendarum octobris
1769, 3 calendarum novembris 1769 (17 lettres). — Spach (de Bâle) : 11
août 1780, 4 janvier 1787, 31 décembre 1787, 23 octobre 1787, 28 no-

vembre 1788, 26 août 1792 (6 lettres). — SPIESS : 9 septembre 1779, 20 janvier 1780, 12 août 1789 (3 lettres). — STARCK (G.) : 19 décembre 1798 (1 lettre). — STEIN (J. F.) : 19 juillet 1776, 25 août 1776 (2 lettres). — STEINKOFF : 19 janvier 1800, 23 janvier 1800, 21 janvier 1800 (3 lettres). — STEINMEZ : 23 septembre 1769 (1 lettre).

Tome XII (**203**). — **Ster — Weid**). — STERCKE : 9 mai 1786, 24 août 1786, 1 lettre sans date (3 lettres). — STEYRER : 25 septembre 1779, 14 juin 1782, 29 octobre 1782, 16 septembre 1783, 17 mars 1784 (6 lettres). — STOEBER : 30 décembre 1778, 8 avril 1779 (2 lettres). — STOEBER fils : 29 avril 1808, 4 juillet 1808 (2 lettres). — STOLBERG (Princesse de) : 3 mai 1778, 4 septembre 1778, 2 décembre 1778, 12 janvier 1779, 13 janvier 1779, 30 décembre 1779 (6 lettres). — STROTH : 25 avril 1780, 31 juillet 1783, 6 octobre 1783 (3 lettres). — STUDELLE : 12 février 1783 (1 lettre). — STIERNEMANN, 5 août 1764, 13 août 1764, 14 décembre 1764, 26 décembre 1764, 13 février 1765, 9 juin 1765, 12 février 1773, 26 mars 1773, 6 avril 1773, 4 mai 1773, 28 mai 1773, 11 juin 1773, 18 novembre 1773, 24 février 1774, 10 août 1775, 24 octobre 1775, 1 lettre sans date (17 lettres). — SUARD : 21 pluviôse an 12 (1 lettre). — SUDEWITZ : 11 frimaire an 10 (1 lettre). — TALLEYRAND : 2 octobre 1791 (1 lettre). — TEINAIGLE (G. DE) : 2 frimaire an 14 (1 lettre). — TELEKI (S.-C.) : 18 kal. déc. 1804, 11 kal. januar. 1805, 1 mai 1805 (3 lettres). — TERNEY (DU) : 5 février 1784, 8 février 1786. — TERSAN : 29 octobre 1806 (1 lettre). — THIELE (A.-C.) : 2 octobre 1789, 29 août 1790, 2 juin 1790, 26 juillet 1791, 4 octobre 1791, 6 juin 1792, 28 avril 1793, 23 janvier 1798, 4 août 1798, 21 novembre 1791, 21 juillet 1801, 24 septembre 1801, 1 lettre sans date, 27 décembre 1801, 21 juillet 1803, 15 octobre 1803 (16 lettres). — THOLOZAN DE CEZANNE : 26 septembre 1789, 22 décembre 1789, 1 lettre sans date, 6 février 1690 (4 lettres). — THORLACIUS (B.) : 1 mars 1806 (1 lettre). — TIEFBRUNNER : 10 février 1780 (1 lettre). — TILLING : 15 août 1789, 12 novembre 1790, 20 décembre 1790, 31 octobre 1791 (4 lettres). — TOBLER : 31 juillet 1797 (1 lettre). — TORELLI : 14 novembre 1788, 9 juin 1789 (2 lettres). — TORF : 10 septembre 1783, 31 avril 1784 (2 lettres). — TORREMURRA (Prince DE) : 4 août 1774, 3 mai 1776 (2 lettres). — TOURNON : 7 frimaire an 10, 21 frimaire an 10, 21 nivôse an 10 (3 lettres). — TRACY : 21 juin (?) (1 lettre). — TUMPER (P. G.) : 18 mai 1779, 15 juin 1779 (2 lettres). — TURKHEIM (aîné) : 22 mai 1773, 2 septembre 1773, 17 mars 1774 (3 lettres). — TZSCHUCKE : 15 novembre 1787 (1 lettre). — UHL : 15 mars 1783 (1 lettre). — URLSPERGE : mars 1775 (1 lettre). — USTERI : 30 novembre 1779,

21 janvier 1786, 18 avril 1786, 22 mars 1784, 3 mars 1786 (5 lettres). —
URGERN (F.-R.-VON) : 18 juillet 1787, 28 août 1789 (2 lettres). — VALCKE-
NAER : 23 septembre 1801 (1 lettre). — VERNAZZA DI FRENEY : 6 octobre
1787 (1 lettre), — VIENTS (A.) : 22 mars 1785 (1 lettre). — VILLENEUVE ;
6 nivôse an 6 (1 lettre). — VILLIERS (DE) : 8 brumaire an 9 (1 lettre). —
VISCHERS : 17 juin 1768, 13 novembre 1768, 19 août 1769, 1 novembre
1770, 24 janvier 1771, 24 septembre 1771, 1 lettre sans date, 28 août
1753 (8 lettres). — VOGEL : 9 mai 1785 (1 lettre). — VOGT : 5 ventôse an
3, 9 ventôse an 3, 17 ventôse an 3 (3 lettres). — VOLBORTH : 26 juillet
1780 (1 lettre). — VOLLMAR : 17 août 1780 (1 lettre). — VOLZ : 17 février
1789, 7 mai 1791 (2 lettres). — VULTZMANN : 1 lettre sans date. — WACK-
ER : 17 octobre 1774, 12 novembre 1774, 10 mai 1775, 11 janvier 1775,
10 avril 1776, 16 avril 1777 (6 lettres). — WAGNER et Cⁱᵉ : 3 juillet 1780,
15 septembre 1780 (2 lettres). — WAIDNER : 12 mai 1780 (1 lettre). —
WALDAU : 16 mars 1787, 7 août 1788, 12 novembre 1788, 14 janvier 1789,
4 mai 1789, 25 juillet 1789, 9 décembre 1791, 16 février 1792, 29 janvier
1793, 19 mars 1793, 1 lettre sans date (11 lettres). — WALCH : 24 avril
1779 (1 lettre). — WALDT : 2 lettres sans date. — WALLENBURG : 10 mars
1775 (1 lettre sans date). — WALTER : 19 avril 1780, 18 septembre 1780
(2 lettres). — WALTEZ : 6 juillet 1776, 13 juillet 1776, 5 décembre 1777,
14 février 1778 (4 lettres). — WANGEN : 5 juillet 1806 (1 lettre). — WAT-
TEVILLE (DE) de Balp. : 23 juillet 1774, 7 septembre 1774, 28 octobre
1774, 28 octobre 1774, 13 mai 1775, 27 mai 1775 (5 lettres). — WATTE-
VILLE DE MONTBENAY : 18 janvier 1888, 23 février 1887, 6 mars 1788,
26 mars 1788, 1 décembre 1788, 10 mai 1774, 28 octobre 1774, 8 mars
1775, 29 décembre 1787, 25 septembre (?), 14 juin (?), 5 mai (?), 19 avril
(?), 25 mars (?), 21 mars (?), 15 mars (?), 1 septembre (?) [17 lettres]. —
WEBER (de Göttingen) : 20 janvier 1773 (1 lettre). — WEDEKE : 21 juillet 1784 (1 lettre). — WEIDMANN et Cⁱᵉ (Leipzig) : 30 juin 1798, 20 juin
1802, 21 février 1803, 29 juin 1803, 3 septembre 1803, 20 février 1804,
13 avril 1804, 25 mai 1804, 25 août 1804, 28 septembre 1804, 2 lettres
sans date, 27 octobre 1804, 24 novembre 1804, 18 décembre 1804, 8 janvier 1805, 16 février 1805, 16 mars 1805, 10 avril 1805, 30 avril 1805,
11 mai 1805, 31 mai 1805, 8 juin 1805, 3 août 1805, 20 août 1805, 15 février 1806, 7 mai 1806, 2 juin 1806, 28 janvier 1807 (29 lettres).

Tome XIII (**204**). — **Weil — Zwie.** — WEILER (de Vienne) : 9 février 1788 (1 lettre). — WEILER (de Strasbourg) : 18 juin 1790, 18 pluviôse an 3, 30 floréal an 3, 16 prairial an 3, 23 messidor an 3, 21 thermidor an 3, 7 vendémiaire an 5, 12 brumaire an 5, 1 frimaire an 5,

2 ventôse an 5, 14 ventôse an 5, 7 prairial an 5, 26 prairial an 5, 8 messidor an 5, 12 messidor an 5, 27 messidor an 5, 2 thermidor an 5, 9 fructidor an 5, 4 complémentaire an 5, 16 frimaire an 6, 8 brumaire an 10, 1 lettre sans date, 10 ventôse (?), 1 lettre sans date (24 lettres). — WENCK : 14 octobre 1788, 15 novembre 1788, 12 octobre 1802 (3 lettres). — WENCKER : 2 octobre 1786, 29 septembre 1782, 1 lettre sans date, 15 décembre 1782, 9 septembre 1783 (5 lettres). — WENTZEL : 30 septembre 1787 (1 lettre). — WEYLAND : 17 juillet 1782 (1 lettre). — WIED (Comte de) : 24 avril 1788 (1 lettre). — WIESIOLOSKI : 10 décembre 1782 (1 lettre). — WILL : 15 août 1781, 12 septembre 1781, 21 novembre 1781, 28 janvier 1784, 1 juin 1784, 30 décembre 1788, 23 octobre 1788, 10 mars 1789, 31 mars 1789 (9 lettres). — WINCKLER (TH. F.) : 19 pluviôse an 8, 18 floréal an 10, 16 germinal an 10, 4 messidor an 10, 5 messidor an 10, 3 thermidor an 10, 29 thermidor an 10, 16 fructidor an 10, 13 brumaire an 11, 4 frimaire an 11, 1 lettre sans date, 6 germinal an 11, 19 messidor an 11, 13 thermidor an 11, 25 thermidor an 11, 10 thermidor an 11, 11 fructidor an 11, 29 fructidor an 11, 9 germinal an 12, 18 brumaire an 13, 2 pluviôse an 12, 30 pluviôse an 12, 22 brumaire an 13, 29 nivôse an 13, 9 pluviôse an 13, 10 pluviôse an 13, 17 ventôse an 13, 22 ventôse an 13, 5 germinal an 13, 7 messidor an 13, 16 messidor an 13, 28 messidor an 13, 21 thermidor an 13, 25 fructidor an 13, 13 janvier 1805, 23 décembre 1805, 15 décembre 1805, 27 brumaire an 14, 18 janvier 1806, 6 mars 1806, 2 lettres sans date, 25 avril 1806, 3 juin 1806, 29 juin 1806, 27 juillet 1806, 25 août 1806, 31 août 1806, 6 lettres sans date, 6 brumaire (?) (55 lettres). — WITTRER : 27 janvier 1777, 26 août 1777, 30 novembre 1776 (3 lettres). — GOERENZ (J.-A.) : 24 février 1806 (1 lettre). — WOLFF : 1 lettre sans date, 27 pluviôse an 6 (2 lettres). — WOLLMAR : 10 septembre 1781, 3 décembre 1786 (2 lettres). — ZAPF : 10 juillet 1782, 31 octobre 1797, 7 novembre 1797, 23 novembre 1797, 28 février 1798, 3 avril 1798, 26 avril 1798, 7 février 1798, 20 août 1798, 3 septembre 1798, 6 septembre 1798, 28 septembre 1798, 5 octobre 1798, 22 octobre 1798, 3 novembre 1798, 19 novembre 1998, 4 décembre 1798, 11 janvier 1799, 23 janvier 1799, 23 février 1799, 25 juin 1801, 19 août 1801, 25 septembre 1801, 7 juillet 1802, 12 avril 1802, 24 novembre 1802, 21 mai 1803, 22 octobre 1803, 6 février 1804, 28 juillet 1804, 1 juin 1805, 1 mai 1805, 24 décembre 1805 (33 lettres). — WURTH : 20 juillet 1782 (1 lettre). — ZEYSS : 15 mars 1791 (1 lettre). — ZIEGENHAGEN : 6 décembre 1777, 17 avril 1778, 3 novembre 1792, 19 juin 1795 (4 lettres, plus une adresse à la Convention nationale du 3 novembre 1792, avec

projet de décret, traduction et 2 imprimés). — Ziegler : 6 octobre 1789, 17 octobre 1792, 7 novembre 1792, 15 mai 1806 (4 lettres). — Zimmer : 10 nivôse an 5 (1 lettre). — Zœpffel : 4 août 1781, 19 décembre 1778, 30 avril 1790, 27 messidor an 8 (4 lettres). — Zuanelli : 2 janvier 1784 (1 lettre). — Zurlauben : 14 février 1787, 15 mars 1787, 4 octobre 1787, 10 octobre 1787, 31 octobre 1787, 15 mai 1788 21 août 1788, 18 décembre 1789 (8 lettres). — Zvietaeuw : 2 septembre 1803 (1 lettre).

Lettres diverses parmi lesquelles : Ruhnkenius (à Brunck) 22 août 1806 ; Rasoumoffsky, 18 mars 1793, Zaber (von), 15 septembre 1780 ; Hassler, 14 décembre 1786. Les autres lettres sont anonymes ou avec signatures illisibles.

xviiiᵉ-xixᵉ siècles. — Papier. — 240 sur 200 millimètres — 419+449+289+465+ 471+472+347+370+127+429+332+271+349 feuillets. — Supplément français 3298 : 1-13.

**205. Calendrier suivi de notes généalogiques sur la famille Röttel.** - Calendrier : fol. 1-12 ; notes généalogiques : fol. 15-25. Incipit (fol. 1 rᵒ) : — " KL Der Genner het XXXI dage ". — Explicit (fol. 25 vᵒ) : " Zu den gutten leutten begraben worden ".

xv-xviᵉ siècle. — Parchemin. — 130 sur 90 millimètres. — 25 feuillets. — Supplément français 5767.

**206. Vie (rimée) de la Sainte-Vierge, par le frère Philippe. — Incipit** (fol. 1 rᵒ). " Dye gnade dez heilgin geistis si mit vns amen. Maria muder kuneginnen Aller der wernde loserinnen... " — Explicit (fol. 80 vᵒ col. b) : " Peder Schriber bin ich genant, Got ist mir leider unbekant, Geschribin han ich iz mit minre hant... Qui schripsit scribat et longo tempore vivat. Amen ". La fin du poème a été modifiée de manière à remplacer le nom de l'auteur par celui du copiste, Peter Schriber. Cf. Bächtold, *Germania*, XX (1875), 337, 338.

xivᵒ siècle. — Vélin. — 225 sur 165 millimètres. — 80 feuillets. — Supplément français 3732.

**207. — Prologue dramatique pour fêter l'anniversaire de Maximilien-Frédéric, électeur de Cologne. Incipit (fol. 1 rᵒ) : " Der Blich in die Zukunft, Ein Vorspiel mit Gesang zum höchsten Geburths Feste Seiner Churfürstlichen Gnaden zu Cölln. " — Explicit : (fol. 13 vᵒ) : " Schallt ihr freudigen Gesänge Hin zur guten Gottheit Ohr! — Ende. "

xviii⁰ siècle. — Papier. — 210 sur 160 millimètres. — 13 feuillets. — Supplément français 4546.

**208. Prologue dramatique** pour célébrer le retour de l'Électeur de Cologne Frédéric-Maximilien, représenté à Bonn en 1779; paroles du baron de Hagen, musique par C.-G. Neese. — Incipit (fol. 1 r⁰) : "Wir haben Ihn wieder, ein Vorspiel..." — Explicit (fol. 18 r⁰) : "Höre Gottheit, unsre Lieder, Und vernim der Herzens Wonnedank. Der Vorhang fällt."

xviii⁰ siècle. — Papier. — 190 sur 160 millimètre. — 18 feuillets. — Supplément français 5060.

**209. Opuscules divers relatifs à la théologie** et à l'histoire religieuse.
1⁰ "Ex confessione Ecclesiæ quæ est Smigelü in Polonia, aut potius ejusdem apologia contra Deitatem Jesu Christi æternam (fol. 1).
2⁰ Explication de la parole "Ne diligite mundum neque ea quæ in mundo sunt..." (I Joh. II, 15) (fol. 2-4).
3⁰ "Alcoranus Mahometicus". Extraits du Koran et notices sur l'Islam, traduits de l'arabe en italien et de l'italien en allemand, par S. Schweigger (d'après l'édition de Numberg, 1611, chez S. Halbmayer). (fol. 5-24).
4⁰ Traduction du traité de Paul de Samosate contre les Trinitaires, avec préface de N. Dreski (fol. 25-28) [en hollandais].
5⁰ Réponse de C. Ostorodt aux frères Moraves, sur la communauté des biens (fol. 59-83).
6⁰ Sur les réunions religieuses et la célébration de la S. Cène, extrait de C. Ostorod (fol. 84-89).
7⁰ C. Ostorodt, examen de quelques passages de l'Écriture (fol. 90 à fol. 94). Explicit : "finis secundœ partis (fol. 94 v⁰).

xvii⁰ siècle. — Papier. — 215 sur 165 millimètres. — 95 feuillets. — Supplément français...

**210. Traité de calligraphie.** — Incipit (fol. 1 r⁰). Grunndt buechel vnd Ursprung gerechten deutschen Schrifften... 1548 " — Dans la préface (fol. 1 v⁰) : "...Durch mich Christophen Jordan jetz neulichen vollendt..." — Explicit (fol. 8 r⁰) : " wirdt darnach gehaissen die ganntz feder. Probatum est."

Reliure gaufrée, datée de 1542, avec portraits de Luther et de Huss.

xvi⁰ siècle. — Vélin. — 120 sur 160 millimètres. — Supplément français 8296.

**211. Dessins des costumes portés par Matheus Schwarz d'Augsbourg :** recueil commencé le 20 février 1520 et continué jusqu'au 15 septembre 1560. Dessins et texte explicatif de Schwarz lui-même. Incipit (fol. 2 v°) : Auff heute 20 februario 1520 wz ich... " — Explicit (fol. 11 v°) : " An Jörg Selden vom selbigen daher per auixo ".

xvi° siècle. — Vélin. — 180 sur 110 millimètres. — 71 feuillets.

**212. Manuel d'orthographe et de calligraphie.** Titre " Bruchstücke zum Schön-und Rechtschreiben ". — Fol. 20-31, calligraphie. — Fol. 1-3, lettre de l'auteur au Consul Bonaparte, pour lui dédier son œuvre ; signée Johann Leonhard von Michülowits." (Breslau, 4 mai 1802.)

xix° siècle. — Papier. — 33 feuillets. — 240 sur 185 millimètres. — Supplément français 4290.

**213. — Capitulation de la ville de Reval avec le Tsar Pierre 1⁰ʳ.** Incipit : " Puncta worauf die Unter Ihro-Königl. May und des Reichs Schweden bissherigen Schutz gestandene Stadt Reval unter Ihro Goss Czarischen Maystt. Schutz sich zu begeben gesonnen..." Signé (fol. 8 r°) : Piter. Dirich Reimers, ältester Burgermeister. Joachim Gernet Syndicq. Johann Lantingh, ältmann der grozen Kaufmans Gilde.". — Conclu le 29 septembre 1710.

Original avec sceaux et signatures.

xviii° siècle. — Papier. — 420 sur 270 millimètres. — 8 feuillets. — Supplément français 5850.1.

**214 à 218. Chartes relatives à l'Alsace et particulièrement à Strasbourg**, réunies par Oberlin.

I (**214**). 1 Charte d'Otton et Humbert de Knoringen (Strasbourg, lundi avant le jour de Notre-Dame, 1202.) Parchemin. Alsat. diplom. 686.

2 Charte de Pierre Rimpelin et du magistrat de Strasbourg, contenant déclaration de vente (mardi après la S. Mathieu, 1280.) Parchemin.

3 Charte du Chevalier Ebelin Kolbe de Kolbenstein (mercredi après S. Boniface, 1301). Parchemin. Sceau.

4 Charte de la supérieure et du couvent de Sᵗᵉ Elisabeth près Strasbourg (vendredi avant la Chandeleur, 1310). Parchemin. Sceaux.

5 Charte de Goezzelin de Kageneck et du magistrat de Strasbourg, contenant déclaration de vente (mardi avant la S. Jean, 1315). Parchemin. Grand sceau brisé.

6 Charte d'Otton, seigneur d'Eberstein (mardi après la Notre Dame, 1326). Parchemin. Sceau.

7 Charte de Nicolas de Groscem (Grostein) et du magistrat de Strasbourg, contenant une déclaration de transaction (vendredi après le jour de Notre Dame, 1326). Parchemin. Sceau.

8 Charte de la prieure et du couvent de S. Jean à Strasbourg (jour de S. Lucie, 1339). Parchemin.

9 Charte de Walther de Dicka (dimanche de *Reminiscere*, 1356). Parchemin. Deux sceaux.

10 Charte de la prieure et du couvent de S. Marc hors Strasbourg (samedi après la S. Barthélemy, 1356). Parchemin. Sceaux.

11 Charte de Jean Rekeman, prévôt d'Obernai, contenant déclaration de vente (lundi avant *Oculi* 1356), Papier. Trace de sceau.

12 Charte de Folmar de Wickersheim, écuyer, prévôt de Haguenau (vendredi avant S. Michel, 1364). Parchemin. Sceau.

13 Charte d'Auderwin de Hirtingen, écuyer, et d'Ellekint d'Anspach, sa femme (1365, 12ᵉ jour de la nativité). Parchemin. Sceaux.

14 Charte de Diemer Bogener et Hartung Koenig, échevins de Haguenau, contenant déclaration de partage (jour de S. Nicolas, 1365). Parchemin. Sceau.

15 Charte de Henri de Geroldseck, seigneur de Lahr (samedi après la Sᵗᵉ Marguerite, 1372). Parchemin. Sceau.

16 Charte de Leonhard Zorn et du magistrat de Strasbourg, contenant une déclaration de vente (jeudi après *Judica*, 1383). Parchemin. Traces de sceau.

17 Charte du magistrat de Strasbourg, contenant déclaration de transaction entre Jean Mesener et Henri son frère (lundi après SS. Pierre et Paul, 1383). Parchemin. Cinq sceaux.

18 Charte contenant déclaration de vente faite par devant le magistrat de Strasbourg par dame Knobloch, veuve de Pierre Rebstock (mardi après S. Antoine, 1387). Parchemin. Traces de sceaux.

19 Charte du magistrat de Molsheim, contenant une déclaration de vente (lundi après la Croix, 1387). Parchemin.

20 Charte de Henri de Lichtenberg (19 décembre 1392). Parchemin.

21 Décision de Henri Symentsz, *weibel* de Berne, au sujet d'une dette (21 août 1392.) Sceau.

22 Transaction entre Henselin Kleincunzelin, prévôt de Rorsviler, et le couvent de Notre-Dame à Strasbourg (jeudi après la S. Barthélemy, 1395). Parchemin.

23 Charte de Léopold d'Autriche, contenant les conditions d'un accord entre la ville de Strasbourg et Brunon de Ribeaupierre. (Mercredi après la S. Gall 1395). Parchemin. Sceau disparu.

24 Charte de Rulin Barpfennig et de Huselin sa femme (Strasbourg, mardi après *Reminiscere*, 1398). Parchemin. Sceau.

25 Jugement du petit tribunal de Strasbourg sur la requête de Dine Wentzelin, femme de Louis Wickersheim (mercredi après la S$^{to}$ Catherine, 1402). Parchemin. Sceau.

26 Charte de Rodolphe de Hewen (Strasbourg, vendredi après l'Assomption, 1403). Parchemin.

27 Lettre du magistrat de Bâle à celui de Strasbourg (vendredi après la S. Nicolas, 1403). Parchemin.

28 Sentence du petit tribunal de Strasbourg (samedi avant la Toussaint, 1404). Parchemin. Sceau.

29 Charte de Jean de Lampertheim et de Jean Gurteler, se reconnaissant *diener* de la ville de Strasbourg (Strasbourg, samedi avant *Invocavit*, 1405). Parchemin. Sceau.

30 Charte de Bauman Cola, sous-prévôt de Colmar, contenant déclaration de vente (lundi après la S. Sixte, 1407). Parchemin.

31 Charte de Conrad Dangkrotsheim, échevin de Haguenau, contenant déclaration de vente (lundi après la S. Grégoire, 1411). Parchemin.

32 Jugement du petit tribunal de Strasbourg au sujet d'un différend entre les Johannites de Dorlisheim et le couvent de S. Martin et S. Nicolas hors Strasbourg (Strasbourg, vendredi après la Toussaint, 1412). Parchemin. Sceau.

33 Charte de Jean, C$^{te}$ de Salm (Strasbourg, mardi après la S. Vincent, 1419). Parchemin. Sceau.

34 Lettre de Lutold de Kolbsheim au Magistrat de Strasbourg (Strasbourg, jour de Notre-Dame, 1320). Papier.

35 Charte de l'Evêque Guillaume de Diest (Strasbourg, jour de S. Ambroise). Parchemin.

36 Lettre de Catherine de Bourgogne, archiduchesse d'Autriche, au magistrat de Strasbourg (Belfort, S. Barthélemy, 1424). Papier.

II (**215**). 37 Charte de Louis, comte de Deux-Ponts, coûtre de S. Martin de Strasbourg, confirmant des ventes (veille de S. Michel, 1424). Parchemin. Trois sceaux.

38 Sentence arbitrale de Jean Hultze, maître de l'œuvre de Notre Dame de Strasbourg, de Walther Thomecker et de Jean Ammeister,

ouvriers de la ville (jeudi après *Invocavit*, 1426). Parchemin. Trois sceaux.

39 Sentence d'Ulrich Bock et du Petit Conseil de Strasbourg dans le procès entre le couvent de Saint-Marc à Strasbourg et Hans et Laurentie Scheffer (lundi après l'Assomption, 1428). Parchemin. Sceau.

40 Charte de Heinrich von Sweynken (lundi avant la S. Denis, 1432). Parchemin.

41 Sentence du Petit Conseil de Strasbourg dans un procès entre les Johannites et le couvent des Dominicains (SS. Philippe et Jacques, 1433). Parchemin. Sceau.

42 Sentence du Petit Conseil de Strasbourg dans le procès entre les filles de Cuntze Marggraf et le couvent des Carmélites hors Strasbourg (mercredi après la Chandeleur, 1439). Parchemin.

43 Charte de Jean de Mayence, abbé, et du couvent de Disibodenberg près Sobernheim (S. Jacques, 1439). Parchemin.

44 Sentence arbitrale de Jean Hultz, maître de l'œuvre Notre-Dame, Jean Ammeister et Nicolas Grassecke, ouvriers de la ville de Strasbourg (S. Antoine, 1442). Parchemin. Trois sceaux.

45 Sentence des mêmes (mi-carême, 1444). Parchemin. Trois sceaux.

46 Sentence arbitrale des mêmes (mardi avant SS. Gui et Modeste, 1444). Parchemin. Trois sceaux.

47 Sentence arbitrale des mêmes (veille de S. Laurent, 1447). Parchemin. Trois sceaux.

48 Charte de Cuntz von Lampertheim, échevin de Haguenau, contenant renonciation par le fils de Lowen Hensel du fief que tient d'eux Martin Brucker (samedi après la S. Erhart, 1448). Parchemin.

49 Charte du Conseil de la ville de Saverne (Zabern), certifiant que Welther Lenshans a renoncé à ses droits sur un moulin (lundi après la Fête-Dieu, 1450). Parchemin.

50 Charte par laquelle Heinrich Wepferman donne en usufruit des terres qui lui appartiennent (Saint-Nicolas, 1451). Papier.

51 Sentence du Prévôt, Maître et Conseil de Munster au Val Saint-Grégoire (mardi après la S. Martin, 1455). Parchemin.

51*bis* Sentence de Frédéric, comte Palatin du Rhin, duc en Bavière, comte de Spanhein, dans un différend entre Frédéric de Kesselstatt et Dielchin et Richard de Dune, dits de Zolner (mardi après la S. Antoine, 1457). Papier. Copie contemporaine.

52 Sentence de Peter Rebstock et du Petit Conseil de Strasbourg dans le procès entre Dietrich Leistmann et Hans von Achenheim (veille de S. Mathieu, 1455). Parchemin. Sceau.

53 Sentence arbitrale de Jost Detzinger, maître de l'œuvre de Notre-Dame, Hans de Heidelberg et Alexis Kön, ouvriers jurés de la ville (Annonciation, 1469). Parchemin. Trois sceaux.

54 Deux assûrements (*exurements*) de vignobles, faits par Ysabelle et Piesson François, son mari, au profit de Hugo Jehan, prêtre, chanoine de S. Arnoult (14 avril 1469). Papier. En français.

55 Charte de Jacob Säligmann, juif d'Ulm, annulant une obligation souscrite en sa faveur par Heinrich von Hilnhart (lundi avant la S^te Marguerite, 1470).

56 Charte de Jordan Starck, prévôt, et du Conseil de Dambach, certifiant une vente (lundi après la Nativité de la Vierge, 1470). Parchemin.

57 Charte d'Étienne, comte Palatin du Rhin, coûtre du Chapitre de Notre-Dame de Strasbourg, confirmant des ventes tenues en fief de la Cathédrale (samedi après la Conception de la Vierge, 1470).

58 Charte de l'empereur Frédéric III, légitimant Henri et Valentin Werber von Uden, fils de Johann Werber von Uden, chanoine de SS. Martin et Arbogast, à Strasbourg (lundi après SS. Valérien et Tiburce, 1471). Parchemin.

58^bis Lettre de Jacob von Hohenstein au Conseil de Strasbourg (vendredi avant Quasimodo, 1471). Papier.

59 Lettre de Jacob von Hohenstein au Conseil de Strasbourg (S. Étienne, 1470). Papier.

60 Charte de Jacob, comte de Mörse, à Sarwerden, contenant transaction entre Hans et Wilhelm von Liechtenfels (lundi après *Jubilate*, 1477). Parchemin.

60^bis Charte de Thamman, Hans, Haintz, Peter, Cunrat, Jacob et Ulrich Müller, frères, déclarant qu'ils se soumettent de nouveau à Wolf von Zulnhart, leur seigneur (mutilée; date coupée). Parchemin.

61 Sentence arbitrale, rendue sur la demande du Conseil de Strasbourg, par Hans de Seckingen et Adam Mesener (lundi après la Fête-Dieu, 1481). Parchemin. Trois sceaux.

62 Charte de Frédéric de Schauenburg, constituant une rente en faveur du couvent de Tous-les-saints dans la Forêt-Noire (SS. Simon et Jude, 1482). Parchemin.

63 Charte de Wilhelm Cappeler, écuyer, et d'Adelheit Beger, sa femme, contenant déclaration de vente de rentes (vendredi après S. André, 1490). Parchemin.

64 Charte par laquelle Diebolt Wissenburger, *ratsvoit* de Strasbourg, vend une partie de maison (S. Thomas, 1491). Parchemin.

65 Charte d'Adam van Soeteren, confirmant la fondation, faite par sa femme, d'une messe dans l'église de S. Sébastien d'Oppenheim (vendredi après la S. Michel, 1492). Parchemin.

66 Charte de Tham Thanig, prévôt, et des jurés du village de Zell-willer, contenant déclaration en faveur de l'Ordre de Notre-Dame de Strasbourg (mercredi avant l'Assomption, 1495). Parchemin. Sceau.

67 Charte du Conseil de Strasbourg, contenant déclaration d'une vente de maisons, faite par Hermann Lewenstein le jeune (samedi après la S. Bertrand, 1500). Parchemin. Sceau.

68 Sentence arbitrale, rendue par Jacob von Landshut, maître de l'œuvre de Notre-Dame, Jorg von Rechbergk et Marx Wendeling, ouvriers jurés de Strasbourg (dimanche après la S. Ambroise, 1502). Parchemin. Cinq sceaux.

69 Charte de Hermann Ort, prêtre, vicaire à Haselen, se déclarant content des dédommagements qu'il a reçus pour des démarches faites pour obtenir confirmation des indulgences accordées à la Chapelle des *Elende Crutz* à Strasbourg (Exaltation de la Croix, 1509). Papier. Sceau.

70 Lettre de Johannes Mergelt à Jean de Seckingen, vicaire de S. Pierre à Strasbourg (1511). Papier.

71 Accord conclu, par l'entremise de Daniel Knobeloch, Siebolt Hil-tebrant et Hans Scheffer, entre Steffan Meyge, d'un côté, et Thomas Stubehinweg et Alexandre de Pfortzhein, de l'autre (mercredi avant *Lætare*, 1512). Parchemin.

72 Sentence des prévôt, bourgmestre et Conseil de Kentzingen, contre Jacob Metzger, de Herbolzheim, coupable d'homicide (vendredi après *Lætare*, 1512). Parchemin.

73 Charte de Hans Hamer, reconnaissant qu'il a prêté serment comme maître de l'œuvre de Notre-Dame, de Strasbourg (samedi après la S. Michel, 1512). Parchemin. Sceau.

74 Charte de Martin Vallicion, prieur, et du couvent des chartreux de *Unser Lieber Frawen Berg* près Strasbourg, cédant contre un cens une maison qu'ils ont à Strasbourg (vendredi après la S. Urbain, 1514). Parchemin.

75 Charte de l'officier de Strasbourg certifiant une vente faite par devant lui par Stefanus Meyger, et sa femme (IX *nonas augusti*, 1514). Parchemin. En latin.

76 Charte de Michel Port, échevin de Haguenau, certifiant une vente faite par Hans Briden, de Geudertheim (samedi après la S. Veltin, 1516). Parchemin.

76*bis* Charte de Jean de Lorraine, évêque de Metz, donnant procuration à Conrad Baws, Arnolt Clock, Johann Gérard, et Ludemann, dans un procès contre Rebhans von Albern (mardi après la S. Martin, 1516). Papier. Sceau.

77. 1. Charte de Hans Conis, échevin de Bouxwiller, certifiant une vente faite par Michils Hans de Bosoltzhusen et Berbil, fille de Michel Martzolff (sant Richarts abent, 1518). Parchemin.

77. 2. Charte de l'official de Strasbourg, contenant déclaration faite par devant lui par Wolfgang Boumer et sa femme, relative au payement d'une rente au monastère des SS. Marc et Jean à Strasbourg (17 kal. jul. 1524). Parchemin. En latin.

III (**216**). 78 Charte de Magdalena Röder, abbesse du chapitre de S. Étienne à Strasbourg, constatant le rachat d'une vente, fait par Conrad de Wildsperg, et ses neveux (samedi après la S. Ulrich, 1527). Parchemin.

79 Charte de Hans Voss, prévôt, et du tribunal de Verckbietenheim (Bergbietenheim) constatant une vente faite par Batt von Dünssen de Strasbourg, et sa femme (samedi après la S. Martin, 1527). Parchemin.

80 Charte de Magdalena Börkeler, veuve du chevalier Wernth Börkeler, constatant que Wolfgang Grunwaldt a racheté une rente (lundi après la S. Martin, 1527). Parchemin.

81 Charte de Veronique Mussebach, prieure du couvent des S. Matthieu et S. Nicolas *in undis* à Strasbourg, constatant que Wolf Grünbach a racheté une rente (mercredi après *Reminiscere*, 1528). Parchemin.

82 Lettre du comte Hans von Tierstein au Conseil de Strasbourg (jeudi après la S. Guy, 1529). Papier.

83 Charte de l'official de Strasbourg, certifiant une vente faite par Wolfgang Merschwyn, Helena et Hans Ymscheyn (23 janvier 1519). Parchemin.

84 Accord entre les héritiers de Rudolf von Fegersheim et de sa femme Barbara von Mulnheim (lundi après SS. Philippe et Jacques, 1530). Parchemin. Sceau.

84*bis* Enquête faite par Jorg von Kaltenthal, obervogt à Brachenhain, à la demande du Conseil de Strasbourg (samedi après la Pentecôte, 1532). Papier. Sceau.

85 Charte de l'official de Strasbourg, constatant une vente faite par Jacob Schütz (12 décembre 1534). Parchemin.

86 Charte de Hans Schultheiss, échevin de Haguenau, constatant une vente faite par Acker Jörg de Geudertheim et sa femme (samedi après la S*te* Agathe, 1535). Parchemin.

87 Charte de Johann Sudwig, comte de Sultz, juge impérial à Rotweil, constatant une condamnation prononcée à la demande de Laurentz Landsperger, *schaffner* des frères de Notre-Dame, à Strasbourg (jeudi après la conversion de S. Paul, 1536). Parchemin. Sceau.

88 Charte des échevins de Pfaffenhaffen, certifiant que Hiltenn Christmann, Leenhart Welcker, Christman Spengler et Hans Ortt ont cédé à Wolff de Sultz des terres spécifiées, provenant d'un achat fait en commun (jeudi après la S^te Apollonie, 1536). Parchemin. Sceau.

89 Liste des biens situés à Dingheim et possédés par Albrecht von Seldeneck (13 septembre 1536). Parchemin. Cahier de 8 feuillets.

90 Charte de Bernhard von Heidelberg, maître de l'œuvre de Notre-Dame et des ouvriers jurés de la ville de Strasbourg, contenant une sentence arbitrale (27 décembre 1536). Parchemin. Cinq sceaux.

91 Charte des mêmes, contenant sentence arbitrale (dimanche après la S. Martin, 1537). Parchemin. Cinq sceaux.

92 Vidimus de l'official de Strasbourg, reproduisant une charte de Jean, abbé de Schwantzach, du mardi après la Conception, 1521, par laquelle il confirme Jacob Schütz dans les fiefs tenus par son père (15 juin 1538). Parchemin.

93 Charte de l'official de Strasbourg, constatant une vente faite par Lux von Hochfelden et sa femme (28 octobre 1538). Parchemin.

94 Charte de Louis, Comte Palatin du Rhin, constatant le rachat d'une vente, due à ses pupilles par le Comte de Nassau Sarbruck (vendredi après la S^te Agathe, 1539). Parchemin.

95 Charte du prévôt du tribunal d'Appenwihr, constatant un renouvellement de cens dû à Jorg von Bern (lundi avant l'Ascension, 1542). Parchemin. Sceau.

96 Charte des maître et Conseil de Strasbourg, constatant une vente de rente faite par la ville à Caspar Romler (28 octobre 1542). Parchemin.

97 Charte de Wilhelm Werner, comte de Zymbern, lieutenant-juge à Rotweil, constatant une sentence rendue contre Andres Wolfflin à la requête du procureur de S. Arbogast, à Strasbourg (mardi après la S. Nicolas, 1542). Parchemin.

98 Charte de Jean, abbé de Schwantzach, confirmant Anders Schütz dans le fief que son père tenait de l'abbaye (28 février 1543). Parchemin.

99 Sentence de l'official de Strasbourg, dans le différend entre l'hôpital de Strasbourg et Claus de Ischenhain (26 avril 1543). En latin. Parchemin. Sceau.

100 Charte de l'official de Strasbourg, constatant une vente faite par Jacobus von Kageneck (2 kal. maji 1548). Parchemin[1].

101 Charte du comte de Zimbern, lieutenant-juge à Rotweil, communiquant à Jean de Nassau, maître et conseiller de Strasbourg, la sentence rendue contre Andres Wolfflin (mardi après la S. Kilian, 1543). Parchemin. Sceau.

102 Charte du même, contenant exécution de la sentence contre A. Wolfflin (mardi après la S. Kilian, 1543). Parchemin. Sceau.

103 Charte de Diebolt Josell et de Protasius Hegher, *stettmeister* de Molsheim, constatant une vente faite par Rinckels Michel et sa femme (samedi après la S. Thomas, 1543). Parchemin.

104 Charte de Jean, comte Palatin du Rhin, contenant vente d'une rente faite par lui aux filles de Diebold Arge (9 septembre, 1544). Parchemin.

105 Charte de Bernhard von Heydelberg, maître de l'œuvre de Notre-Dame, et des ouvriers jurés de la ville de Strasbourg, contenant une sentence d'arbitrage (17 février 1545). Parchemin. Trois sceaux.

106 Charte de Batt von Fergersheim, bailli de Kochersperg et de Diebolt Pfaffenlap, contenant sentence arbitrale dans le différend entre Conrad, Bechtold et Melchior Munich von Wilsperg, d'un côté, et l'abbé de Marmoutier de l'autre (lundi après *Invocavit*, 1546). Parchemin.

107 Acte par lequel Thomas Werlier et sa femme reconnaissent avoir vendu une maison à Jorg Wolff (1 février 1548). Papier. Sceau.

108 Testament, par devant notaire, de Jacob Schwegler et de sa femme (1 septembre 1548). Parchemin.

109 Charte de Claus Stüdel, prévôt, et du conseil de Dambach, constatant une vente faite par P. Katherin, bourgeoise (Annonciation, 1549). Parchemin.

110 Charte de l'official de Strasbourg, contenant une vente, faite par Matthis Sitterling et sa femme (29 juillet 1555). Parchemin. Sceau.

111 Lettre des bourgmestre et conseillers de Brisach aux maître et conseil de Strasbourg (veille de S. Michel, 1555). Papier.

112 Charte des bourgmestre et conseil de Nuremberg, approuvant les dépenses faites pour eux par Jörg Wolff de Strasbourg (3 février 1556). Parchemin. Sceau.

113 Charte de l'official de Strasbourg, constatant une vente faite par Hans Rockenstro et sa femme (11 janvier 1556). Parchemin. Sceau.

---

1. Charte placée par erreur en dehors de l'ordre chronologique.

114 Charte de Cunrad Schwinckhart, de Berne, constatant la vente d'une rente (Pâque, 1558). Parchemin. (Charte annulée).

115 Charte de l'official de Strasbourg, constatant une vente faite par Hans Rockenstro et sa femme (10 janvier 1558). Parchemin.

116 Charte de Melchior Schupp vom Froüdenberg, constatant un don fait par lui à sa femme, comme *morgengabe* (22 avril 1560). Parchemin.

117 Charte de Martzolff Artzen, prévôt de Bergbietenheim, et des jurés du tribunal, constatant une vente faite par Johann Ryxinger et sa femme (lundi après S. Denis, 1560). Parchemin.

118 Charte de Valentin, Comte d'Isenburg, coûtre du chapitre de Notre-Dame de Strasbourg, constatant la vente d'un jardin à Jonas Stoere (12 mai 1563). Parchemin. Sceau.

IV (**217**). 119 Acte de l'official de Strasbourg, constatant une vente faite par O. Lorenz, de Kuttolsheim (27 juin 1569). Parchemin.

120 Testament d'Ursula Spach, femme de Simon Meller (Strasbourg, 14 décembre 1570).

121 Acte d'achat d'un cens annuel par Jacob Lang (Dorloschheim, 1570). Parchemin (charte mutilée).

122 Acte de l'official de Strasbourg, contenant constatation d'une vente, faite par Mathis Brenner, au chapitre des SS. Michel et Pierre de Strasbourg (3 février 1570). Parchemin.

123 Leonhard Maurer achète une maison aux héritiers de Hans Meyger (Strasbourg, 3 avril 1571). Parchemin.

124 Conditions de mariage de Clagenfurt et de Wandula Weiss (9 décembre 1571). Parchemin.

125 Acte de vente d'un vignoble, faite par Kylian Jungmann, bourgeois, à Trenheim (Bergbietenheim, 20 janvier 1572). Parchemin. Sceau.

126 Sentence de Wilhelm, *freiherr* de Brauenegg, lieutenant au tribunal de Rotweil, contenant sentence contre Veltius Baschius de Strasbourg (mardi après la S. Luc, 1570). Parchemin.

127 Constatation d'une vente, faite par George Schürmeyer et sa femme, bourgeois de Nider-Bergkheim, dans la seigneurie de Barr. (S. George, 1574). Parchemin.

128 Chun Diebold von Schiltigheim, vu son grand âge, fait donation de ses biens à son fils contre entretien (6 septembre 1574). Parchemin. Sceau.

129 Philippe, margrave de Bade, confirme Frédéric de Schauwenburg, fils de Melchior de Schauwenburg, dans les fiefs tenus par son père (20 mars 1575). Parchemin.

130 Acte de vente faite par Michel Müller, de Dambach (Strasbourg, 15 septembre 1575). Parchemin.

131 Rodolphe II, Empereur, confirme Hans Matheus Mussler dans la jouissance d'un fief qu'il tenait de l'Empire (Vienne, 15 novembre 1577). Parchemin. Sceau.

132 L'abbé et le couvent de Galmantsweyler déclarent Matheis Michel libre et quitte de tout engagement envers le couvent (dimanche *Invocavit*, 1579). Parchemin.

133 Certificat du tribunal d'Osterach, constatant la naissance légitime de Mathies Michel (11 mars 1579). Parchemin.

134 Hans Hoffman s'engage, devant l'Official de Strasbourg, à payer une rente annuelle à Christmann Kruth (7 novembre 1580). Parchemin.

135 Déclaration du tribunal d'Appenwihr constatant un renouvellement de cens (12 mars 1584). Parchemin. Sceau.

136 Déclaration de Wilhelm, *Freiherr* de Graueneck, lieutenant-juge au tribunal de Rotweil, confirmant la sentence rendue contre Urban de Rotweil (mardi après *Reminiscere*, 1585). Parchemin.

137 Déclaration du même, constatant une sentence rendue contre Eyss Lorentzen (19 mars 1585).

138 Acte de vente fait par Martin Remboldt de Strasbourg (31 août 1585). Parchemin ; deux sceaux.

139 Attestation des échevins de Vyanden, certifiant la naissance légitime de Gerdthardt Becker (11 mars 1586). Parchemin.

140 Testament de Sébastien Rothd, et de Sara, sa femme (Strasbourg, 11 avril 1586). Parchemin.

141 Christoph Ladislaus von Nellenburg, doyen et trésorier de l'évêché de Strasbourg, investit J. B. Rümeling des fiefs tenus par Georg von Renstein, décédé (Strasbourg, 30 mars 1588). Parchemin. Sceau.

142 Accord entre Paulus Dieterich, tuteur du mineur Mathias Michel, et Sara Stoff, veuve remariée, mère de ce dernier (Strasbourg, 8 octobre 1588). Parchemin.

143 Bernhard Botzhaym, comte Palatin, installe, au nom de l'Empereur, Andreas Pfützer comme notaire impérial (Strasbourg, 24 novembre 1588). Parchemin.

144 Acte de mariage de Johann Luck et Maria Wack (Strasbourg, 30 avril 1590). Parchemin. Sceau.

145 Ferdinand, baron de Brauenegg, lieutenant au tribunal de Rotweil, constate une sentence rendue contre Peter Welsch, bailli de

Ribeaupierre (mardi après SS. Gui et Modeste, 1591). Parchemin. Sceau.

146 Acte de vente faite par Bonifacius Heym, de Wasseloune (Strasbourg, 5 février 1594). Parchemin.

147 Lettre de Ludwig Mynsterherr de Videlow, à Johann Krechstott, sacristain de S. Pierre le jeune (Exaltation de la Croix, 1596). Papier.

148 Lettre de C. F., baron de Wolckenstein, lieutenant au tribunal de Rotweil, à la ville de Strasbourg, l'avertissant de la mise au ban de Friedrich von Andlau (mardi après *Misericordia Domini*, 1606). Parchemin.

149 Attestation de la naissance légitime de Mathias Pernegger (Halstatt en Moravie, 19 janvier 1602). Parchemin.

150 Acte de vente, faite par Hans von Neuekirch et sa femme (Waslenheim, 15 février 1609). Parchemin.

151 Acte de vente faite par Andreas Nebman (Oberndorf, 19 juillet 1610). Parchemin.

152 Acte d'adoption de Hans Barchhaus par Andreas Buob et sa femme (Strasbourg, 27 septembre 1610). Parchemin.

153 L'Empereur Mathias accorde à Hans Kirsperger des armoiries (21 septembre 1613). Parchemin ; au milieu, miniature, représentant les armoiries.

154 Achat de vente par Sébastien Gambss de Strasbourg (Haguenau, 15 novembre 1614). Parchemin.

155 Michel Kreyss, comte du Palais, accorde, au nom de l'Empereur, des armoiries à Albrecht Pemsell, de Haguenau, musicien de la ville de Strasbourg (20 janvier 1616).

156 Aperçu des archives de la ville de Strasbourg, signé Johann Caspar Wernegger, Cancelley Registrator, communiqué le 28 février 1658 (?). — Cahier de papier de 36 pages in-fol.

157 Daniel Kurbaw, veuf, et Ursule Hackfort, veuve, voulant se marier, adoptent réciproquement leurs enfants du premier lit (Strasbourg, 10 mars 1618). Parchemin.

V (**218**). 158 Cäcilia Hagenmüller prend contre payement de cens les jardins des couvents des S. Marc et des SS. Matthieu et Nicolas (Strasbourg, 23 août 1620). Parchemin.

159 Charte de Louis, comte de Nassau-Sarrebruck (confirmation de fiefs tenus de lui) (9 décembre 1622). Parchemin.

160 Charte des échevins de Francfort, constatant une vente faite par Johann Sandrat et sa femme (9 juin 1623). Parchemin.

161 Obligation de Sibilla von Rotenburg (Raffolstein, 6 février 1632). Parchemin. Sceau.

162 Acte de légitimation de Jacob Taglaug, fils naturel (Strasbourg, 28 janvier 1633). Parchemin.

163 Acte par lequel Hieronymas Berger achète deux maisons des héritiers de Johann Deffner (Strasbourg, 22 février 1634). Parchemin.

164 Contrat de mariage de Kilian et d'Eva de Newmann (Strasbourg, 18 septembre 1634). Parchemin.

165 Contrat d'une vente, faite par Catherine, veuve de Jacques Kraus Balbronn, 10 mars 1637). Parchemin. Sceau.

166 Constatation d'une vente faite par Ottilie, veuve de Michel Zuss (Balbronn, 8 décembre 1637). Parchemin. Sceau.

167 Constatation de vente faite par Hans Wannenmacher (Balbronn, 24 mars 1638). Parchemin.

168 Acte de mariage de Johann Azenbihl et d'Anna Hüber (Strasbourg, 9 mars 1650). Parchemin.

169 Testament d'Anna Maria Heys, femme d'Ernst Heys (Strasbourg, 4 juin 1650). Parchemin.

170 Acte de mariage de Joachim Burckmann et de Maria Wägmann (Strasbourg, 1 juillet 1658). Parchemin.

171 Acte de mariage de Johann Caspar Ettling et d'Anne Marie Ackhermann (Strasbourg, 14 juin 1651). Parchemin. Sceau.

172 Acte de mariage de Hans Balthasar Hatten et de Maria Salome (Strasbourg, 29 juin 1654). Parchemin.

173 Acte de mariage de Sebastien Schötel et de Marie Knaus (Strasbourg, 1 avril 1655). Parchemin.

174 Certificat de J. Hahn, Ambtvogt de Neuenhoff, constatant la naissance légitime de Conrad Resch (Neuenhoff, 24 janvier 1653). Parchemin.

175 Certificat du magistrat de la ville de Tauber Rettersheim, constatant la naissance légitime de Michael Reumert (9 août 1656). Parchemin. Sceau.

176 Testament de Johann-Philipp Mülb et de sa femme (Strasbourg, 2 septembre 1656). Parchemin.

177 Testament de M.-T. Bosch et de sa femme (Strasbourg, 14 avril 1657). Parchemin. Sceau.

178 Contrat de mariage de Melchior Keiffer et d'Anne Marie Beringer (Strasbourg, 16 avril 1657). Parchemin.

179 Contrat de mariage de Georg Meisse et de Judith Bussart (Strasbourg, 30 septembre 1660). Parchemin.

180 Contrat d'achat de deux maisons, fait par Martin Kalb (Strasbourg, 9 novembre 1661). Parchemin.

181 Testament de Bernard Hubert, de Strasbourg (Worms, 8 novembre 1662). Parchemin.

182 Contrat de vente entre Jacob Rhein et Hans Georg Schmude (Strasbourg, 30 mars 1663). Parchemin.

183 Contrat d'achat d'une maison par Hans Reichard Reiffel (Strasbourg, 26 août 1665).

184 Contrat de mariage de H. G. Waffenschmied et de Rosine, veuve Löhn (Strasbourg, 15 février 1668). Parchemin.

185 Certificat donné par Christoph Missner, commerçant à Tubingue, à Jacob Lappaun, qui a servi chez lui (Tubingue, 4 mai 1671). Parchemin. Sceau.

186 Acte par lequel Agnès Runast cède, en payement d'une dette, à J. D. Brandt, une maison avec jardin (Strasbourg, 7 novembre 1679). Parchemin.

187 Testament de Wolfgang Mentzinger, major de la ville de Strasbourg (20 août 1679). Parchemin. Cahier de 4 pages.

188 Certificat du magistrat de la ville de Halle, constatant la naissance légitime de Christian Lincke (4 mars 1684). Parchemin.

189 Acte de mariage de Georg Oberlin et de Marie Wagemann (Strasbourg, 20 mars 1684). Parchemin.

190 Acte de vente faite par les sœurs Jundt (Strasbourg, 16 décembre 1686). Parchemin. Sceau.

191 Acte d'achat de deux maisons par Christian Schelle (16 août 1688). Parchemin.

192 Acte par lequel Christian, comte Palatin du Rhin, cède contre cens une vigne à M. Böhn de Ribauvillé (25 février 1689).

193 Acte d'achat d'une maison par H. A. Müge (Strasbourg, 21 avril 1691). Parchemin.

194 Acte d'achat d'une maison par G. C. Cast (Strasbourg, 28 mars 1692) Parchemin.

195 Acte d'achat d'une maison par Johan Adam Alber (Strasbourg, 17 novembre 1695). Parchemin.

196 Charte du prévôt et tribunal de Bentheim (?) (8 février 170? — date coupée). Parchemin.

197 Diplôme de maître-ès-arts accordé par l'Université de Pont-à-Mousson à C. J. Grinsard (25 juillet 1707). Parchemin. Sceau. En latin.

198 Achat d'une maison par Jean Poul (Strasbourg, 4 avril 1708). Parchemin.

199 Certificat attestant que J. C. Diekh d'Esslingen, apprenti-pelletier, a terminé ses années d'apprentissage (Esslingen, 14 juillet 1708). Parchemin. Sceau.

200 Accord entre J. Poul et J. A. Albir, propriétaires de maisons contiguës (Strasbourg, 9 avril 1709). Parchemin. Sceau.

201 Acte d'achat d'une maison par Jacob Barneyer (Strasbourg, 27 mars 1720). Parchemin. Sceau.

202 Lettre de l'évêque de Bâle, déclarant que G. C. Ostertag, descendant d'une famille de bourreaux, est purifié de toute souillure attachée à sa naissance (Porrentruy, 3 avril 1723). Parchemin.

203 Certificat des fabricants de boutons de Strasbourg, constatant que C. H. Oberlin a fini ses années d'apprentissage (1 décembre 1758). Papier. Sceau. Imprimé.

204 Certificat du magistrat d'Obersheim, constatant les pertes que Johann Zeys a faites dans un incendie (20 janvier 1787). Papier. Sceau.

**219. Lettres** adressées par J. Faulhaber d'Ulm (fol. 1-344), Onophrius Miller (fol. 345 à 350 et fol. 386 à 512) et Johannes Remmelin (fol. 351 à 376) à Sébastien Curtz, mathématicien à Nuremberg (1604 à 1633). — Incipit (fol 1 r°) : " Geliebter Freund und vertraueter... " — Explicit (fol. 515 v°) : " Abrahamb Heringes zu Ulm... "

xviie siècle. — Papier. — 340 sur 190 millimètres. — 515 feuillets. — Nouvelles acquisitions 4419.

**220. Album d'armoires avec signatures** et devises autographes, formé au courant du dix-septième siècle (de 1607 à 1671 env.) ; le premier possesseur semble avoir été l'Électeur Palatin Frédéric IV ; ensuite il paraît avoir continué par son fils, Frédéric V, roi de Bohème ; sur ces détails et sur des conjectures relatives à des possesseurs ultérieurs, voir J. Bächtold, *Anzeiger für Kunde der deutschen Vorzeit*, année 1876, col. 97-107, qui donne le texte de la plupart des inscriptions et devises. Aux fol. 3, 4, 23, 32, 33, 57, 60, 61, 64, 79, 81, 82, 87, 92, 93, 113, 117, 127, 131, 146, 155, 163, 166, 167, 170, 173, se trouvent de grandes miniatures.

xviie siècle. — Papier. — 125 sur 160 millimètres. — 212 feuillets. — Reliure de broderie. — Nouv. acquis.

**221. Notes d'un séjour dans les environs de Londres en 1759-1760.** — Incipit (fol. 1 r°). " Gegen den zwinzigsten des vergangenen Heumonaths... " Explicit " Was Gott nachgehends Uns schicken will, das stehe ich zu erwarten. " — Voir pour la date, fol. 67 r°.

XVIII° siècle. — Papier. — 220 sur 160 millimètres. — 132 feuillets. — Nouvelles acquisitions.

**222. Recueil de traités de dévotion.**

1° Vie de Suso. Incipit (fol 1 r°) : " Das ist der Susen leben. Es was ein brediger in tutschen lande... " (fol. 1-100 v°; cf. éd. Denifle, I, 13 ss.).

2° Lettres de Suso, I à X. Incipit : " Regnum mundi et omnem (sic) ornamentum seculi contempsi. " (fol. 101-113; cf. éd. Denifle, I, 573 ss.).

3° Figures mystiques avec texte explicatif. Incipit fol. 118 v°. " Dise bilde wisent der ewigen wisheit mit der sele geistlichen gemahelschaft. " (fol. 118 v°-124 v°).

4° Sermons, incipit fol. 125 r° : " Göttelicher freude und götteliche erbarmherzigkeit symit uns... " (fol. 125 r° — 164 v°).

5° Traité sur le décalogue : " Hie vohent an die X gebot... " (fol. 164 v° — 221 v°).

6° Traités dévots, incipit fol. 221 v° " Man liset ein ewangelium daz unser herre... " (fol. 221 v° — 239 v°).

7° Sermons de Maître Eckhart; incipit fol. 239 v° " Dis sint Meister Ehkehardes bredigen... " Extraits et fragments; fol. 249 v° — 251 v° le sermon VII de l'édition de Pfeiffer (p. 126 ss.) est donné en abrégé.

8° Dialogue entre Eckhart et une pénitente, incipit fol. 286 v° : " Meister Eckehardes bichte dohter. Ein dohter kam zu eime prediger closter und vorderte Meister Eckhart... Explicit (fol. 312 v°) "... in der aller ersten unschulde.

Provient des religieuses dominicaines de S. Nicolas *in undis* de Strasbourg, puis de Stephan Augustin, à Cernay (Sennheim), 1733; et de la famille Augustin, à Cernay, 1817, d'après des inscriptions sur la feuille de garde.

XV° siècle. — Papier. — 220 sur 110 millimètres. — 313 feuillets. — Reliure ancienne. — Nouvelle acquisition.

**223. Traité sur l'organisation et les manœuvres de la cavalerie**, divisé en deux parties : 1° paginé 1 à 176, incipit : " Erster Abschnitt; Stell und Abtheilung "; 2° paginé 1 à 392, incipit : " Virter Abschnitt. Evolutiones ". Explicit (fol. 292) : " geschiehet ebenfals wie daselbst ".

XVIII° siècle. — Papier. — 190 sur 120 millimètres. — 176 + 392 = 568 pages. — Nouvelles acquisitions.

**224.** Recueil d'ordres du jour du régiment du **Prince Frédéric de Nassau-Usingen,** du 6 juillet 1761, au 11 avril 1763. Incipit (fol. 1 r⁰) : " Regiments befehl d⁰ 6ᵗᵉⁿ julii 1761 ". — Explicit (fol. 122 v⁰) " ... Und auf 10 tag eine quittung von H. Compagnie commandanten unterschreiben ".

xviiiᵉ siècle. — Papier. — 200 sur 160 millimètres. — 122 feuillets. — Nouvelle acquisition.

**225.** Fol. 1 r⁰ " **Projet d'une bibliothèque complète du droit public de l'Allemagne** ". — Explicit (fol. 94 v⁰) " Putmanni de symbolo feudorum investitura per poculum". Fol. 1-66, texte ; fol. 67 fin supplément. La bibliographie est continuée jusqu'à l'an 1777.

xviiiᵉ siècle. — Papier. — 320 sur 200 millimètres. — 94 feuillets. — Nouvelle acquisition.

**226. Histoire des évêques de Salzbourg,** depuis l'origine jusqu'à l'an 1560. Incipit (fol. 1 r⁰) : " Von der Stat Saltzburg, ausz Eugippi Sanct Seuerins gewesnen Discipls... " — Explicit (fol. 18 v⁰) : " Der Allmechtige verleich Ime (als einem Vattern der Armen) ain freydenreiche Aufersteeung. Amen ".

xviiiᵉ siècle. — Papier. — 200 sur 150 millimètres. — 18 feuillets. — Nouvelle acquisition.

**227. Coutumes et règlements de Cologne**.

1⁰ Statut du 15 juin 1437, commençant (fol. 2 r⁰). " In namen der heylicher vnuerdeylter dryueldicheit. Amen " (fol. 2-9 table, fol. 10-11 vides, fol. 12-99 texte, divisé en 131 chapitres.)

2⁰ Privilèges de Cologne : " Der Stat Coelne Recht vnnd Burger Freiheit. " (fol. 102-135).

3⁰ Formules de serment : " Dat Eydtboich eins Ersamen Raths der Statt Collen " (fol. 136-151).

4⁰ " Verbunntbrieff der Stede Coelne ", 1396 (fol. 155-165.)

5⁰ " Transfixbrieff der Stede Coelne ", 15 décembre 1513 (fol. 165-177).

6⁰ Serments : " Juramentum der Hern Burgermeister. Der Hern Renthmeister Eidt " (fol. 179-183).

Explicit (fol. 183) : " Und darzu niemannd Ubersehen ohn arglist ". — Une main postérieure (xviiiᵉ siècle) ajoute des renvois aux éditions des statuts de Cologne publiées en 1562 et 1570.

xvᵉ-xviᵉ siècles. — Papier. — 260 sur 190 millimètres. — 183 feuillets. — Nouvelle acquisition.

**228. Recueil de documents juridiques.**

1º Décisions du Conseil de Nuremberg. Incipit " Von Erbschaft der eeleut gegeneinander, die mit vnterschid geheyrat haben " (fol. 1-17).

2º Procès des héritiers de Henri Voyt devant la Chambre municipale et la Chambre impériale de Nuremberg (de 1501 à 1521) (fol. 18 à la fin).

xvıe siècle. — Papier. — 315 sur 210 millimètres. — 213 feuillets. — Nouvelle acquisition.

**229. Traité de Chirurgie.** Incipit (fol. 49 rº) : " Wirt einer geschlagen ins haupt... " — Explicit (fol. 90 vº) : ... " auff das... fleisch gestreuet ".

En tête du manuscrit est reliée (fol. 1-46) la chirurgie de Paracelse, édition de Hans Varnier (feuilles D jusqu'à O.). — Provient de la bibliothèque de Saint-Germain des Prés.

xvıe siècle. — Papier. — 300 sur 210 millimètres. — 90 feuillets. — Nouvelle acquisition (S. Germain, 1639).

**230. Traité des simples de Barthélemy Karrichter.** — Incipit (fol. 1 rº₎ " Verzeichnüss aller bücher so der herr Barthalomœus Karrichter oder Krentel, doctor, geschrieben ". — Explicit (fol. 59 vº) " Darinnen du keiner Sammlung vorholten bist ". — Provient de la bibliothèque de S. Germain des Prés.

xvıe siècle. — Papier. — 310 sur 200 millimètres. — 59 feuillets. — Nouvelle acquisition (S. Germain, 1691).

**231. Traité des quatre esprits des quatre parties du monde,** par Bartholomœus Karrichter. Titre (fol. 1 rº) " Libellus de quatuor spiritibus quatuor partium mundi, authore Bartholomœo Karrichter. Von den Vier Materien der vier Theilen von den vier Ecken oder Plagis des Himmels... " — Fol. 45 rº " Der fünffte Theil der Spaginiæ und Cabaliæ der Plancten. Der erste Theil des dritten Tractat der Cabaliæ... " — Explicit (fol. 61 vº) " eines mittelmessigen genrichts ".

Provient de la bibliothèque de S. Germain des Près (Coislin).

xvııe siècle. — Papier. — 300 sur 210 millim. — 61 feuillets. — Nouvelle acquisition.

**232-236. Manuscrit du Cosmos** d'Alexandre de Humboldt, écrit par Éduard Buschmann (d'après les feuilles autographes de l'auteur), avec notes et additions en vue de l'imprimerie de la main de Humboldt lui-même. — En tête du tome I, lettre du prof. Buschmann offrant le manuscrit à Napoléon III (Berlin, 14 janvier 1866).

xix⁰ siècle. — Papier. — 300 sur 250 millimètres. — Tome 1 : 449 + 189. — T. II : 426 + 321. — T. III : 574 + 307. — T. IV : 516 + 342. — T. V : 84 + 65 feuillets.— Nouvelles acquisitions.

**237. Réponses aux consultations** adressées aux facultés théologiques d'Altorf (1677 à 1696) et de Helmstadt (1697 à 1706). Incipit : « Acta Facultatis theol. Alfortinae ». — Décisions d'Altorf, fol. 1-130 r ; de Helmstadt, 130 v⁰-256. — Décisions réunies par J. Fabricius.

A la fin, fol. 275-280, liste des *Collegia privata* donnés par Fabricius et des étudiants qui les ont suivis.

xvii⁰ siècle. — Papier. — 320 sur 200 millim. — 280 feuillets. — Nouvelle acquisition.

**238. Recueil de traités et de fragments divers.**

A signaler : fol. 1 r⁰ "Tractatus de variis modis scribendi" (en latin).

Fol. 3 r⁰ " Nyclaus von Wyl... Es ist schwär und nitt wol müglich das ettwas mög von gebürlichen titlen und überschrifften gesezt werden... "

Fol. 11 r⁰ " Epistola Enee Silvii. Eneas Silvius ratter hierinn zu lernung der gschrift..." (Traduction de Nyclaus von Wyl? Cf. Scherer, *Gesch. d. deutschen Litt.*, p. 268.)

Fol. 23 r⁰ " Obein wirt, gest ladende, danch sagen söll... anzeigt Pogijus Florentinus, durch Nicolaum von Wila getütscht. "

Fol. 30-46 et 58 à la fin, notes autobiographiques (de 1517 à 1544.)

xvi⁰ siècle. — Papier. — 210 sur 160 millim. — 68 feuillets. — Nouvelle acquisition.

**239. Traités grammaticaux et fragments divers.**

1⁰ Listes de notes et d'expressions (en allemand) (fol. 1-3).

2⁰ Vocabulaire latin-allemand (fol. 4-33).

3⁰ Vocabulaire allemand-latin (fol. 34-49).

4⁰ Grammaire hébraïque en latin (fol. 51-70).

5⁰ Traité de la ponctuation (en français) (fol. 52-77).

6⁰ Vers allemands (fol. 78-87).

7⁰ Fragments divers (fol. 88-121). Explicit : " Ein dumm und dabey betagtes Weib. "

Provient de l'Oratoire.

xviii⁰ siècle. — Papier. — 220 sur 180 millimètres. — 121 feuillets. — Nouvelle acquisition.

**240-241. Traité sur l'artillerie autrichienne**, en deux parties.

Tome I, incipit " Nothwendigete Begriffe von der Geschützkunst, in zween Theilen... 1892 ". — Explicit (fol. 291 r°) : "so sind sie heutigen tages fast ganz aus dem Gebrauch gekommen. Ende ".

Tome II : incipit : "Zweiter Theil. Von dem Gebrauch des Geschützes." — Explicit : " ...oder aber noch eine rühmliche Capitulation eingehen solle." — La reliure porte à tort : Artillerie *prussienne*, cf. t. II, p. 344 et ailleurs.

xviiie siècle. — Papier. — 340 sur 200 millimètres. — Tome I, 291, tome II, 528 pages. — Nouvelle acquisition.

**242. Divers traités sur l'artillerie**, sous forme de demandes et de réponses. Incipit : "Catechismus oder Einleitung deren Fragen und Beantwortung..." — Explicit (fol. 153 r°) : "Die figuren und dem Practischen Unterricht beygeleget worden."

xviiie siècle. — Papier. — 340 sur 200 millimètres. — 153 feuillets. — Nouvelle acquisition.

**243. Traduction de la légende dorée** de Jacques de Voragine, 2e partie. Incipit : "In dem namen des vatters, vnd des suns vnd des heilgen geistes, so vahet der sumer teil der heilgen leben an. Vnd des ersten von des lieben himmel fursten sant Johans den touffer. " — Explicit : (fol. 207) : Wan des hunes leben müs allererst ergan, ob es in des menschen fleisch verwandlet werde. " — Texte en 2 colonnes.

Une charte de Zully de Fribourg (1410, sur parchemin), coupée en deux, sert de feuilles de garde. — Reliure ancienne.

xve siècle. — Papier. — 290 sur 210 millimètres. — 207 feuillets. — Nouvelle acquisition.

**244. Recueil de travaux philologiques** de Friedrich Jacobs :

1° Notes sur Juvénal. Incipit fol. 1, r° : "Satira I. Argumentum." — Traduction en vers de la VIIIe satire de Juvénal. — Notes sur Coluthus ; le tout numéroté fol. 1 à 30.

2° Notes sur la situation morale et sociale de la femme chez les Grecs (numérotés fol. 1-62).

xixe siècle. — Papier. — 240 sur 200 millimètres. — 92 feuillets.

**245 à 253 et 253 bis. Histoire de la chute et de l'exil de Napoléon Ier.** — Incipit (titre) : " Geschichte der zweimaligen Thronentsetzung und Verbannung des Französischen Kaisers Napoleon Bonaparte... "

Ire partie (années 1813-1814) : tome I, récit : incipit (page 1) : " Die für die Waffen der Verbündeten.., " — Tome II, appendice : incipit (page 1) : " Briefwechsel zwischen Ludwig XVIII... " (Avec trois plans).

— Tome III, biographies : incipit (page 1) : " Augereau (Peter Karl)· Herzog v. Castiglione... " — Tome IV, pièces justificatives : incipit (page 1) : " Aufruf an die Einwohner Preussens. "

II° partie (années 1815 et ss.) : tome V, récit . incipit (page 1) : " So wie bereite am Schluss des ersten Theiles dieser Geschichte... " — Tome VI, appendice, notes diverses : incipit (page 1) : " N° I. Was schirmt und schützt das Vaterland... " — Tome VII, biographies : incipit (page 1) : " N° 1. Alexander I Pawlowitsch... " — Tome VIII : incipit (page 1) : " Protestation des Kaiserin Marie Louise... " — Tome IX, supplément aux biographies contenues dans les tomes III et VII : incipit (page 1) : " N° 8. Alexander Kaiser von Rusland. " — Tome X, tables et préface de l'ouvrage entier.

Dans le tome VI se trouve, entre autres, un aperçu sur le Congrès de Vienne écrit au point de vue bavarois et emprunté à un ouvrage bavarois (p. 131 ss.). La compilation entière est peut-être d'origine bavaroise.

xixᵉ siècle. — Papier. — 250 sur 210 millimètres. — I : 561. — II : 631. — III : 1088. — IV : 970. — V : 544. — VI : 1020. — VII : 1478. — VIII : 601. — IX : 883 pages. — X : 108 feuillets. — Nouvelle acquisition.

**254 à 256. Matériaux pour l'histoire de l'expédition de Russie en 1812.** Titre : " Materialien zur Beleuchtung der Geschichte des merkwürdigen Feldzugs der Franzosen und ihrer Verbündeten gegen die Russen im Jahre 1812... von einem unpartheij'schen Beurtheiler. " — Tome I, matériaux ; tome II, biographies, incipit : " Alexander I, Kaiser von Russland " ; tome III, tableau chronologique de l'expédition et des pertes des Français, incipit : " Verlust-Tabelle der Franzosen und ihrer Verbündeten... " — Ouvrage servant de complément à celui inventorié 245 à 253 *bis,* et écrit de la même main.

xixᵉ siècle. — Papier. — 260 sur 210 millimètres. — (Tome III, 265 sur 265 millimètres). — Tome I : 19 + 1252 ; tome II : 568 pages ; tome III : 13 feuillets. — Nouvelle acquisition.

**257. Notice sur la fonderie de canons et la poudrière de Friedrichswerck** ; titre : " Historische Nachrichten von dem Königlichen Dänischen Etablissement Friedrichswerck... " — Page 18 et ss., rapport sur les essais des canons et des poudres (1765). — Explicit (p. 61) : " ... Als zu einer Feld-Artillerie gerechnet werden können. E. L. V. Arnstedt. "

xviiiᵉ siècle. — Papier. — 185 sur 120 millimètres. — 61 pages. — Nouvelle acquisition.

**258.** **1° Armorial des familles de Nuremberg.** Titre : " Der Alten Erbarn geschlechten patricii genant vnd anderer Wappengenosen Pürger Wappen. Nurenberg. " — Table, 7 feuillets. Armorial, fol. 1-102 : les cadres des blasons sont imprimés ; coloriés à la main, fol. 1-92 ; remplis en partie, fol. 93-99 ; vides, fol. 100-102.

**2° Obituaire du couvent des Carmes déchaussés** de Nuremberg. Titre : " Memoriale des begrebnus des Barfuser Closters zu Nurnberg. " La date la plus récente est de 1521. — En marge, les armoiries coloriées des défunts. 38 feuillets.

XVIe *siècle. — Papier. — 310 sur 210 millim. — 149 feuillets. — Nouv. acquis.*

**259. Costumes nurembourgeois** pour le mardi gras, de 1449 (avec interruptions motivées)à 1524.

Titre : " Scheinpartpuch. Das ist wie die Nurnbergischen purger zur Fas nacht zeit vor Jarn beclaidet im schenpart geloffen sindt... " — " Vorred " (en vers) : " Ursprung der Metzker tantz. " — Fol. 5-66, figures des costumes (figure coloriée au recto, description au verso précédent). — Une main postérieure a ajouté des comparaisons avec le " Scheinpartpuch de G. Ketzel. " — Fol. 67-68, costumes de 1539 ; sans texte.

XVIe *siècle. — Papier. — 310 sur 210 millim. — 68 feuillets. — Nouv. acquis.*

**260. Méditations philosophiques** ; titre : " Des Lebens Inhalt und Bedeutung entwickelt aus dem Bewustsein. " — Manuscrit autographe de l'auteur, J.-J.-L. Blahetka, né à Vienne, le 14 novembre 1782, mort à Boulogne-sur-Mer, le 9 juillet 1857. — Explicit (page 1117) : " ... In der Nater ausser uns und in uns zu lesen ist ! "

Manuscrit offert à la Bibliothèque, ainsi que les nos 261-269, par la fille de l'auteur, Léopoldine Blahetka. — En tête, notice biographique, signée François Morand, extraite de l'*Impartial de Boulogne* (16 juillet 1857).

XIXe *siècle. — Papier. — 320 sur 240 millimètres. — 1117 pages. — Nouvelle acquisition.*

**261. Méditations philosophiques** ; titre : " Das Gesetz. " — Explicit (p. 247) : " Beschliessen wir hier unsere betrachtungen. Boulogne-sur-Mer, 29 novembre 1851. " — Manuscrit autographe de J.-J.-L. Blahetka.

XIXe *siècle. — Papier. — 320 sur 240 millimètres. — 247 pages. — Nouvelle acquisition.*

**262. Méditations philosophiques** ; titre : " Das Urgesetz. " — Explicit (p. 248) : " der Wissenschaft von Gott oder von der Religion ausmachet.

21 mai 1852. " — Manuscrit autographe de J.-J.-L. Blahetka. — Rédaction modifiée de l'ouvrage n° 261.

xix⁰ siècle. — Papier. — 310 sur 235 millimètres. — 248 pages. — Nouvelle acquisition.

**263. Traduction du traité " de la Religion "** de Lamennais, par J.-J.-L. Blahetka. Titre : "Von der Religion aus dem französischen des F. Lamennais. " — Daté : "16 juli 1852. Boulogne s. m. " — Explicit (page 187 r⁰) : " Gott sei gedankt u. gepriesen! B. ".

xix⁰ siècle. — Papier. — 240 sur 150 millimètres. — 187 pages. — Nouvelle acquisition.

**264. Traité philosophique** " Paraphrase du témoignage de la conscience " par J.-J.-L. Blahetka. Titre : " den 25 september 1852. Paraphrase der Aussage des Bewusstseins. " — Explicit (page 132) : " dem man sich, wie wir beweisen zu zu haben glauben, nicht entziehen kann. October 1852. "

xix⁰ siècle. — Papier. — 235 sur 150 millimètres. — 132 pages. — Nouvelle acquisition.

**265. Traité philosophique,** " Libre recherche," traduit du français par J.-J. L. Blahetka. — Titre : " Freie Untersuchung. Aus dem Französischen. " — Date : 12 april 1853. " — Explicit (page 508) : " Und ihn zur Würde eines freien Mitarbeiter Gottes erheben. "

xix⁰ siècle. — Papier. — 240 sur 150 millimètres. — 508 pages. — Nouvelle acquisition.

**266. Éléments de logique,** par J.-J.-L. Blahetka. Titre : " Grundriss der Logik. " Date : " 12 juin 1853. " — Explicit (p. 212) : " Weil er als Geschaffenes begrenzet ist. " — " 24 juin 1853 ".

xix⁰ siècle. — Papier. — 245 sur 150 millimètres. — 212 pages. — Nouvelle acquisition.

**267. Traité philosophique** : " Welt-und Gottanschauung, von Heinrich Isichokke," manuscrit de J.-J.-L. Blahetka. — Explicit (page 455) : " oder Proselyt einer andern Glaubenspartei. — (December 1855). " — Pages 456 à 464, table. — Page 466 à 469, notes. Explicit: " welche die ganze... Menschheit in sich darstellet. "

xix⁰ siècle. — Papier. — 315 sur 240 millimètres. — 469 pages. — Nouvelle acquisition.

**268. Considérations sur la loi de la nature,** par J.-J.-L. Blahetka; titre : " Betrachtungen über dass Gesetz der Natur " (titre au dos du volume). — Incipit (fol. 1 r°) : Charfreitag, am 10 april 1857. Das Dasein der Welt erweiset sich jeder Augenblick... — Explicit (fol. 109 v°) : ... " sich dem ganzen im geiste des göttlichen Gesetzes anzuschliessen. "

xix⁰ siècle. — Papier. — 250 sur 160 millimètres. — 109 feuillets. — Nouvelle acquisition.

**269. Considérations sur la religion, par J.-J.-L. Blahetka.** Titre : " Betrachtungen über das Wesen der Religion. " — Date : 24 mars 1856. — Explicit (fol. 251 r°) : " der Stellvertreter, Darsteller u. Träger der ganzen Menschheit. "

xix⁰ siècle. — Papier. — 250 sur 160 millimètres. — 251 feuillets. — Nouvelle acquisition.

**270. Remarques sur la manière dont un membre de l'Empire peut améliorer ses finances.** Titre : " Kurtz Bedencken welcher massen ein Standt des Reichs, so mit grossen ausgaben beladen, sich derselben erledigen... möge ; schrifltlich verfast von Georgio Obrechto,... anno Christi M. D. C. V." Explicit (fol. 55 v°) : " eines jeden Reichs Standts wolfahrt vnd aufnemmen mögen befirdert werden. Amen. Soli Deo laus et gloria. "

xix⁰ siècle. — Papier. — 200 sur 155 millimètres. — 55 feuillets. — Nouvelle acquisition.

**271. Diplôme de Ferdinand III,** Empereur, accordant la noblesse et des armoiries à Hans Philipp Petzelhueber von Rosenfeldt. (Ratisbonne 27 février 1654).

Cahier relié en velours, avec grand sceau pendant en cire rouge. — Fol. 5 v°, grande miniature représentant les armoiries.

xvii⁰ siècle. — Vélin. — 8 feuillets. — 305 sur 240 millimètres. — Nouv. acquisition (don).

**272. Règlements de Cologne :**
Fol. 1-6, tables. — Fol. 7 r° " Abdruck vnd gemeiner begriff der Pollicey Ordnungen... 1562 " (imprimés). — Fol. 68 r° " Copia concordatorum inter dominum Hermannum Archiepiscopum et civitatem Coloniensem, anno 1506 ". — Fol. 81 r⁰ " Der Transfix Brieffe anno 1513 auffgericht ". — Fol. 99 r° " Dis ist der Statt Coln Recht vnd Burger Freiheit ". — Fol. 105 r° " Diese nachfolgende... Puncten... sall ein jeglicher neuer Raht, alsbaldt der eingegangen ist, zu den heiligen sweren... " — Fol. 127 v° " Dis ist die tragedia binnen der Statt Colln von A° 1513 ". — Fol. 153 : " Renunciatio trium privilegio-

9*

rum Maximiliani... " — Fol. 163 : " Ordnung von Tutoren und Vor-
munden... " — Fol. 175 : " Diese Puncten haben Unsere herc vom
Raht mit allen Reden vnd 44 verdragen... " — Fol. 204 r° " Copia pri-
velegii aureæ bullæ... " — Fol. 213 " Ordnung wice sich die Procura-
toren am schwurgericht halden sollen... " — Fol. 223 : " Seditio anni
1481. (Courte notice, suivie d'autres notes historiques.) — Fol. 248 :
" Reformatio alii judicii Coloniensis... anno 1448 facta ". — Fol. 268-
277 : table alphabétique. — Fol. 278-79 : proclamation contre les marchandises falsifiées (1608). — Fol. 280 : " Von der grossen Unainig-
keit... zu Koeln (1513) " (en vers). Explicit : " So kompt es dort in
ewig leid ".

xviiᵉ siècle. — Papier. — 300 sur 200 millimètres. — 283 pages. — Nouvelle acquisition.

**273. Chronique de Strasbourg**, en vers. Titre : " Strassburgische chro-
neck... mit fleiss zu sammen gebracht durch einem liebhaber der
Teutschen Potterey; Strassburg, beij Johann Carolo, 1625 ". — Dédicace, datée du 29 juin 1625, signée Joann Carolus. — Explicit : " Dass
wir dir dienen immerdar. Biss wir enden dass Leben ".

xviiᵉ siècle. — Papier. — 320 sur 200 millimètres. — 242 pages. — Nouvelle acquisition.

**274. Statuts de la corporation des cordonniers de Weimar**, approuvés
par le duc Ernest-Auguste, datés du 17 février 1745. Incipit (fol. 1 r°) :
" Von Gottes Gnaden wir Ernst August... " — Explicit (fol. 19 v°) :
" Geben Weimar zur Wilhelmsburg den 17ᵈᵉⁿ Februarii 1745. Ernst
August. Anton Carl von Grieshaim ".

xviiiᵉ siècle. — Vélin. — 19 feuillets. — 370 sur 250 millimètres. — Nouvelle acquisition.

**275. Règles du jeu des Passes**. Titre : " Règles du jeu des Passes...
Satzungen des Pass-Spiels erfunden durch Ihro Churfurstl. Durchleucht
in Bayrn ". — Deux colonnes, texte français et allemand. — Explicit
(p. 38) : " soll es denen Spielern zu keinem Nachtheil geruhen ". —
Pages 39-46, table. — En tête du texte, figure.

xviiiᵒ siècle. — Papier. — 250 sur 200 millimètres. — 46 pages. — Nouvelle acquisition.

**276. Mémoires juridiques** concernant l'Ordre Teutonique et particulièrement la commende de Schiffenberg :

1° " Memoriale an eine Hochlöbliche allgemeine Reichs-Versamm-
lung von der Hochfürstl. Hessen-Darmstädtischen Gesandtschafft... "
— Regenspurg, E.-A. Weiss (imprimé, daté du 28 juin 1753).

2º " Beurkundete Nachricht von dem Teutsch-Ordens-Haus und Commende Schiffenberg... — Giessen, gedrucht bey J.-J. Braun, 1752 " (imprimé).

3º " Beurkundete Nachricht von dem... Kloster-Hauss... Schiffenburg... Anderer Theil... — Giessen, J.-J. Braun, 1755, mense martio ". (imprimé).

xviiiᵉ siècle. — 345 sur 220 millimètres. — 426 feuillets. — Nouvelle acquisition.

**277. Recueil de pièces** relatives à la prétention du Roi de Prusse de faire des levées de recrues sur le territoire de Mecklembourg. Fol. 1 " Pro Memoria. — Die situation der Mecklemburgischen Lande... " — Série de pièces allant du 30 décembre 1755 au 1ᵉʳ août 1756. — Fol. 40 : " Kayserlich... Commissions-Decret... de dato 10 april 1757... " (imprimé). — Fol. 133 : Lettre de Chrétien-Louis, duc de Mecklembourg, à la Diète (" Von Gottes Gnaden Christian Ludewig... ") — Fol. 137 : " Pro Memoria ". — Fol. 154 : " Pro Memoria ". — Fol. 160 : " Kurze Geschichts-Erzählung..." — Explicit (fol. 186 rº) : " Carl Wilhelm Teuffel von Purckensee ".

xviiiᵉ siècle. — Papier. — 360 sur 210 millimètres. — 186 feuillets. — Nouvelles acquisitions.

**278. Guerre de Sept ans** : notes diverses et nouvelles du théâtre de la guerre, en ordre chronologique, du 20 septembre 1756 au 25 février 1758. — Copies de mains diverses, parmi lesquelles deux pièces imprimées : " Lettre de Monsieur de *** à Monsieur N. N. du camp de Budien, le 4 octobre 1756 " (français et allemand). — " Uebersetzung des Rescripts an... Freyherrn von Plotho, zu Regensburg, de dato Berlin, den 7ᵈᵉⁿ May 1757 ".

Incipit (fol. 1) " Erfurth den 20 septembre 1756 ". — Explicit (fol. 197 vº) " 2000 mann zu kriegsgefangenen gemachet worden ".

xviiiᵉ siècle. — Papier. — 365 sur 225 millimètres. — 197 feuillets. — Nouvelle acquisition.

**279. Recueil de plaintes** sur les excès commis par les troupes pendant la guerre de Sept Ans. Incipit : " Verzeichniss der in gegenwärtiger Sammlung enthaltener Stücken. "

I. Plaintes sur les déprédations commises par les troupes électorales du Brunswick dans l'Électorat de Cologne : " An eine hochlöbliche Allgemeine Reichs- Versammlung... " (6 juillet 1757, imprimé).

II. Plaintes sur les agissements des troupes prussiennes à Erfurth " Des heil. Römischen Reichs Churfürsten, Fürsten, und Stände... " (18 juillet 1757, imprimé).

III. " Schreiben an die Hoch- ansehnliche Reichs- Versamblung zu Regensburg von Löbl. Franckischen Craiss-Convent zu Nürnberg d. d. Nürnberg den 18 Aug. 1757 " (imprimé). Plaintes sur l'envahissement du territoire de Nuremberg par les troupes prussiennes.

IV. Lettre du duc de Mecklembourg-Schwerin à son envoyé à Ratisbonne (17 janvier 1758), manuscrit ; incipit : " Herzog-Mecklenburg- Schwerinsches Rescript an den Comitial- Gesandten... " — Explicit : " an den ängeren Ausschuss. "

xviiiᵉ siècle.— Papier.— 354 sur 220 millimètres.— 218 feuillets.— Nouvelle acquisition.

**280. Recueil de factums imprimés :**

1º " Ahn ihro Römisch-Kayserlichen wie auch in Germanien und zu Hierusalem Königlichen Majestät " (Cölln, G. A. Schauberg 1760) [les professeurs de l'Université de Cologne A. von Meer et M. F. Stirtz contre les *précistes* Broel et von Buschmann].

2º " Umständliches und denen weitwendigen... Handlungen in moglicher Kürtze entnommenes Pro Memoria... » (même affaire).

3º " Vorläufige Beleucht-und Widerlegung der von einem hochlöbl. Magistrat der Kaiserl. Reichs. Stadt Nürnberg zum Druck beforderten... Geschichts Erzehlung (Wien, bey J.-F. Edlen von Trattnern, 1766, in-fol.) [la ville de Nuremberg contre les Postes impériales].

4º Sur la protestation de la Cour de Vienne contre l'élection d'un Empereur en 1742 ; avec réponse de la Cour de Vienne ; commençant par ces mots : " Erkennet der Wiennersche Hof weder Kayser noch Reichs- Tag... "

5º " Pro Memoria " (Raisons de la protestation du Prince de Hesse-Cassel contre les dispositions testamentaires du Prince Constantin de Rothenbourg.)

6º " Urkund Urtheils in Sachen Herrn Hoch- und Teutsch-Meisters contra Gräflich Oettingen-Oettingīsche Cantzley und Corsorten (13 février 1767. Ordre teutonique contre Oettingen-Oettingen.)

7º " Geschichte der Verlegung des Cammergerichts " (Histoire du déplacement de la Chambre Impériale, 1770.)

8º La Commission de la libre chevalerie impériale du Bas-Rhin (" des Heiligen Römischen Reichs Churfürsten, Fürsten, und Ständen... " 1770) contre l'Électeur Palatin au sujet de la seigneurie d'Ebernburg.

9º Réfutation appuyée sur documents, même affaire (" Documentirte Gegenanzeige "). — Suivi de : " Beylagen ".

10° Démonstration de la nullité de la Réfutation ; même affaire (" Ungrund der sogenannten documentiten Gegenanzeigen... ")

11° Chartes concernant le droit de protection sur la ville d'Aix-la-Chapelle, cédé par les Empereurs aux ducs de Juliers. (" Abtruck einiger älteren und neueren Urkunden die denen Herren Herzogen zu Gülich verschriebene... Reichs Pfandschaft und deren Rechten über die Statt Aachen betreffend... " Franckfurt und Leipzig, 1769).

12° Mémorial *cum facti specie* pour l'Ordre des Johannites contre Louis-Charles, baron de Schauenburg. (" An Jhro Römisch-käyserl. auch in Germanien und Jerusalem Königl. Majestät aller-unter-thänigstes Memorial... "). — Explicit (fol. 301 v°) : " Rab. Hermann de Bertram Secret. et Archivarius. "

xviii° siècle. — Papier. — 340 sur 200 millimètres. — 301 feuillets. — Nouvelle acquisition.

**281. Diète de Ratisbonne**; **recueil de délibérations** relatives à l'invasion de la Saxe par les troupes prussiennes et à l'organisation d'une armée de l'Empire, 23 pièces, copies, sauf une imprimée (fol. 145, n° 13 " Reichs-Fürsten Raths-Protocoll ", *de dato* 9 mai 1757). Contient : 1. Protestation du directoire de Mayence, 18 décembre 1756. — 2. *Protocollum Collegii Electoralis,* 10 janvier 1757. — 3. *Protocollum cum concluso* du 17 janvier. — 4. Protestation du Directoire de Mayence. — 5. Protocole électoral du 11 février 1757. — 6. Notification du *Conclusum Electorale* du 11 février 1757. — 7. Résolutions à prendre sur le payement de l'armée de l'Empire, 14 mars 1757. — 8. Instructions de membres de la Diète. — 9. Notification du *Conclusum Electorale* du 1er avril 1757. — 10. Protocole du Conseil des Princes au sujet des frais de l'armée de l'Empire, 2 mai 1757. — 11. Idem, du 6 mai 1757. — 12. Idem, du 9 mai 1757. — 13. *Conclusum Electorale,* même sujet. — 14. *Conclusum Electorale,* nomination d'un général de la cavalerie de l'armée impériale, 7 mai 1757. — 15. Projet de vote sur le *mémorial* brandebourgeois du 10 mai 1757. — 16. Idem, sur la note brandebourgeoise du 17 mai 1757. — 17 " Reservatio Directorii Moguntini" (sur la note brandebourgeoise du 14 avril.) — 18. *Conclusum Trium Collegiorum* du 27 juin (entretien de l'armée de l'Empire). — 19. Lettre de Joseph-Frédéric, duc de Saxe (19 janvier 1757). — 20. *Conclusum trium Collegiorum* (15 juillet 1757, caisse de l'armée de l'Empire). — 21. *Conclusum trium Collegiorum* (16 août 1757; finances de l'armée de l'Empire). — 22. Décret impérial sur l'entretien de l'armée de l'Empire

(23 novembre 1757. — 23. Réserve de l'Électeur de Mayence au sujet d'un *mémorial* brandebourgeois (9 décembre 1757). — Table.

xviii<sup>e</sup> siècle. — Papier. — 168 feuillets. — 360 sur 220 millimètres. — Nouvelle acquisition.

**282. Guerre de Sept Ans.** — Bulletin du théâtre de la guerre et nouvelles diplomatiques (fol. 220 et suivants, événements de Russie, règne et déposition de Pierre III) du 27 février 1760 au 5 janvier 1763. — Incipit : " Prag den 27 febr. 1760. " — Explicit (fol. 350 v°) : "...die Noth ist freilich schon auf das höchste gestiegen ". — Copies de différentes mains ; deux pièces imprimées (fol. 220 : " Kurzgefasste Nachricht von der Krankheit und dem Ableben... der Kayserin Elisabeth Petrowna... », et fol. 305 : « Journal von der unter... Commande... Graffens von Daun Excell... stehenden... Hauptarmee... »)

xviii<sup>e</sup> siècle. — Papier. — 360 sur 220 millimètres. — 350 feuillets. — Nouvelle acquisition.

**283. Recueil de pièces imprimées et manuscrites** relatives à la réorganisation de la Chambre Impériale de Wetzlar, 1750-1764. — Fol. 1, table. — Pièces imprimées : fol. 14 " Specification was das... Reichs Stände an des... Cammer. Gerichts Unterhalt... restiret... " — Fol. 77 r° " Pro Memoria " (pertes sur les traitements des membres de la Chambre). — Fol. 85 r° : " Beyfällige Gedanken... " (même sujet). — Fol. 105 : " Genaue Prüfung ob das Decret vom 20 july 1759... mit oder ohne Fug erlassen worden ?... " — Fol. 125 : " Kurzgefassete Beweis Gründe" (Preuve que les juges de la Chambre Impériale doivent appartenir à la haute noblesse). — Fol 140. : " Schreiben an eine... Reichs Versammlung zu Regensburg... von den Cammergericht zu Wetzlar..." (18 juillet 1763). — Fol. 150 : "Kayserlich-Hof-Dekret... die Visitations Sache... des Reichs Cammer-Gerichts betreffend. " — Fol. 158 : Sur la nécessité de construire un nouveau bâtiment pour la Chambre Impériale. — Explicit (fol. 166 r°) : " Et publicatum in Audientia die 27 aug. 1764 ".

xviii<sup>e</sup> siècle. — Papier. — 360 sur 220 millimètres. — 166 feuillets. — Nouvelle acquisition.

**284. Essais de linguistique germanique :**

1° Origines de la langue saxonne. Dictionnaire étymologique anglo-saxon (fol. 1-21). Suivi de : " Étymologies françoises " (fol. 21 v° à 23).

2° " Vocabularium anglicum. " Vocabulaire anglais-français (fol. 21 à 36.)

3º Vocabulaire comparatif anglais-allemand-hollandais (fol. 38 à 74).

4º Catalogue des verbes irréguliers allemands : " Catalogus verborum anomalωn " (fol. 75 à 79).

5º Index vocabulorum.

Les fol. 38 à 74 ont une ancienne numérotation par colonnes (1 à 148) qui manque dans la partie antérieure du manuscrit.

Attribué à M. Burette, médecin, par une note sur la feuille de garde. — Transmission du département des imprimés.

xviiᵉ-xviiiᵉ siècle. — Papier. — 265 sur 200 millimètres. — 79 feuillets. — Nouvelle acquisition.

**285.** **Inventaire de la bibliothèque du Prince Xavier** de Pologne et de Saxe. Titre : " Sr. Königl. Hoheit Prinz Xaverii von Pohlen und Sachsen Bibliothec- Inventarium, 1738. " — A la fin, page 275 : table.

xviiiᵉ siècle. — Papier. — 340 sur 200 millimètres. — 276 pages. — Nouvelle acquisition.

**286.** **Armorial des familles patriciennes de Nuremberg.** Titre : " Patricii republicae (sic) Nuremberg : Das ist 83 vhralte Adeliche geschlacht, daraus der Rath von 300 Jarn hero erwolt... " — Titre gravé et colorié, figures coloriées en tête de chaque généalogie; fol. 83 rº, vue du château de Hallerstein, daté de 1627. — Une généalogie, fol. 147 vº, a été continuée par une main postérieure de 1633 à 1684. — Explicit fol. 415 rº : " Die Semmler. "

xviiᵉ siècle. — Papier. — 320 sur 190 millimètres. — 415 feuillets. — Nouvelle acquisition.

**287.** **Études sur l'histoire ecclésiastique de l'Allemagne** au moyen-âge : Titre (fol. 1 rº) : " Einführung der Christlichen Religion in der Mark, unter den Wenden. Beschreibung und Character dieser Nation. " — Fol. 4 vº : " Zustand der Länder zu der Zeiten Albrechts I und seiner Nachfolger in dieser Periode. " — Fol. 17 : " Klöster und geistliche Stiftungen in der Mark... " — Fol. 26 rº : " Anhang von Religions- und Kirchen-Sachen in Schlesien. " — Explicit (fol. 91 rº) : " Und die dienste derselben zu vermindern. "

xixᵉ siècle. Papier. — 220 sur 160 millimètres. — 91 feuillets. — Nouvelle acquisition.

**288 à 302.** **Recueil de pièces de théâtre,** rangées par ordre alphabétique des titres. — Les pièces font partie du répertoire de Linz vers 1830-40.

I **(288)**. contient : 1º " Der achtzigste Geburtstag ", d'après le roman " Adèle de Sénanges " de M<sup>me</sup> de Souza et d'après Scribe. — 2º (fol. 40) " Alle sind verheirathet ", par Korntheuer. — 3º (fol. 86) " Der Alpenkönig und der Menschenfeind ", par F. Raimund. — 4º (fol. 159) " Das Anecdoten-Büchlein ", d'après Scribe et Delavigne. — Explicit (fol. 189 vº) : " Sie sinken einander in die Arme. Ende. "

II **(289)**. contient : 1º Babillard, par Nabehl. — 2º (fol. 22) " Die beiden Aerzte ", von A. Baumann. — 3º (fol. 85) " Der Bettelstudent oder das Donnerwetter ". — 4º (fol. 106) : " Der Bettler ", par Raupach. — 5º (fol. 185) " Der Böse Geist Lumpacivagabundus ", par Nestroy. — 6º (fol. 207) " Die Braut ", par Körner. — 7º (fol. 225) " Bruder Lüstig ", par J. Schick. — Explicit (fol. 265 rº) : " Gruppirung aller Personen der Handlung. Ende. "

III **(290)**. contient : 1º " Der Demantschmück ", d'après Théaulon, par S. Mandelzweig. — 2º (fol. 63) " Doctor Fausts Hauskäppchen ", von F. Hopp — 3º (fol. 123) " Domestiken Streiche ", par Castelli. — 4º (fol. 149) : " Dramatische Eilwagenreise ". — 5º (fol. 251) : Die Einfalt vom Lande ", par C. Töpfer. — 6º (fol. 402) " Der Ehrgeiz in der Küche " (2 copies). — Explicit (fol. 445) : " Der Vorhang fällt. Ende. "

IV **(291)**. contient : 1º " Der Fabricant ", d'après E. Souvestre, par E. Devrient. — 2º (fol. 62) " Der Färber und sein Zwillingsbruder ", par J. Nestroy. — 3º (fol. 104) " Fehlgeschossen! " — 4º (fol. 142) : " Felix der Buchdruckerjunge ", d'après le vaudeville " Petit Pierre " (d'Auguste et Alphonse). (2 copies). — Explicit (fol. 307 vº) : " Reichen sich die Hände... "

V **(292)**. contient : 1º " Glück, Misbrauch und Rückkehr ", von J. Nestroy (2 ex). — 2º (fol. 172) " Das Goldene Kreuz ", d'après la " Croix d'or ". — 3º (fol. 211) " Die Heirath dürch die Pferde. " — 4º (fol. 225) " Die Helden ", par W. Marsano. — 5º (fol. 268) " Die Homöopatische Cur ", d'après le français d'Ancelot et Comberouse. — Explicit (fol. 306 rº) : " Abgeschmäckte Proposition. Ende. "

VI **(293)**. contient : 1º " Ich bleibe ledig ", d'après l'italien d'Alberto Nota, par K. Blum. — 2º (fol. 112) " Der Juwelier von Florenz ", d'après Dumas, par S. Mandelzweig. — 3º (fol. 169) " Die Königin von sechzehn Jahren, oder Christinens Liebe und Entsagung ", d'après le français [de Brault], par T. Hell. — Explicit (fol. 216 vº) : " Und der Vorhang fällt ; finis. "

VII **(294)**. contient : 1º " Das Lustspiel im Zimmer " (2 ex.), de Korntheuer, — 2º (fol. 43 rº) " Die Leibrente ", par Von Maltetz. — 3º (fol. 85) " Leichtsinn und seine Folgen ", d'après A. Dumas *(M<sup>lle</sup> de Belle-Isle)*, par Roemer. — 4º (fol. 185) " Der Liebe und des Zufalls Spiel ", d'après Marivaux " Jeu de l'amour et du hasard ", par C. Lebrun. — Explicit (fol. 199 vº) : " Vorhang fällt. "

VIII **(295)**. contient : 1º " Des Malers Meisterstück ", de Weissen-thurm. — 2º (fol. 35) " Der Mann meiner Frau ", d'après Lembert. — 3º (fol. 113) " Ein Menschenleben, oder Mädchen, Frau, Mutter und Matrone, " — 4º (fol. 192) " Mirandolina " d'après le " Locandiera " de Goldoni. — Explicit (fol. 231) : " Wenn er mit Männerhozen spielt. Ende. "

IX **(296)**. contient : 1º " Nach Sonnen Untergang ", d'après Meles-ville et Angely (2 ex.). — 2º (fol. 100) " Nehmt ein Exempel d'ran ", de C. Töpfer (3 ex.). — Explicit (fol. 197) : " Ihr Ehemänner hörts : Nehmt ein Exempel dran. "

X **(297)**. contient : 1º " Der Oberst ", d'après Scribe, par C. Blum. — 2º (fol. 31) " Der Papiermüller und sein Kind, oder der grüne Hadrian ", von F. Hopp. — 3º (fol. 132) " Preciosa ", par J. A. Wolf. — 4º (fol. 221) " Die Proberollen ". — 5º (fol. 246) " Der Quälende Zweifel ", d'après Scribe. — Explicit (fol. 316 rº) : " Gruppe. Der Vorhang fällt. "

XI **(298)**. contient : 1º " Rataplan, der kleine Tambour, aus dem Französischen " (de J. B. Lombard.) — 2º (fol. 31) " Der Reise Com-mis " de Scribe. — 3º (fol. 94) " Robert der Teufel ", par J. Nestroy. — 4º (fol. 169 " Rococo ", comédie originale. — 5º (fol. 199) " Staberls Reise Abentheuer ". — 6º (fol. 265) " Der Strassenjunge von Paris ", d'après le français (de Bayard). — Explicit (fol. 335) " Umarmung. Finis. "

XII **(299)**. contient : 1º " Der Traum, ein Leben ", de Grillparzer. — 2º (fol. 110) " Treff-König, oder Spieler und Todtengräber ", par A. Varry et J. Schickh. — 3º (fol. 222) " Der Uebel grösstes is der Schuld. " — 4º " Unbewusste Liebe ", d'après Melesville, — Explicit (fol. 326) : " Ende des Lustspiels. "

XIII **(300)**. contient : 1º " Der Vater ", par Bauernfeld (2 ex.). — 2º (fol. 91) " Der Verhängnissvolle Faschingsnacht " de J. Nestroy. — 3º (fol. 186) " Der Verschwender ", par F. Raimund (2 ex.). — 4º (fol. 324) " Verwirrung über Verwirrung ", par Albini. — Explicit (fol. 373) " Ein verdammter Kerl. Ende. "

XIV **(301)**. contient : 1º " Der Wetter-Ableiter ", d'après le français de C. Lebrun, — 2º (fol. 43) " Unten, zu ebener Erde und erster Stock ", par J. Nestroy. — 3º (fol. 138) " 1834. Zeitgeschichtliches Drama in 5 Acten. " — Explicit (fol. 226) : " Vivat Alonzo ! Vivat das Vaterland ! "

XV **(302)**. contient : résidus, fragments de rôles (fol. 1-286) ; pièces imprimées extraites de " Boths Bühnen-Repertoir " (p. 861 à 908).

xix<sup>e</sup> siècle. — Papier. — 280 sur 230 millimètres. — I : 189. — II : 265. — III : 445, — IV : 307. — V : 306. — VI : 216. — VII : 199. — VIII : 231. — IX : 197. — X : 246. — XI : 335. — XII : 326. — XIII : 373. — XIV : 226. — XV : 310 feuillets. — Nouvelle acquisition.

### 303. Traités de dévotion.

1º Livre de la Sagesse (*Buch der ewigen Weisheit*) de Heinrich Suso ; le début manque, fol. 1-3 du manuscrit sont mutilés ; comp. l'édition Denifle, *Schriften des sel. H. Seuse*, I, 313-504 (fol. 1-270 vº). Première ligne du fol. 3 vº : " nympt man durch die nidersten... "

2º Petit traité dévot ; incipit (fol. 271 rº) " Es synt drye frage... (fol. 271 rº-285 vº).

3º Petit traité dévot ; incipit (fol. 285 vº) " Von der entpfahung des heilgen sacramentes... " (fol. 285 vº-29, b). Explicit (fol. 293 vº) " Dis wart geschriben in dem XLV ior. "

xv<sup>e</sup> siècle. — Vélin. — 115 sur 180 millimètres. — 293 feuillets. — Nouvelle acquisition.

### 304. Armorial, contenant :

1º (feuillets numérotés 1 à 31, 1) : documents sur les tournois de Würzbourg et de Heidelberg (1479, 1481). Incipit (fol. 2 vº) " Ein register von Tournier zu Würtburg, ist gewesen auf dienstag nach d. Heyl. drey könig tag... 1479. "

2º (feuillets 2 à 436) Armorial allemand ; fol. 438 à 464, table de l'armorial. — Armoiries coloriées à la main ; les cadres sont souvent imprimés. — Fol. 271, 274, 276, 278, 280, 284, 292, 299, 301, 303, 305, figures de porte-drapeaux hors texte. — Fol. 438 à 464, table alphabétique des noms.

xvi<sup>e</sup> siècle. — Papier. — 130 sur 220 millimètres. — 31 + 464 feuillets. — Reliure ancienne avec fermoirs. — Nouvelle acquisition.

### 305. Traduction de la lettre prétendue du juif Samuel Marrachitan à son maître Rabbi Isaac, sur la vérité du christianisme ; traduite de l'hébreu en latin par Alfonse d'Espagne et du latin en allemand par Vrinhert, curé de Strasbourg. Incipit : " Hie hebt sich an ein Epystel oder ein sandunge... "

Fol. 19 vº : Constitution de Frédéric Barberousse sur la puissance impériale, 1180, texte latin et traduction allemande, la dernière ajoutée postérieurement. Explicit (fol. 21) : " In der stat zu Regenspurg, in dem fronhof. "

xiv<sup>e</sup> siècle. — Vélin. — 240 sur 180 millimètres. — 22 feuillets. — Nouvelle acquisition.

**306. Traité d'alchimie.** — Explicit (fol. A r⁰) : " Deus et natura nihil faciunt frustra. " — Fol. 1 r⁰ : " De Tartaro. " — Manuscrit original allant de fol. 1 à fol. 69 ; fol. 70 à 124, notes de mains diverses, en partie en français ; fol. 115 à 122, feuilles détachées réunies au manuscrit.

XVIIᵉ siècle. — Papier. — 255 sur 165 millimètres. — 122 feuillets. — Reliure ancienne gaufrée avec armoiries. — Nouvelle acquisition.

**307. Règlements pour les examens de sortie** des écoles d'enseignement secondaire à Brème. 1⁰ (fol. 1-12) " Reglement für die Abiturienten-Prüfungen des Gymnasiums zu Bremen " (daté du 25 décembre 1869). — — 2⁰ (fol. 13-29) " Instruktien für die Abgangs-Prüfungen an dien Realschulen der Stadt Bremen " (21 mars 1879). Explicit (fol. 29 v⁰) " Das Scholarchat : (gez.) C. F. G. Mohr. "

XIXᵉ siècle. — Papier. — 330 sur 220 millim. — 30 feuillets. — Nouv. acquis.

**308 à 310. Lettres adressées par divers à Frédéric Dübner.**
I (**308**). AHRENS (26 mars 1838, 15 décembre 1838, 1 lettre sans date, 16 mars 1839.) — AHRENS (H. S.) : 8 février 1853, 10 avril 1853, 6 février 1854, 2 mars 1854, 5 mars 1854, 28 juin 1854, 31 juillet 1854, 14 août 1854, 12 octobre 1854, 18 décembre 1854, 10 mai 1854. — AMEIS : 21 janvier 1845, 15 janvier 1846, 15 février 1846. — ANDERS : 7 août 1850 ; 21 septembre 1752 ; 22 janvier (s. a.) ; 13 avril (s. a.). — BAITER : 10 décembre 1839 ; 5 mars 1841 ; 12 juin 1845 ; 15 juin 1845 ; 6 novembre 1845 ; 16 septembre 1850 ; 13 décembre 1852. — BARDILI : 15 novembre 1828. — BECK (A,) : 3 mai 1831 ; 7 mai 1841 ; 9 avril 1844 ; 1 septembre 1844 ; 7 janvier 1848 ; 21 avril 1848 ; 1 janvier 1850 ; 25 décembre 1850 ; 27 septembre 1855 ; 10 mai 1865 ; 30 mai 1865 ; 30 octobre 1866 ; 1 lettre sans date. — BECK (F.) : 1 lettre sans date, 21 décembre 1834, 12 avril 1848, 15 avril 1848, 18 mars 1849, 25 août 1849, 6 février 1852, 8 avril 1854, 26 septembre 1854, 10 août 1855. — BERGK : 24 mars 1844. — BEYER : 2 lettres sans date. — BOTHE (J.-G.) : 17 nov. 1850. — BURCHARD : 22 juin 1847. — BOCK (C.) : 1 janvier 1855, 27 mai 1857, 10 septembre 1855. — BODE : 1 juillet 1833. — BÖTTCHER : 16 septembre 1838, 5 juin 1839. — BRAMBACH (W.) : 17 mai 1867, 27 juin 1867, 29 septembre 1867. — BRANDT (J.) : 17 septembre 1865. — BRAUN (Emil) : 20 juillet 1831, 25 janvier 1844, 19 mai 1846. — BRÜHL (J. S.) : 30/18 novembre 1844. — BRUNN : 23 juin 1852. — BÜTTNER : 4 janvier 1834. — BÜCHNER (A.) : 25 juin 1840, 1 septembre 1842, 15 février 1841, 25 septembre 1842, 2 septembre 1843, 9 août 1845. — 1 lettre avec signature raturée, 20 décembre 1833. — BUSSEMAKER : 22 décembre 1854, 14 février 1855, 22

septembre 1855, 4 octobre 1855, 24 juillet 1858. — BÜTTNER : 22 novembre 1833, 21 avril 1834, 17 septembre 1834, 25 juin 1842, 12 avril 1847. — BUCHSCHNEIDER : 22 mars 1836. — CREUZER : 14 décembre 1834, 22 avril 1850, 2 novembre 1855, 11 janvier 1851. — DETLEFSEN : 17 juin 1863, 21 juin 1863. — DÖDERLEIN (Louise) : 1 lettre sans date. — DÖHNER : 1 lettre sans date, 6 août 1845, 10 mai 1846, 22 août 1847, 17 septembre 1847, 14 avril 1850, 27 mai 1850, 22 octobre 1851, 8 avril 1855. — DRESSEL : 23 décembre 1843. — DUNN : 26 octobre 1854, 21 avril 1855. — EBERHARD : septembre 1867. — FIX : 8 lettres sans date, 31 octobre 1861. — FLOSS (J.-H.) : 6 octobre 1860. — FRITZSCHE : 15 octobre 1842. — FUCH (K.) : 13 juin 1855. — GATHY : 23 avril 1847, 14 juin 1850. — GOERLITZ : 27 novembre 1845, 7 mai 1847. — GEORGES (C.) : 28 décem- 1850. — GUTSCHMID (A. VON) : 28 octobre 1856 ; 10 juin 1857. — HAASE (de Breslau) : 1 lettre sans date, 12 janvier 1848, 21 avril 1853, 15 avril 1863. — HABICH (S.). : 6 août 1857. — HALM (C.) : 14 août 1842, 1 lettre sans date, 3 avril 1847, 13 octobre 1862, 21 mai 1864. — HANOW : 24 février 1861. — HEUTHEL (?), 1 lettre sans date. — HAYA (VON) : 2 juillet 1842, 2 juin 1842, 18 juin 1842, 20 juin 1842, 11 juillet 1842, 30 novembre 1842, 21 juin 1843, 3 septembre 1843, 9 novembre 1843, 6 décembre 1843, 12 janvier 1845, 21 février 1845, 10 mars 1845, 5 avril 1845, 22 avril 1845, 11 septembre 1845, 1 décembre 1845, plus 10 lettres sans date.

II (309) : LERS (E) : 6 février 1840. — HERCHER : 26 octobre 1851, 31 juillet 1853, 14 mars 1854, 17 mai 1754, 12 juin 1754, 4 juillet 1854, 29 août 1854, 26 septembre 1854, 14 février 1855, 1 avril 1855, 14 mars 1855, 31 mai 1855. — [NAUCK (A.) : 8 août 1855]. — HERCHER (suite) : 27 août 1855, 19 décembre 1855, 13 avril 1855, 1 avril 1856, 12 juillet 1856, 3 octobre 1856, 12 décembre 1856, 2 janvier 1857, 7 juin 1857, 28 avril 1857, 24 mai 1857, 1 mai 1857, 27 octobre 1857, 26 novembre 1857, 11 décembre 1857, 2 janvier 1858, 22 janvier 1858, 23 janvier 1858 (à Lebas), 1 mars 1858. — [NAUCK, 14 mars 1858]. — HERCHER (suite), 29 mars 1858, 12 avril 1858, 22 avril 1858 (à Lebas), 22 avril 1858, 10 mai 1858, 24 juillet 1858, 2 janvier 1859, 19 mars 1859, 17 avril 1859, 20 avril 1859, 15 juin 1859, 29 juillet 1859, 29 novembre 1859, 1 lettre sans date, 9 mai 1860, 26 juin 1861, 10 novembre 1861, 10 octobre 1862, 1 novembre 1862, 1 lettre sans date, 22 décembre 1862, 12 février 1863, 13 février 1863, 12 octobre 1863, 16 septembre 1864, 14 mars 1865, 15 mai 1865, 28 mai 1864, 28 juillet 1865, 8 novembre 1865, 15 janvier 1867, 15 avril 1867, 7 mai 1867, 23 juin 1867, 18 août

1867. — [MÜLLER (B.) à Hercher, 20 juillet 1859]. — HERMANN (K.-F.) : 21 septembre 1844, 25 janvier 1843, 7 avril 1845. — HERTZ (M.) : 7 juillet 1864. — HOFFMANN : 23 novembre 1849. — HOFFMANN (EMMAN.) : 11 octobre 1866. — HOLZAPFEL : 7 juillet 1850. — HONEGGER : 13 février 1843. — HUNZIKER, 13 novembre 1851, 31 décembre 1851, 8 décembre 1852, 6 octobre 1852, 2 janvier 1853, 7 février 1853, 5 mars 1853, 21 mars 1853. — (HOPF [J.] 1 décembre 1850). — HUNZIKER (suite) : 18 avril 1853, 13 mars 1854, 16 octobre 1854, 4 novembre (s. a.), 19 décembre 1874, 20 mars 1855, 14 novembre 1855, 23 janvier 1857, 23 juillet 1857, 3 mars 1866, 3 avril 1866, 16 lettres sans date. — JACOBS (F.) 1 lettre sans date, 14 mai 1842, 5 septembre 1842, 6 septembre 1843, 10 octobre 1845, 2 lettres sans années (27 avril, 22 octobre), 23 mars 1846, 13 février 1847. — JACOBS (W.) : 3 avril 1847, 16 avril 1847, 21 juin 1847. — JAHN (??) : 5 avril 1833, 13 mai 1835. — JAHN (OTTO) : 24 mai 1845, 4 août 1853, 8 juillet 1865. — KEYSER (L.) : 8 janvier 1861. — KEIL : 26 mars 1854, 26 novembre 1854, 26 mai 1855. — KIESSLING : 1 lettre sans date. — KIRCHNER : 12 juillet 1759, 16 octobre 1860. — KÖCHLY : 2 juillet 1849, 7 juillet 1849, 18 août 1849, 4 novembre 1849, 22 décembre 1849, 10 janvier 1850, 20 janvier 1850, 4 février 1850, 7 février 1850, 25 février 1850, 28 février 1850, 3 mars 1850, 18 mars 1850, 4 mars 1850, 1 avril 1850, 28 juillet 1850, 18 mars 1850 (en latin), 18 novembre 1850, 3 décembre 1850, 7 février 1851, 23 mars 1851, 27 avril 1851, 8 octobre 1851, 1 lettre sans date, 3 mars 1851, 29 mai 1852, 13 octobre 1852, 30 décembre 1852, 13 février 1853, 28 mars 1853, 13 avril 1854, 12 juin 1854, 10 juillet 1854, 14 avril 1855, 3 septembre 1855, 31 décembre 1855, 27 mars 1856. — (MATTHLÆ : 20 avril 1866). — 2 lettres sans date. — KERNER (F.) : 5 février 1844. — KRAUSE (?) 30 janvier 1831. — LEHMANN (H.) : 6 novembre 1861. — LAGARDE (P. DE) : 11 octobre 1866, 20 juillet 1866, 15 mai 1865, 16 octobre 1864. — KUHNER (R.) : 20 juin 1847. — 1 lettre avec signature illisible (Krcyssig ?). — LENZ (T. W.) : 1 novembre 1839. — LEPSIUS (R.) : 17 août 1838. — LEHNHOLZ (A.) : 19 mars 1832. — LEHRS (F.-S.) : 22 septembre 1837, 30 septembre 1843. — KRAUS : 17 septembre 1828. — LEUTSCH (E. VON) : 28 avril 1843, 5 mai 1844, 10 septembre 1845, 9 novembre 1845, 22 février 1846, 15 octobre 1848, 8 novembre 1848, 30 juin 1850, 1 novembre 1850, 2 décembre 1860, 23 février 1867, 22 avril 1867, 26 mai 1867. — LEVITA (J.) : 1 lettre sans date, 21 juin 1852, 1 lettre sans année (2 avril), 2 lettres sans date. — LIEBRECHT (F.). 24 mai 1866. — LINDEMANN : 29 décembre 1834, 8 mars 1835.

III (**310**) : MAYER (G.) : 7 mars 1867. — MAURER : 19 mars 1847. — MERKLIN : 17 novembre 1860. — MAERCHER : 20 août 1830. — MEINEKE : 10 décembre 1850. — MARTELS (W.) : 2 décembre 1844. — MÜLLER (Ch.) : 1 janvier 1843, 23 mars 1844, 21 juin 1845, 16 février 1853. — MÜLLER : 24 juillet 1854. — MUTZELL : 11 juin 1850. — NAUCK (A.) : 18 juin 1854, 27 février 1855, 16 octobre 1855, 9 juillet 1856, 31 août 1856, 6 mars 1858, 17/29 novembre 1862. — NOLTE : 28 avril 1855. — PRESSEL : 21 octobre 1849. — NOLTE : 19 octobre 1855. — NAUCK : 25 septembre 1856. — NOLTE : 1 avril 1863. — OCHLER : 3 avril 1847. — PFAFF : 4 janvier 1848. — PRESSEL : 7 février 1847. — RASSOW : 30 septembre 1844. — REIBSTEIN : 31 mars 1847. — SCHWAEBE : 1 lettre sans date. — RETTLIEMZ : 20 octobre 1845. — REITHMAYR : 22 juillet 1854. — RITSCHL : 1 janvier 1843, 6 octobre 1843, 18 mai 1844, 18 mai 1846, 13 octobre 1846, 9 juin 1847, 10 octobre 1847, 9 mars 1849, 6 mai 1850, 14 mai 1850, 17 novembre 1850. — (BUECHELER [F.] 29 juin 1857). — RITSCHL (suite) : 4 novembre 1860, 9 décembre 1860, 1 janvier 1861, 31 juillet 1863, 11 février 1861, 4 octobre 1860, 11 juillet 1866, 10 novembre 1866, 1 août 1866, 2 août 1866, 26 août 1866, 24 mars 1867, 26 juillet 1867, 10 septembre 1867. — RITTER (F.) : 12 novembre 1862. — ROCH (C.) : 17 janvier 1855. — ROST : 6 janvier 1836, 1 lettre sans date, 17 octobre 1855, 3 novembre 1854, 19 octobre 1861. — SANDERSON : 16 novembre 1858. — SAUPPE : 3 mars 1836, 22 juillet 1846, 24 août 1856, 21 novembre 1846. — SCHAUMANN : 16 janvier 1846. — (1 lettre à signature illisible). — SCHIEK (?) : 9 septembre 1847, 26 juin 1851 — 1 lettre sans signature (de SCHNEIDEWIN ?) — SCHNEIDER (O.) : 31 mai 1865. — SCHÖLER (D.) : 9 octobre 1865. — SCHNEIDEWIN : 2 prospectus avec notes marginales mss., 9 février 1847, 8 mars 1847, 14 décembre 1848, 4 octobre 1849, 6 octobre 1850, 26 octobre 1850, 29 mai 1851, 11 mai 1859, 4 lettres sans date, 5 février 1845, 8 lettres ou billets sans date. — SCHREIBER, 24 novembre 1832. — STEIN (H.) : 21 août 1832. — SCHUTTE : 23 janvier 1845. — SCHWABE (L.) : 10 novembre 1862, 20 novembre 1862, 23 janvier 1863, 27 janvier 1863, 28 nov./10 déc. 1864, 1/13 janvier 1865, 14/26 février 1865, 14/26 avril 1866. — SEYDEWITZ : 28 nov. 1857, 11 févr. (sans année), 3 février (sans année), 5 avril 1859, 1 avril 1858, 1 lettre sans date, 24 janvier 1859, 2 juillet 1858, 1 lettre sans date, 18 mars 1859. — (TISCHENDORF, 1 lettre sans date). — SEYDEWITZ (suite) : 20 avril 1859, 1 lettre sans date. — MOINEAU (Mme) : 27 mai 1859. — OTTE (G.) : 30 décembre 1852. — SICHEL : 29-31 mars 1867. — SILLIG : 29 mars 1836, 18 mars 1839, 13 septembre 1838, 16 juillet 1838, 16 jan-

vier 1846, 30 septembre 1849. — SINNER : 26 décembre 1843. — STIELER
(F.) : 16 mai 1849. — STORCH : 5 avril 1829. — STORCH (L.) : 17 janvier
1832, 22 novembre 1847. — STRAUBEL (A.) : 5 janvier 1836 — 1 lettre avec
signature mutilée : 5 mai 1831. — STRAUBEL (F.) : 5 décembre 1851. —
STRAUBEL (MINNA) : 3 décembre 1852 (2 lettres). — TAFEL : 28 juin 1834,
3 juin 1835, 17 juin 1835. — TEUBNER : 21 septembre 1852, 2 mai
1851, 28 mai 1851, 7 mai 1856. — THILO : 30 novembre (1857),
4 décembre 1857. — TISCHENDORF : 6 décembre 1841, 1 lettre sans date.
29 décembre 1843, 1 lettre sans date, 1 lettre de 1843, 12 octobre 1842,
17 avril 1846, 16 octobre 1847, 2 décembre 1849, 23 janvier 1851, 1 juillet 1851, 4 novembre 1864, 9 novembre 1864, 20 janvier 1865. — (DÜB-
NER : minute de lettre à T.); — 30 mars 1865, 4 lettres sans date. —
UHRITZ (?), 1 juillet 1839. — VOLGER : 16 juin 1861. — VOLKMANN : 4
juillet 1865. — VÖMEL, 9 août 1841, 29 août 1842, 15 novembre 1842, 20
avril 1844, 26 août 1842, 12 février 1845. — WAGNER (F. W.) : 2 avril
1845, 25 mai 1846. — WAGNER (Ph.) : 1 octobre 1845. — WALZ (C.) : 19
octobre 1843. — WEIL (H.) : 27 février 1856, 23 octobre 1858, 9 mai 1860,
20 octobre 1860, 6 mars 1867. — WEISSENBORN : 11 janvier 1856, 4 février 1856. — WELCKER (F.-G.) : 11 janvier 1834, 13 janvier 1840, 16
septembre 1848, 14 août 1866, 5 novembre 1866. — WERNER (A.-H.) :
15 avril 1859. — WESTERMANN : 22 avril 1845, 15 janvier 1846, 2 avril
1847, 30 décembre 1847, 30 mai 1848, 27 septembre 1848, 26 février 1849,
25 avril 1849, 2 décembre 1849, 20 décembre 1849, 24 janvier 1850, 14
mai 1850, 11 décembre 1851, 2 juillet 1854, 1 décembre 1854, 1 avril 1856.
— WILBRANDT (C.) : 9 décembre 1857, 8 février 1858. — WILKEN : 29
septembre 1828. — WINCKELMANN (A.-W.) : 22 novembre 1834, 29 avril
1836, 29 octobre 1845, 19 janvier 1846, 7 mai 1846, 22 mai 1846, 16 juin
1846, 7 juillet 1846, 23 juillet 1846, 29 juillet 1846, 15 août 1846, 13 avril
(s. année). — WÖLFFLIN (E.), 22 septembre 1854. — WÜSTEMANN :
7 avril 1854, 18 octobre 1854, 5 décembre 1849 (au vo d'un prospectus
imprimé), 30 décembre 1844, 26 décembre 1848, 28 octobre 1847,
2 octobre 1845, 1 lettre sans date, 21 mai 1845, 11 février 1845. —
ZIMMERMANN : 12 juin 1836. — ZUNDEL : 26 janvier 1846. — ZUNPEN :
28 septembre 1851. — Appendice : lettres et comptes de libraires :
Brockhaus, Teubner, etc.

XIXᵉ siècle. — Papier. — 280 sur 220 millimètres. — 301 + 386 + 482 feuillets. —
Nouvelle acquisition.

**311. Lettres de W. Dindorf** à Dübner. Recueil contenant : 1° fol.
1-355, 185 lettres, du 27 décembre 1832 au 22 février 1865; 2° fol. 356 à

390, lettres sans date, collations et notes diverses. — Explicit (fol. 390 vᵒ) :
" da es mit diesen *casibus* eine andere Bewendung hat. W. D. "

xixᵉ siècle. — Papier. — 280 sur 220 millimètres. — 390 feuillets. — Nouvelle acquisition.

**312. Règlement de la cavalerie** impériale et royale. Titre : " Militaire Regulament für gesambte Kays. König. Cavallerie Regimenter... Iᵉʳ Theil ". — Explicit (fol. 407 rᵒ) : " ... angezeuget werden ".

xviiiᵉ siècle. — Papier. — 190 sur 115 millimètres. — 407 feuillets. — Nouvelle acquisition.

**312ᵇⁱˢ. Autre copie du même ouvrage.** — Explicit (fol. 447 rᵒ) : " ... von der pack ordnung. pag. 428. " — Le titre porte la date 1765.

xviiiᵉ siècle. — Papier. — 195 sur 110 millimètres. — 428 feuillets. — Nouvelle acquisition.

**313. Traité de l'organisation et des manœuvres de la cavalerie.** Incipit (fol. 1 rᵒ) : " Erster Abschnitt. Stell und Abtheilung ". — Explicit (fol. 196 vᵒ) : " Geschiehet ebenfals wie daselbst ".

xviiiᵉ siècle. — Papier. — 185 sur 120 millimètres. — 196 feuillets. — Nouvelle acquisition.

**314. Extraits des ordres reçus par le régiment des cuirassiers de Berliching.** Incipit (fol. 1 rᵒ) : " Auszüge deren so wohl von einem hoch Löbl. KK. ho. Kriegs als einem hohen General Commando... dem Löbl. Berlichingischen Curass. Regiment zugekommenen hohen Verordnungen ". — Explicit (fol. 176 rᵒ) : " und bericht zu erstatten ". — Du 1ᵉʳ mars 1768 au 31 octobre 1775.

xviiiᵉ siècle. — Papier. — 180 sur 115 millimètres. — 176 feuillets. — Nouvelle acquisition.

**315. Catalogue d'une collection de dessins** de campements, de sièges, et autres opérations militaires de 1693 à 1753 (cf. fol. 18 vᵒ). Reliure ancienne, portant, sur le plat, le titre : " Campements in Deutschland, — in Böhmen, — in Ungarn, — in Pohlen, — in Sachsen, — in Niederlanden, — in Schlesien, — Preussische ; Kupferstiche verschied : Staedte ; Bataillen u. Actiones ; Attaquen u. Belagerungen ; Ordres de Bataille ; Fortifications desseins ; Exercitien-plans ". — Explicit (fol. 44 vᵒ) : " 14 plans d'Exercices ".
Cf. plus haut nᵒ 158.

xviiiᵉ siècle. — Papier. — 185 sur 115 millimètres. — 44 feuillets. — Nouvelle acquisition.

**316. Catalogue d'une collection de pièces de théâtre.** — Titre (fol. 1 r⁰) : " Catalogus der Theater Bibliothek ". — Explicit (fol. 27 v⁰) : " Leipziger Musenallmanach de 1779 ".

xviiiᵉ siècle. — Papier. — 195 sur 160 millimètres. — 27 feuillets. — Supplément français 5238.

**317. Recettes de médecine** (fol. 1-30); notions de mécanique et particulièrement d'artillerie (fol. 51-161), poésies en allemand et en polonais (fol. 213 v⁰ — 223 r⁰). Incipit (fol. A r⁰) "Mors ultima linea rerum." — Fol. 1 r⁰ : " Im Namen der heiligen Dreyfaltigkect Amen. Städtliche auserlösen recepta ". Explicit (fol. 223 r⁰) : " Wszytko mie strzeze ".

Fol. 221 v⁰, date : " Anno 1639 die 28 junii, scribebat in Zcartorisko ". — Reliure ancienne aux initiales P. I. V. W.

xviiᵉ siècle. — Papier. — 90 sur 150 millimètres. — 228 feuillets. — Nouvelle acquisition.

**318. Recueil de figures de géométrie et d'art militaire** (fortification, pontons, plans topographiques), avec texte explicatif. Incipit (fol. 1 r⁰) : " Dass auch gegenwärtig. Sammlung... "

Volume transmis par le département des imprimés.

xviiiᵉ siècle. — Papier. — 90 sur 160 millimètres. — 77 feuillets. — Nouvelle acquisition.

**319. Lettres** adressées à J. Petzholdt par K. Graefe, capitaine de l'artillerie prussienne, auteur de traités bibliographiques; elles sont datées du 27 janvier 1857, 18 décembre 1857, 1 décembre 1857, 11 décembre 1857, 8 janvier 1858, 2 mars 1862, 7 mars 1862, 31 mars 1862, 31 mai 1863.

En tête, notice imprimée de J. Petzholdt sur K. Graefe, extraite du *Neuer Anzeiger für Bibliographie und Bibliothekwissenschaft*, année 1867, fasc. 2.

xixᵉ siècle. — Papier. — 220 sur 150 millim. — 12 feuillets. — Nouv. acquis.

**320. Chartes relatives à l'évêché de Bâle,** et particulièrement au fief d'Angenstein.

1 Jean de Habsbourg donne en fief le château d'Angenstein aux chevaliers Münch de Landscron (lundi après la S. Gall, 1337). Parchemin. Sceau.

2 Charte de Walrave von Tierstein, relative au différend concernant Angenstein (mardi après la S. Martin, 1337). Parchemin. Sceau.

10°

3 Charte des comtes Jean de Habsbourg et Walrave de Tierstein concernant le fief d'Angenstein (vendredi après S. Vincent, 1337). Parchemin. Deux sceaux.

4 Charte de Hannemann der Schaler der Rumelherr, rendant aux Comtes Jean de Habsbourg et Walrave de Tierstein leur fief d'Angenstein (vendredi avant la S. Jean, 1337). Parchemin. Sceau.

5 Charte des Comtes Jean de Habsbourg et Walrave de Tierstein déclarant qu'ils ont reçu le château d'Angenstein de Hannemann der Schaler, qui le tenait en fief (samedi après la S. Jean, 1337). Parchemin. Deux sceaux.

6 Sentence du comte Walrave de Tierstein dans un différend concernant le fief Angenstein (Bâle, jeudi avant la S. Nicolas, 1337). Parchemin. Sceau.

7 Sentence de Currad von Berenfels, chevalier, dans le différend relatif au fief d'Angenstein (dimanche après la mi-carême, 1338). Parchemin. Sceau.

8 Convention relative au château d'Angenstein, conclue, devant l'official de Bâle, entre Hannemann der Schaler et les chevaliers Münch von Landscron (lundi après *Invocavit*, 1345). Parchemin. Sceau.

9 Convention relative au même sujet conclue, devant l'official de Bâle, entre les mêmes (lundi après la S. Barthélémy, 1347). Parchemin. Deux sceaux.

10 Convention, entre les mêmes, relative au même sujet, conclue devant Johann von Waltwilr, prévôt de Bâle (lundi après la S. Valentin, 1349). Parchemin. Trois sceaux.

11 Charte de J. von Waltwillr, prévôt de Bâle, contenant une convention entre Johann Reli, bourgeois et Conrat Münch von Lantzcron, au sujet du château d'Angenstein (mercredi après la S. Benoît, 1351). Parchemin. Deux sceaux.

12 Albert, duc d'Autriche, donne en fief aux Münch von Lantzcron, la Kylderhalde, près Angenstein (lundi avant la S. Barthélémy, 1351). Parchemin.

13 Contrat de vente, devant le prévôt de Bâle, entre Jecgi Gasser von Huntzbach et Johann von Vertingen (samedi après la S. Nicolas, 1351). Parchemin. Sceau perdu.

14 Convention, devant le prévôt de Bâle, entre les chevaliers Münch von Lantzcron, au sujet du château d'Angenstein (mardi après la S. Barnabé, 1342). Parchemin. Deux sceaux.

15 Walrave von Tierstein donne en fief, à Burghart Münch von Lantzcron, les terres autour d'Angenstein (mercredi après Pâques, 1366). Parchemin. Sceau.

16 Contrat de vente, devant l'official de Bâle, entre Ottoman Wider de Pheffingen, Chevalier, et Conrad Erb (lundi avant l'Ascension, 1382). Parchemin. Sceau.

17 Léopold, archiduc d'Autriche, vend des rentes à Hans Hesinger et à sa femme (Tann, veille des SS. Pierre et Paul, 1399). Parchemin. Sceau.

18 Bernhard de Thierstein donne en fief le château d'Angenstein aux Münch von Lantzcron (samedi après la S$^{te}$ Agnès, 1435). Parchemin. Sceau.

19 Burckart Münch von Lantzcron reconnaît avoir reçu en fief le château d'Angenstein (samedi après la S$^{te}$ Agnès, 1453). Parchemin. Sceau.

20 Frédéric, évêque de Bâle, reconnaît avoir concédé différents fiefs à Hermann Schäler (mercredi après la Nativité de la Vierge, 1438). Parchemin. Sceau.

21 Frédéric, évêque de Bâle, donne en fief aux filles de Hermann Schäler, une rente à percevoir sur les boulangers de Bâle (dimanche après la S. Nicolas, 1438). Parchemin. Sceau.

22 Jean, évêque de Bâle, confirme Marguerite et Veren Schäler dans les fiefs qu'elles tenaient de l'évêché (mardi après la S$^{te}$ Croix, 1460). Parchemin.

23 Vente de biens, devant notaire, faite par Conrad Rahier (?) et sa femme (Fregiecourt près Porrentrui, 26 novembre 1470). Parchemin, mutilé. En français.

24 Acte de vente faite par Ullin Schonenberg, Varnier Maire, etc. (Deleymont, samedi après la Purification, 1474). Parchemin. En français.

25 Caspar, évêque de Bâle, confirme Franz von Leymen dans les fiefs qu'il tient de sa mère et de sa tante (Porrentrui, S. Paul, 1481). Parchemin. Sceau.

26 Déclaration de vente faite par Jean Cunod, résidant à Lamboin (S. Barthélemy, 1503). Parchemin. Sceau. En français.

27 Vente d'une rente par l'Évêque et le Chapître de Bâle, pour éteindre une dette contractée envers Friedrich von Rin et d'autres (lundi après la S. Martin, 1504). Parchemin. Deux sceaux.

28 Maximilien I$^{er}$, Empereur, donne à l'évêché de Bâle le château d'Angenstein (Insbruck, 20 novembre 1518). Parchemin.

29 Bendich Jehan Richard de Lamboin reconnaît retenir à cens de François d'Agresse, châtelain de Neuveville, des biens spécifiés (fête de Marie Madeleine, 1519). Parchemin. En français.

30 Michel Malliardz vend un cens perpétuel à Jean Malliardz, à Ligresse (Neuville, 1er janvier 1532). Parchemin. Sceau. En français.

31 Philippe, évêque de Bâle, donne en fief à Claus Summer, son *schafner*, des biens dépendant d'Angenstein (10 janvier 1534). Parchemin.

32 Anders Bischof reconnaît avoir reçu en fief une terre de l'évêque de Bâle (SS. Simon et Jude, 1534). Parchemin.

33 Philippe, évêque de Bâle, reconnaît avoir donné en fief à Claus Summer des biens dépendant d'Angenstein (10 janvier 1544). Parchemin. Sceau.

34 Les villages de Villières-dessus et Villières-dessous vendent les droits qu'ils ont dans un lieu nommé " derrière chez Gyselz " (26 mai 1544). Parchemin. En français.

35 Vente de terres, faite par l'abbé et le couvent de Belleley, près Bâle (16 mai 1557). Parchemin. Deux sceaux. En français.

36 Peter Gebwyler s'engage à ne pas inquiéter l'évêque de Bâle et ses successeurs au sujet d'une rente rachetée (18 avril 1558). Parchemin. Sceau.

Nouvelle acquisition.

**321 à 323. Correspondance sur les actes de la Diète de Ratisbonne,** avec pièces justificatives.

I Du 2 mars au 3 juillet 1747 ; incipit (fol. 1 v°) : "Regensburg den 2ten Martii 1747." — Explicit (fol. 212 r°) " Monsieur le Baron de Linchen... à Ratisbonne ".

II Du 6 juillet au 28 décembre 1747 ; incipit (fol. r°) " Dictatum Ratisbonæ..." — Explicit (fol. 237) : " wie auch der Stadt Rostock ausserleget worden ist ".

III Du 1er janvier au 22 juin 1748 ; incipit (fol. 1 r°) : " Regensburg den 1 jenner 1748." — Explicit (fol. 172 v°) : " hier neben verwaardtes schreiben ".

xviiie siècle. — Papier. — 375 sur 230 millimètres. — 212 + 237 + 172 feuillets. — Nouvelle acquisition.

**324. Recueil de pièces diverses.**

1o (Fol. 1 r°) poésie : " Die Post Stationen des menschlichen Lebens ".

2º (Fol. 2 rº). Lettres de **Marie-Anne** d'Autriche, reine d'Espagne, à sa sœur **Marie-Éléonore,** reine de Pologne, duchesse de Lorraine (27 décembre 1695, 2 janvier 1695, 12 février 1695, 2 mars 1692) (?).

3º Règlement sur les précautions contre l'incendie à Berlin : "Kurtzer Auszug des König. Preussischen Feuer-Ordnung in denen Rezidenzien Berlin " (fol. 12-22).

4º Règlement de Charles-Théodore, comte Palatin, sur l'état civil à tenir dans les églises (18 novembre 1769) (fol. 13-27).

5º Factum commençant par ces mots : " Zu den letzthin ad Visitationem übergebenen Baadenischen Vorstellungen... " (fol. 28-34).

6º "Vorstellung in Sachen Pfaltz-Zweibrücken contre Baden-Baden" (fol. 35-65).

7º Description des fêtes du jubilé du prince Charles de Lorraine, Gouverneur des Pays-Bas (1769) [en allemand] (fol. 66-69).

8º Notes diverses sur la Belgique, en latin, flamand et français ; à remarquer (fol. 79) : " Liste des supérieurs et professeurs des Collèges d'étude de Sa Majesté aux Pays-Bas, 1777" et (fol. 87), note sur J. F. Cammaert (fol. 70-94).

xviiie siècle. — Papier. — 350 sur 210 millimètres. — 94 feuillets. — Nouvelle acquisition.

**325. Recueil relatif à l'Électorat de Cologne.**

1º Exposé des droits du chapitre de Sᵗᵉ Cécile à Cologne sur Stommeln (fol. 1-13).

2º Notes résumant des fragments de l'ouvrage de Scholasticus : *Mimigárdia sacra* (fol. 14-20).

3º Liste des évêques de Münster (fol. 21-22).

4º Description de l'ordonnance de la voûte de la chapelle de la Cour de l'électeur de Cologne (en français avec figure, fol. 23-24).

5º Mémoire à l'Empereur, revendiquant les droits de l'Électorat en face de la ville de Cologne (fol. 25-52).

6º Minute de la même pièce (fol. 53-72).

7º Réfutation de la Notice sur Kayserswerth (" Statt Wiederlegung der Num. V kurzgefasten Nachricht von Kayserswerth " (fol. 74-147).

8º Fragment d'opéra comique ou de pastorale en vers (" Das erste Gesang ") (fol. 148-149).

9º Notice géographique sur la Westphalie ; explicit (fol. 153 rº) : "...Allagen und Eclecke ".

xviiie siècle. — Papier. — 370 sur 250 millimètres. — 153 feuillets. — Nouvelle acquisition.

**326. Pièces relatives à l'Électorat de Cologne.**

1º Alliance de Cologne et de Munster : " Verbundt tüschen beiden Stichten Colln unde Munster " (1444). — " Clausula concernens " du même traité, en 2 exemplaires (fol. 1-24).

2º " Forma probationis nobilitatis canonici colonien. ecclesie ex parte patris " (1459) (fol. 23-24).

3º " Transumptum concordatorum principum Almanniæ de beneficiis conferendis " (1461) (fol. 25-26).

4º Édit prohibant l'importation de toiles et laines de provenance étrangère (1681) commençant par ces mots : " Von Gottes Gnaden Maximilian Henrich... " (fol. 47.

5º Lettres de l'électeur de Cologne, au sujet de l'exercice de la religion réformée par le résident du roi de Prusse (1708) (fol. 28-34). Ordre de l'Empereur Joseph Iᵉʳ relatif à cette affaire (fol. 35-36). — Lettre de l'évêque de Munster au roi de Prusse sur la même affaire (fol. 37-41).

6º Testament de l'électeur Joseph-Clément (1 septembre 1723) (fol. 42-52).

7º Pièces diverses émanées de l'électeur Clément-Auguste, 1732-1752 (fol. 53-61).

8º Praeceptum apostolicum circa jurisdictionem dioecesanam (de Clément XIII, 1758) (fol. 62-71).

9º Testament de l'électeur Clément-Auguste (6 février 1761); ordonnance de l'électeur Maximilien Joseph sur le rétablissement des chaussées (1763); documents sur la douane de Keyserswerth (1764) (fol. 72-82).

10º Rapport sur l'état des forêts de Münster (signé S. Ostler, 8 octobre 1766) (fol. 84-114).

11º Correspondance au sujet du *placet* obtenu de la Cour de Bruxelles en 1763 (fol. 115-123).

12º Documents sur la sentence à porter contre les fauteurs de troubles à Cologne (1778) (fol. 125-171.)

13º Documents sur les droits de présentation (affaires Steingentesch et Clauspruch) (fol. 172-204).

XVIIIᵉ siècle. — Papier. — 360 sur 240 millimètres. — 204 feuillets. — Nouvelle acquis.

**327. Ordres du jour du régiment de cuirassiers Von Berliching.** Titre : " Extract über die in dem Exercier Laager bey Fünfkirchen des Löbl. Kay. König. General Feld Marchal Lieutenants Baron von Berlichingischen Cuirassier Regiments, von 20ᵗᵉⁿ Augusti bis 20ᵗᵉⁿ Septembris 1769, gegebene Generals und Regiments Befehle wie auch Rapports. " — Explicit : Fol. 188 r° " Die Dienst wird vermög bekannten Wacht Zetl indessen bestritten ".

xviii⁰ siècle. — Papier. — 210 sur 170 millimètres. — 188 feuillets. — Nouvelle acquisition.

**328.** **Lettres et circulaires** adressées aux barons de Warsberg et à leurs administrateurs de la part de la Noblesse (*Reichsritterschaft*) du Bas-Rhin ; du 2 septembre 1739 au 14 juillet 1780.— Titre : "Ritterschaft de annis 1737, 1777, 78, 79, 80 ". — Explicit (fol. 314 r°). " Madame, Madame la Baronne de Warsberg, née Comtesse de Nesselrode, à Trèves. Herrschaftlich ".

xviiie siècle. — Papier. — 380 sur 230 millimètres. — 314 feuillets. — Nouvelle acquisition.

**329.** **Recueil méthodique des instructions** concernant l'organisation et l'administration des armées Impériales et Royales (autrichiennes) ; Titre : " Verordnungen Extract bis lezten December 1781, die Verhaltung der Kais. Königl. Regimenter und Corps betreffend ". — Page 636 explicit... " verurtheilet werden ". — Index, 58 pages.
Transmission du département des imprimés.

xviiie siècle. — Papier. — 240 sur 180 millimètres. — 694 pages. — Nouvelle acquisition.

**330.** **Liste, par ancienneté, des officiers de l'armée saxonne.** Titre : " Anciennete Liste derer sämmtlichen Herren Generals, ingleichen Staats und Ober Officiers, der Churfürst. Sächs. Armee, sowohl überhaupt als auch Regimenter weise, de mense Januar. 1773." — Explicit : " George Carl v. Wedel. "

xviiie siècle. — Papier. — 180 sur 110 millimètres. — 156 feuillets. — Nouvelle acquisition.

**331.** **Psautier et cantiques,** en latin, avec une traduction allemande, verset par verset.
Fol. 1-143, psautier, incipit (fol. 1 r°) " Beatus vir... Saliger man der nicht ist hingegangen ym rat der vngutigen..."
Fol. 144, à la fin, cantiques : *Isaie*, XII, XXVIII v. 12 à 20, I *Reg.* II vs. 1 à 10, *Exod.* XV, vs. 1 à 19, *Habacuc* III, *Deuter.* XXXII vs. 1 à 43, *Daniel* II vs. 57 à 88, Luc I, vs. 68 à 79, Luc I, vs. 46 à 55, Luc II, vs. 29 à 31, le *Pater*, *Ave Maria*, *Credo*, *Te Deum*, *Quicumque*, *Veni Sancte Spiritus*, *Salve Regina*. — Explicit (fol. 159 r°) O du Suzze Maria. Amen. "

Le manuscrit n'est pas rubriqué. — *Ex libris* avec la devise : *Torcular calcavi solus.*

xvᵉ siècle. — Papier. — 310 sur 220 millim. — 159 ff. — Rel. ancienne avec fermoirs. — Nouv. acquis.

**332. Manuel pour l'officier et le soldat de la cavalerie ;** titre : '' Entwurf den Kavalleristen, sowol den Officier als den Gemeinen auf den Felddienst abzurichten, und im Frieden deutliche Begriffen von Allem beizubringen. '' — Transmis par le Département des Imprimés.

xviiiᵉ siècle. — Papier. — 170 sur 110 millimètres. — 340 pages. — Nouvelle acquisition.

**333. Recueil de fragments divers.**

*a.* Deux fragments sur parchemin, contenant des fragments du *Willehalm* de Wolfram d'Eschenbach : 1º feuille entière, 4 pages, à 2 col. (34 vers par colonne), contenant les vers 55, 15 à 60, 2 et 78, 7 à 82, 22 (édition Lachmann) [dimensions du fragment : 260 sur 230 millimètres ; xivᵉ siècle (?)] ; 2º morceau du bas d'un feuillet du même manuscrit, contenant les vers 110, 27 à 111, 2 ; 112, 1 à 112, 6 ; 113, 5 à 10, et 114, 9 à 14 [90 sur 220 millimètres].

*b.* Recueil de recettes et de formules magiques contre les blessures : fragment folioté 47 à 70 ; incipit : '' Diversum. Wann du ain plauter wilt machen... '' Explicit (fol. 70 vº) : '' als war die rain mutter gots. '' (xvᵉ siècle, papier, 155 sur 130 millimètres ; 24 feuillets.)

*c.* Lettre adressée au nom d'un couvent de femmes à un jeune prêtre, lors de sa première célébration de la messe (en néerlandais) ; incipit : '' Jhesum Christum met minen armen ghebede... '' Explicit : '' ende alte male ontsteken mit synder godliker berrender Mynnen. '' (xvᵉ siècle, papier, 230 sur 200 millimètres ; 1 feuillet, le verso en blanc.)

*d.* Deux fragments du '' Rymbybel '' de Maerlant (en néerlandais). Vers 26501 à 26697 (avec quelques lacunes) de l'édition David. — Les deux fragments forment un feuillet : chaque fragment 90 sur 140 mill.

*e.* Notes sur les campagnes contre la France révolutionnaire, 1794 et 1795 : 1 Aperçu des opérations des armées autrichiennes et impériales ; 2 Attaque de l'armée française à Germersheim ; 3 Plan de la campagne de 1794 (xviiiᵉ siècle, papier, 250 sur 210 millimètres ; 6 feuillets.)

*f.* Trois lettres adressées au professeur de théologie J. Fabricius, 22 juillet 1696, 28 août 1704, 22 février 1720 (xviiᵉ-xviiiᵉ siècles, papier, 340 sur 210 millimètres ; 7 feuillets.)

*g.* Traduction des chapitres I-V d'Isaïe avec commentaire ; incipit :
" A Ω Der Prophet Jesaia. " (xviiie siècle, papier, 220 sur 180 millimètres ; 10 feuillets.)

*h.* Quittances relatives à la commune de Bibelsheim, 1673 à 1680,
(74 pièces).

xive-xviiie siècles. — 127 feuillets.

# TABLE

## T

Imprimerie polyglotte Alph. Le Roy. — Fr. Simon, Sʳ. — Rennes (627-94).

www.ingramcontent.com/pod-product-compliance
Lightning Source LLC
Chambersburg PA
CBHW072040080426
42733CB00010B/1948